130-

JEUNES DE L'IMMIGRATION

ISBN : 2-86537-611-7

Edwige Rude-Antoine

Jeunes de l'immigration

La fracture juridique

Éditions KARTHALA
22-24, boulevard Arago
75013 Paris

DU MÊME AUTEUR

Le mariage maghrébin en France, Paris, Karthala, 1990.
L'immigration face aux lois de la République, Paris, Karthala, 1992.

A Ezzedine,
A Amélie et Marc, mes enfants
A Malika,
et à tous ces jeunes rencontrés.

« Je suis homme et rien de ce qui est
humain ne m'est étranger »
Térence, poète carthaginois

« Vivre, c'est être en règle »
Romain Gary, alias Émile Ajar
Gros calin, Éditions Gallimard

Introduction

Les jeunes de l'immigration évoquent souvent des images de déchirement entre deux cultures, de marginalité, de violence, de difficultés scolaires ou professionnelles et de mal-vie. Mais, ces clichés ne laissent entrevoir qu'une partie émergée de l'iceberg : masque, trompe-l'œil ! Tous ces artifices de perspectives qui donnent l'illusion d'objets uniques en relief cachent l'autre façade. Depuis quelques décennies, les écarts de langage à propos de ces jeunes se multiplient et explosent comme si les repères d'une société semblaient s'effrondrer dans le doute. La frontière séparant le jeune issu de l'immigration de l'« autochtone » n'est-elle pas aussi celle qui transforme le débat en spectacle de variétés où l'effet d'annonce l'emporte sur la réflexion ?

Le célèbre humoriste Bucchi du journal italien *La Républica* se risque en avril 1993 à dessiner deux ombres : celle d'une Afrique imposante et menaçante, et celle d'une Italie toute petite. L'Italie venait de découvrir le choc de la transformation de sa terre, jadis une terre d'émigration, devenue une terre d'immigration et d'« invasion ». Les migrations ne sont pas choisies mais provoquées, entre autres, par les modifications naturelles de la planète. La France se referme sur elle-même et continue de raisonner comme si elle se trouvait face à une « invasion étrangère dangereuse ». Pourtant, la réalité est autre. Les jeunes, venant d'ailleurs, arrivent en train, en avion, passent à travers les tourniquets des zones de douanes et de transit, embarquent souvent clandestinement. Cela ressemble à une immigration de main-d'œuvre économique, mais il s'agit, en fait, d'une immigration de peuplement discrète et hasardeuse. Le temps des « hordes sauvages » écrasant tout sur leur passage est bien révolu ! Déjà au

XVIIe siècle, La Bruyère, ce moraliste qui a plus séduit par son style que par ses pensées, écrivait : « Tous les étrangers ne sont pas barbares et tous nos compatriotes ne sont pas civilisés ». Comme toutes les migrations, celle-ci aura pour conséquence un changement inexorable du paysage français et européen qu'il sera impossible de contrer. A l'image de l'espace ouvert à d'autres terres s'est subrogée celle d'un lieu clos, vide de sens et de valeurs communes. Migrations de jeunes en France aujourd'hui certes, mais quelle réalité pour demain ? Étrange jeunesse, condamnée à survivre étrangère et « persane » dans le pays de Voltaire !

La question de la jeunesse de l'immigration est un des thèmes les plus débattus et controversés. Chaque jour amène son lot de passions et d'exactions. Ce thème cristallise au plus haut point l'inquiétude sur la dérive de cette jeunesse, les espoirs de son « adaptation » et les désarrois face à l'ordre institutionnel. Il ne se passe point une élection nationale ou cantonale sans que l'immigration ne résonne d'une manière assourdissante jusqu'à l'arrière-territoire des banlieues en ébullition et dans les campagnes d'une France dépourvues d'étrangers.

Il y a vingt ans, la société française évoquait peu la question de ces jeunes sinon en terme d'emploi, de logement ou comme acteurs identifiés à une classe ouvrière, à un groupe porteur d'un projet et d'une fonction économique. Aujourd'hui, la question soulève des interrogations nouvelles qui exigent de nous d'autres analyses. La réflexion sur ce sujet doit dépasser toute catégorisation et dogmatisme. Nous ne savons plus que faire devant les faits quotidiens. La crainte devant la montée des intégrismes, devant la crispation identitaire, ou encore devant la situation de jeunes de plus en plus tôt en crise, qui ont intériorisé une scolarité au rabais et un devenir incertain, a succédé à des générations qui se sont à peu près assimilées par le modèle autant contesté que reconnu républicain, par la naturalisation, par les mariages mixtes, par l'insertion aux organes politiques et syndicaux. Le bilan paraît taché, comme une toile impressionniste, d'ombre et de lumière. Pour certains, la voie sans issue représente une réelle impasse. Pour d'autres, rien n'est infranchissable. Le décor social, à l'image de la morale « farwest » où le bon sens prévaut parfois sur la loi, suscite de réelles inquiétudes aussi bien que des angoisses fantasmatiques, des replis nostalgiques de part et d'autre sur un passé idéalisé. On se demande alors quelle est la vraie nature de la loi dans ce nouveau contexte. Est-ce celle du plus fort ? Comment doivent agir les professionnels du droit dans une société débordée par ce phénomène ?

Les bouleversements enregistrés durant notre époque constituent un véritable défi pour la pensée. Les règles du pouvoir gouvernemental sont en mutation. Cela n'annonce ni l'absence de règles, ni notre renoncement à en inventer de nouvelles. Mais qui pourrait tracer la frontière entre ce qui est tolérable et ce qui est supposé intolérable dans l'insconcient collectif : une éphémère frontière entre le possible et l'impossible ? Quelques discours et certaines manières de « faire la politique » ont le vent en poupe. Mais combien d'exclus, de vaincus, de sans-droit, d'étrangers et de jeunes orphelins d'une véritable intégration républicaine rejettent ainsi une société qui ne fait que s'obstiner à leur tourner le dos pour ne pas dire à leur faire des croche-pieds. On n'ose imaginer que le fait de migrer soit un luxe ! Et pourtant, que viendrait chercher un jeune dit « clandestin » du Maghreb, d'Afrique, d'Asie ou de l'Est, dans notre Eldorado, pays de cocagne et d'opulence, semé autant d'embûches que de bons sentiments ?

Quand l'étranger devient l'exutoire de tous les maux sociaux, l'idée d'une facilité de vivre clandestinement sur le sol français, juste ou fausse, exerce un effet d'appel à la loi. Un député (1) veut-il débattre la question qu'il dénonce « une overdose d'immigration et donc d'insécurité » ; il ne voit en les étrangers rien d'autre que des envahisseurs qui sont « l'un des drames les plus graves que la France ait eu à vivre ». Le discours est audacieux,

(1) Le journal *Le Monde* en date du 9 juillet 1993 reprend les termes d'une interview de Raoul BETEILLE, député (RPR) de Saint-Denis, à propos de l'amendement présenté par Alain MARSAUD, député (RPR) de Haute-Vienne, lors de l'examen du projet de loi sur la maîtrise de l'immigration, qui tendait à permettre à la police d'effectuer des contrôles d'identité. La phrase exacte est la suivante : « Il y a d'un côté une immigration d'orgine européenne (...) qui ne crée pas de difficultés, et de l'autre, une immigration africaine et nord-africaine qui, elle, pose de vrais problèmes d'assimilation. La vérité, c'est qu'il y a aujourd'hui six millions d'immigrés sur notre territoire et qu'il ne faut pas avoir peur de dire que l'immigration-invasion est l'un des drames les plus graves que la France ait eu à vivre ! La situation actuelle est explosive. Il y a une overdose d'immigration et donc d'insécurité ».

certes, mais sans ambiguïté. En dissertant sur le dit et le non-dit, cet élu du peuple, parmi tant d'autres, n'a-t-il pas en tête le discours d'investiture en juin 1988 de Michel Rocard, Premier ministre alors d'une gauche « humaniste », quand devant l'assemblée nationale il soutenait : « La France ne peut pas accueillir toute la misère du monde ». Expression équivoque qui a été reprise par la suite par de nombreux responsables politiques et de tous bords, chargés de ces questions. La plupart des partis politiques, pour ne pas dire tous, s'acharnent quand l'occasion leur est donnée, quelquefois offerte sur un plateau, à dénoncer la réalité de l'immigration clandestine… »

Au bout du compte, ces cristallisations reviennent cycliquement sur la scène publique. Ce qui l'emporte, en définitive, est une internationalisation des faits sociaux, un changement considéré comme externe, non provoqué par la société française elle-même. Non sans risque par ces temps de crise économique, sociale et culturelle : les idéologies excessives prospèrent sur le terreau d'une société diagnostiquée en perte de sens.

Il est primordial de briser ces incompréhensions qui ne sont pas de simples épiphénomènes mais de véritables thèses collectives aux conséquences les plus redoutables. Cet état a une signification profonde qu'il faut analyser sous peine d'installer une situation quasi inédite dans ce pays. Pour cela, il faut refuser les analyses élaborées dans l'urgence et réductrices, considérant les jeunes issus de l'immigration comme acteurs de l'enrichissement culturel et du changement. Et cesser de regarder les actions autonomes revendicatrices d'une partie de cette jeunesse comme inscrites dans une évolution linéaire et progressive. Ce qui fait défaut, ce ne sont pas des jeunes issus de l'immigration responsables, actifs, c'est une société capable de tenir sur cette question critique un autre discours que celui de l'ordre public, de la sécurité... Ce que nous endurons, ce n'est pas seulement la présence de ces jeunes aux prises avec des questions d'identité, ce sont aussi des solutions péremptoires dont personne ne se préoccupe des résultats.

Pour éclairer le présent, évaluer les perspectives de demain, ce livre tente d'explorer un chemin dont l'une des sources « biblique » est la fameuse ordonnance du 2 novembre 1945, relative à l'entrée et au séjour des étrangers, qui continue à régir et à conduire jusqu'à nos jours le sort et le destin de ces jeunes comme celui de leurs aînés.

L'apparition, puis l'enracinement politique du concept d'État-Nation vont transformer le rapport entre l'État français et l'étranger. Ce dernier ne doit plus seulement s'insérer dans une population, mais il doit s'imprégner et se plier à des valeurs, des références culturelles. A travers la manière dont elle organise la maîtrise des flux migratoires, la société crée, loi après loi, décennie après décennie et selon les circonstances, les fondements sur lesquels repose la politique d'immigration. Le parcours ne peut être que complexe. Les transformations enregistrées, surtout ces vingt dernières années, sont celles d'un constat répété de moyens utilisés jugés aussi insatisfaisants qu'inefficaces pour maîtriser les mouvements migratoires et sauvegarder les valeurs républicaines. Depuis la décennie 70, la société française n'a cessé de se fixer exclusivement sur l'arrêt de l'immigration, son contrôle et la lutte contre la clandestinité. A suivre les moments-clefs de 1945 à 1995, on constate d'un côté un souci du respect des Droits de l'homme en proclamant des mesures pour l'égalité des traitements, pour la lutte contre le racisme, et de l'autre des catégorisations juridiques qui ordonnent, hiérarchisent ou discriminent les individus les uns par rapport aux autres.

Ainsi, s'affirment la multiplicité des réglementations et leurs contradictions qui laissent supposer une absence réelle de véritable politique migratoire.

Les jeunes sont au cœur de ce processus. Pour eux, la référence à la loi est primordiale. Elle repose sur une réelle demande de reconnaissance et de légitimité. Ces jeunes vivent le droit comme un outil de leur éventuelle émancipation quand il n'est pas ressenti comme celui de leur exclusion. Les professionnels (2), maillon-clé des règlements de ces conflits, s'appuient sur les données objectives – trajectoire familiale, conflit manifesté ou caché, normes juridiques –, rationalisent les prétentions de ces jeunes et se proposent ainsi d'atteindre une certaine nor-

(2) E. Rude-Antoine, *Jeunes d'origine étrangère : réglementation et situations limites*, Rapport de recherche, CNRS-URA 412, 1992, 107 p.

mativisation (3). Les normes juridiques qui ignorent souvent la réalité sociologique font figure dans ce contexte particulier de formules magiques. Ceci renvoie à une image du droit très insécurisante et précaire. Même lorsque le jeune est objectivement hors d'atteinte d'exclusion ou de refoulement, le droit reste vécu de façon menaçante, créant même une fracture qui le sépare des jeunes nationaux. On voulait maîtriser institutionnellement la situation migratoire, on a surtout démontré l'impuissance des solutions institutionnelles aux problèmes sociaux posés.

Ainsi, la gestion des situations sociales dans lesquelles sont invoquées des catégories juridiques et des voies de règlement obligent ces jeunes à déployer des activités structurées (4), inédites pour traiter ces questions. Ces stratégies ne s'offrent pas de façon égale à tous. L'institution judiciaire traite indirectement les problèmes et agit en tant qu'appareil de régulation de la réalité sociale. Étonnante dérive, la loi perd de son sens, les magistrats n'ont, semble-t-il, que le choix d'invalider des voies d'intégration possible (5). Ce constat peut étonner. Il renvoie aux écrits de sociologues contemporains éminents qui, à partir d'une analyse de la pensée wébérienne, précisent que « la force d'un texte de loi, d'une règle juridique réside moins dans son caractère impératif que dans la création d'identités d'action, la distribution des pouvoirs d'action et l'organisation de voies de règlement qu'ils effectuent » (6). Quant à l'administration qui traite des milliers de dossiers chaque année dans des conditions de flou et d'impuissance, que peut-elle faire, devant cette inflation réglementaire (ajouts, circulaires, notes de services) et celle des doléances (en matière de droit de séjour, droit du travail ou

---

(3) J.-C. BELLEY, *Conflit social et pluralisme juridique en sociologie du droit*, Thèse sociologie juridique, Paris V, 1977, multigr. 569, pp. 212-218.

(4) M. WEBER, *Sociologie du droit*, Introduction et traduction de J. GROSCLAUDE, Préface de P. RAYNAUD, Paris, Puf, coll. « Recherches politiques », 1986, 242 p.

(5) E. RUDE-ANTOINE, sous la dir., en collaboration avec J.J. DELDYCK, M. DIOP ; I. QUIQUEREZ-FINKEL ; S. KATAR ; R. LABZAE, G. ROSSET, *Les jeunes étrangers, leur statut juridique et leur intégration*, Rapport de recherche, CNRS-URA 412, juillet 1993, 2 tomes, 542 p.

(6) P. LASCOUMES et E. SERVERIN, « Le droit comme activité sociale : pour une approche wébérienne des activités juridiques », *Droit et société*, Paris, LGDJ/CRIV, 1988 n° 9, pp. 165-187.

droit à la vie familiale), sinon succomber au « droit de guichet » ? (7)

Mais, il ne s'agit pas non plus d'évoquer de tels faits sans essayer de les comprendre. Pour cela, il faut aller plus loin et replacer le droit de l'immigration dans une dynamique plus large qui affecte une partie grandissante de la population française, et même européenne. Les difficultés soulevées par l'immigration, ici ou ailleurs, émergent à tous les degrés de la vie sociale, culturelle et économique. Les plus défavorisés, dans tous ces pays, se sentent à la fois différents et semblables. Comme face à un miroir (8), le jeune étranger renvoie plus que jamais le signe de l'incapacité de la société d'accueil à résoudre des urgences contemporaines.

Au fil du chemin, on voudrait ainsi poser plusieurs hypothèses : les débats sur l'immigration aujourd'hui encore et plus qu'hier informent sur les transformations de la société française. Mais encore, les actions éparses et nombreuses révèlent notre incapacité à mesurer l'ampleur sociologique de la mutation. C'est pourquoi il est essentiel, si l'on analyse ce que signifie la situation migratoire aujourd'hui, de rechercher comment les règles du droit de l'immigration et la manière dont elles sont appliquées gouvernent l'avenir de ces jeunes. Enfin, et loin d'être le seul élément d'adaptation, l'accès à un statut juridique donne bien plus que des principes de référence, il offre une identité propre. Il faut aussi définir les terminologies autour de cette immigration multiple et parcellaire. Le statut des étrangers s'entremêle entre les catégories du droit interne et celles du droit international. Cette distorsion des définitions et cet éclatement des catégories juridiques sont liés à l'évolution des logiques socio-économiques et socio-politiques. Si l'on analyse la signification de ces mutations, il semble alors que se dessinent, depuis dix ans surtout, au-delà des interrogations sur la jeunesse de l'immigration, les questions du pluralisme juridique et culturel et celles de l'altérité.

---

(7) J. Costa-Lascoux, *De l'immigré au citoyen*, Paris, La documentation française, Coll. Notes et études documentaires, 1989, n° 4886, 156 p.

(8) T. Allal, J.-P. Buffard, M. Marie, T. Regazzola, *La fonction miroir – On croit parler des immigrés*, 1974.

Jeune étranger-immigrant-immigré

Au cœur de ces interrogations, c'est d'abord la nécessité d'une définition du terme « jeune » que nous percevons. Le mot est flou mais invite à l'investir dans une signification précise. Le juriste nous en montre le chemin. Le terme « jeune » rassemble deux catégories juridiques : le « mineur » (moins de 18 ans) et le « jeune majeur » (18-21 ans). Ainsi conçue et dans ce sens très particulier tout au long de cet ouvrage, la terminologie « jeune » reste encore trop évasive. En effet, en France, on est majeur à 18 ans. En Algérie, la majorité civile est à 19 ans... Les législations internes de chaque pays ne retiennent pas toutes le même seuil de majorité. Laquelle doit-on retenir ? Si en droit international privé français, tout ce qui tient à la capacité d'un mineur et à sa représentation est alors considéré comme une question de statut personnel régie par la loi nationale de l'intéressé, dans la pratique, des habitudes ancrées conduisent à considérer tout jeune étranger majeur à 18 ans, indépendamment de sa loi personnelle. D'ailleurs, la Convention relative aux Droits de l'enfant rappelle dans son article premier « qu'un enfant s'entend de tout être humain âgé de moins de 18 ans, sauf si sa majorité est atteinte plus tôt en vertu de la législation qui lui est applicable ».

C'est ensuite l'obligation d'approfondir les notions « étranger-immigrant-immigré » que nous ressentons. Il faut s'y attarder pour élucider un malentendu, celui de la difficulté de choisir un qualificatif. Se réclamer de l'une ou l'autre terminologie, c'est revendiquer des situations, expliquer des attitudes, annoncer ou critiquer des politiques. Les catégories utilisées, aujourd'hui, sont le résultat d'événements historiques.

Je partirai d'une définition de l'étranger, relue dans le célèbre ouvrage d'Albert Camus, pour ausculter, définir, concevoir le sens et les nuances de ce terme. « L'étranger, écrit le philosophe, c'est l'homme parmi les hommes » (9). Cette phrase résonne ! Albert Camus, loin des confusions, des définitions peu circonscrites, condamnant toute intolérance, réfère la dimension huma-

(9) A. Camus, *L'étranger*, Paris, Gallimard, Coll. Folio, 1957, 186 p.

nitaire de l'étranger. Dans d'autres temps, en d'autres lieux, cette confrontation de l'homme avec l'homme a été un thème central. Elle l'est encore de nos jours.

A consulter le Robert (10), la définition de l'étranger est négative. C'est celui « qui est d'une autre Nation..., par extension celui qui n'appartient pas ou qui est considéré comme n'appartenant pas à un groupe (familial ou social)... qui ne fait pas partie de, qui n'a aucun rapport avec... » Au sens strict, l'« étranger » se caractérise par son appartenance à une autre nationalité, comme une « personne dont la nationalité n'est pas celle d'un pays donné ». Dans le rapport général de la société Jean Bodin, John Gilissen définit l'étranger comme « celui qui ne fait pas partie du groupe social politique » (11). Les définitions sont dans l'ensemble dominées par une perspective politico-juridique laissant souvent à l'écart l'aspect linguistique et culturel. L'étranger est celui qui n'appartient pas à l'État-Nation et qui aura, par voie de conséquence, un statut juridique particulier. Pour le sociologue, l'étranger est celui qui n'est pas. C'est l'occasion de découvrir que cette notion n'est pas affirmée avant le XIVe siècle, c'est-à-dire pas avant le moment où se dessinent les contours de l'État et le sentiment du national. La conception contemporaine de la signification politique n'apporte rien de nouveau. Des siècles auparavant, des hommes l'ont déjà discutée.

La définition de l'étranger comme « celui qui n'est pas en rapport avec » (12), plus large, met en évidence l'aspect relationnel de la notion. Il existe une multitude d'étrangers... une terminologie variée... L'histoire en offre de nombreux exemples liés aux conquêtes territoriales.

L'Empire romain distingue les « provinciaux » latins ou pérégrins du citoyen romain. Le mot pérégrin a acquis, au cours des siècles, tant de significations que l'on peut se demander laquelle il recouvre. En droit romain classique, ce terme désigne l'étran-

---

(10) Cf. Dictionnaire Le Robert.

(11) *Recueils de la Société Jean Bodin*, Tome II cf. J. GAUDEMET, « L'étranger : de l'image au statut » in *Histoire des étrangers et de l'immigration en France*, Paris, Éd. Larousse, 1992, p. 18.

(12) Cf. Dictionnaire Le Robert.

ger qui n'a pas les droits propres au citoyen. Puis, il indique celui qui demeure hors de l'Empire ou qui y séjourne plus ou moins longuement sans accéder à la citoyenneté. Il définit ainsi les citoyens romains étrangers à une ville ou à une région. Pour le citoyen de l'Empire romain, le pérégrin est étranger même s'il est doté d'un statut et de quelques droits auxquels les étrangers extérieurs à l'Empire ne pouvaient prétendre.

Le grand Empire napoléonien sépare aussi les habitants des territoires annexés et les autres Français.

Le Moyen Age occidental, parallèlement aux divers ordres politiques sur un même sol, crée plusieurs catégories d'étrangers. Un exemple, et il y en aurait beaucoup d'autres : le bourgeois de la ville considère étranger celui qui n'a pas accédé à la bourgeoisie. Les sources des statuts ne sont pas toujours les mêmes : condition héréditaire, droit de sang, résidence sur le territoire plus ou moins prolongée, acquisition d'un bien immobilier, mariage, concession d'un privilège. Cette hiérarchie médiévale opère de fortes distinctions selon les catégories concernées.

On trouve encore comme notions liées à l'étranger les Barbarophonos cités dans l'Iliade (13), les Perses qualifiés de *barbarophenoi* dans les oracles cités par l'historien Hérodote. La barrière qui sépare l'étranger des autres dépasse alors le cadre purement politico-juridique puisque c'est aussi la question linguistique qui est là en jeu. Dans l'ancienne référence au monde gréco-romain, le barbare est celui qui ne parle pas grec.

Citoyenneté et langue semblent les marques essentielles qui désignent l'étranger.

Mais, il faudra dire que, selon les temps et les pays, la signification du mot « étranger » a évolué. Ce sera l'objet de nombreux débats entre le *jus sanguinis* et le *jus soli*. Le droit du sang (*jus sanguinis*) est hérité de la cité romaine où le fils d'un citoyen est lui-même citoyen. Le droit du sol (*jus soli*) rappelle la notion féodale d'allégeance envers le suzerain, en raison du sol sur lequel on vit. La loi fait prévaloir l'un ou l'autre lorsqu'elle ne combine pas les deux. Le droit de l'étranger est marqué par les événements survenus de la réunion des États généraux à la pro-

---

(13) II, 867 à propos des Coriens.

mulgation du Code civil. Il repose sur deux principes : la conception universaliste de la philosophie des lumières, l'affirmation de l'État-Nation.

Lorsqu'en 1790, la Constitution déclare en son article 3 (titre II) que « l'étranger est celui né hors du royaume de parents étrangers », la réflexion de l'ancien droit trouve son aboutissement. Pothier s'y réferre et le formule clairement dans son célèbre *Traité des choses et des personnes* : « On appelle étrangers ceux qui ne sont pas nés de parents étrangers et hors du pays de domination française alors même qu'ils feraient résidence continuelle dans le royaume » (14).

L'article 2 du titre II de la Constitution considère aussi comme Français les enfants d'étrangers nés en France et y résidant. Ici, elle reprend la solution de l'Ancien droit, solution encore évoquée par Pothier dans son traité : « Les citoyens, les vrais et naturels français... sont ceux qui sont nés dans l'étendue de la domination française... » (15).

En Angleterre et aux États-Unis, cette définition de l'étranger a été affirmée dans la Common Law anglaise et dans le droit des États-Unis.

L'étranger suscite aussi la crainte (*phobos*). En latin *hostis* qui se traduit par « hôte étranger » et signifie encore l'ennemi. Ni les mouvements humanistes, ni la Renaissance, période propice aux échanges intellectuels, par souci du beau, goût du savoir, n'aboliront totalement les peurs liées aux migrations. Il faudra nous en souvenir quand nous verrons s'affirmer dans les législations récentes une position très sécuritaire à l'égard des étrangers. Bien sûr, Fernand Braudel insère dans son livre *L'identité de la France* la déclaration de l'universalisme, de la tolérance, de l'ouverture. Mais peut-on se défaire si aisément des schémas incorporés au cours des temps ? Il ne suffit pas, et on peut le regretter, d'évoquer une société pluriculturelle pour gommer les incompréhensions. L'étranger, cet Autre, c'est aussi la cible privilégiée, explicative de tous les maux d'une société. Déjà, Aristote, ce grand esprit de tous les temps, compare les Hellènes « libres par nature » aux barbares « faits pour la servitude » (16).

---

(14) POTHIER, *Œuvres*, Éd. M. Bugnet, 1861 in J. GAUDEMET, *op. cité*.

(15) POTHIER, *ibid.*, n° 43, in J. GAUDEMET, *Ibid.*

(16) Politique I, 2, 9.

L'attitude d'Aristode mérite attention. Pour lui, à l'époque hellenistique, la culture appartient aux Grecs, l'inculture aux Barbares. Les premiers participent au pouvoir, les seconds subissent une condition d'esclave. Des oppositions s'affirment ainsi à travers les siècles. On constate que l'hostilité ou la xénophobie influencent encore aujourd'hui la législation.

Mais l'étranger suscite parfois des attitudes d'hospitalité et se voit accorder des privilèges. Intérêts économiques, artistiques, considérations humanitaires, tels en sont les mobiles.

Les foires de l'Occident médiéval ont joué un rôle important dans les échanges entre les hommes. Lieux de rencontres, elles ont aussi divisé. Aux États généraux de 1560, on assiste à la protestation du tiers-État contre les exemptions fiscales et les monopoles accordés aux marchands étrangers (17). Ces exemples ne veulent rappeler qu'une évidence : la question de l'étranger ne commence pas en 1804 au moment de la promulgation du Code civil.

Du XIIe siècle et jusqu'au XIXe siècle, l'étranger est nommé « aubain », ou celui qui n'est pas né sur le territoire de la seigneurie. Le *jus soli* domine. Mais, dans les villes, c'est l'application du *jus sanguinis* : seul le bourgeois, enfant né de bourgeois, bénéficie d'un statut privilégié. A partir du XIVe siècle, dans le cadre politique de l'État monarchique, l'étranger est une personne qui n'appartient pas au royaume. Le droit d'aubaine est fort critiqué par les intellectuels du XVIIIe siècle comme contraire au droit naturel. L'aubaine est « insensée », disait Montesquieu. Elle sera supprimée par l'Assemblée constituante.

Ainsi, au cours des siècles, chaque groupe social définit ses types d'étrangers. Chaque État invente sa propre définition, fixe les statuts, les droits reconnus ou ceux refusés. Le Code civil en 1804 fait prédominer la filiation *jus sanguinis* : « Tout enfant né d'un Français en pays étranger est Français » (art. 10, alinéa 1). L'étranger est alors toute personne qui n'est pas née d'un Français.

Des moments-clés permettent de saisir comment le thème de l'immigration s'insère progressivement dans le domaine du droit.

Le discours révolutionnaire privilégie la Nation et la citoyenneté. La Nation désigne alors la souveraineté. Les citoyens,

---

(17) J. GAUDEMET, *op. cité*.

c'est-à-dire ceux qui se soumettent à une loi commune, sont dépositaires de cette souveraineté. Ils sont à la fois subordonnés à la loi et édificateurs de celle-ci. L'émigré est alors celui qui ne reconnaît pas la loi commune. La volonté est au cœur de ce débat. La filiation par le sang importe peu : « La République ne connaît que l'intégration ou la sujétion » (18).

Avec la colonisation, la distinction entre le citoyen et l'autre est remise en cause. La classification des indigènes, nationaux français comme sujets et non comme citoyens, provoque de nombreuses discussions politiques. Une nouvelle catégorie est née : celle des nationaux sans citoyenneté. La constitution de 1946 reconnaît la qualité de citoyen aux indigènes. Mais parmi les citoyens, des classifications apparaissent entre le national et les autres. Sous la IVe République, le citoyen n'est pas obligatoirement un national. Les discriminations évoluent parallèlement avec la mise en place progressive du contrôle de l'immigration.

Aussi, jusqu'au début du XXe siècle, l'immigration ne préoccupe-t-elle pas le domaine juridique. Mais la croissance du nombre d'étrangers, les problèmes économiques après 1919, l'exaltation du sentiment national propulsent l'immigration, à partir des années 1926, au cœur des débats parlementaires (19). Le terme « immigrant » apparaît alors sur la scène publique. Il s'associe aux revendications de la gestion de l'accès au territoire, du séjour et de l'emploi de l'étranger. Parmi les étrangers, les auteurs opèrent une distinction : les immigrants. Il n'existe encore aucune définition précise de cette catégorie. Le mot « immigrant » signifie plus objet de réglementation que sujet de droit. Ce changement qualificatif est alors presque invisible. Il est encore trop tôt pour en percevoir les répercussions dans notre représentation de l'autre, mais une chose est certaine, il transforme notre conception de l'alter ego.

De nos jours, la notion juridique d'étranger paraît bien définie. Pourtant, qualifier une personne d'étrangère ne renseigne guère sur son statut. Entre un jeune Allemand en visite en France

---

(18) C. NICOLET, *L'idée républicaine en France*, Paris, Gallimard, 1982, p. 369.

(19) V. note G. DAULATLY, *La main-d'œuvre étrangère en France et la crise économique*, Thèse, Paris, Domat-Montchrestien, 1933.

et un jeune Algérien installé sur le territoire français depuis cinq ans, la manière de vivre le statut de non-national diffère. Tous deux demeurent étrangers au regard du droit de la nationalité. Mais, le jeune Algérien « chez lui », ici, est nommé aussi immigré. Cette notion d'« immigré » n'a pas d'existence juridique. Elle n'a guère de sens circonscrit. Elle désigne aussi bien des personnes nés en France de parents ayant eux-mêmes immigré que des personnes qui ont franchi effectivement une frontière et affronté le contrôle étatique (20). Or, pouvons-nous en déduire que les seules catégories juridiques existantes demeurent le national et l'étranger ? Pouvons-nous accepter, par ailleurs, que le droit crée des classements divers d'étrangers, hiérarchise selon des modalités diverses ? Le mot « immigré » représente « une figure sociale » stigmatisée (21). La durée du séjour, « le droit à la stabilité », qu'on le perçoive ou non, ont progressivement souligné ce concept d'« immigré ». Le statut d'étranger signifie la précarité. Tant que l'idée de permanence ne lui aura pas été accordée, l'immigré restera une catégorie juridique vide de sens. Le droit semble ignorer la nécessité d'une terminologie claire et précise, comme s'il ne s'agissait que de gérer l'un après l'autre, l'étranger, l'immigrant, l'immigré, selon une conception utilitariste, sans démêler ce que signifient profondément ces réticences à donner une plus forte positivité à ces catégories.

---

(20) Récemment, en mars 1991, l'un des rapport du Haut Conseil à l'intégration précise les notions d'étranger, d'immigré. Elles ont été reprises dans le rapport de novembre 1991 : *La connaissance de l'immigration et de l'intégration,* « L'étranger est une personne qui peut se prévaloir de la nationalité française ; L'immigré est une personne née étrangère, à l'étranger, qui vit en France qu'elle ait ou non acquis la nationalité française et de personne d'origine étrangère, personne dont un parent ou un grand-parent a immigré. Ce processus repose sur un code de nationalité qui conjugue le droit du sol et le droit du sang et permet que la seconde génération née en France d'ascendants étrangers soit française par naissance ».

(21) V. de Rudder, P. Goodwin, « Théories et débats sur le racisme en Grance-Bretagne », in *L'homme et la société*, Paris, L'Harmattan, 1993/4, n° 110, p. 7. Les auteurs précisent que le terme « immigré » utilisé dans le langage courant en France n'a pas la même connotation que le mot anglais « immigrant » qui « sous-entend l'installation définitive dans le pays d'immigration, lorsqu' « immigré » implique plutôt l'idée d'un séjour provisoire, même si ce provisoire, de fait, dure jusqu'à s'éterniser. « Immigrant » ne réfère guère à la nationalité des personnes concernées et correspond par ailleurs, en Angleterre, à des populations qui disposent, pour la plupart, des droits attachés à la citoyenneté (comme les populations des territoires français d'Outre-Mer, qu'on nomme ici plutôt « migrants »).

Le jeune, membre d'un État de la communauté européenne, échappe au contrôle public de l'immigration auquel se soumet le jeune Algérien. Le risque que court à ses 18 ans cet Algérien n'est rien d'autre, quand bien même il résiderait en France, de façon régulière, depuis cinq ans et plus, que celui d'une rupture brutale, d'une trajectoire bouleversée par l'intervention de l'expulsion placée sous le seul pouvoir de l'État. Cette question, nous la minimisons sans cesse. Pourtant, aussi favorable que soit son statut, un étranger demeure toléré, et seulement toléré. Le droit d'immigrer n'est inscrit nulle part. L'hypothèse de ce livre est de souligner cette épée de Damoclès qui reste aussi l'une des causes de la crise d'une certaine jeunesse. Mais, c'est aussi s'interroger : si la condition de mineur ou jeune majeur engendre souvent des mesures de protection, le droit de l'immigration leur donne-t-il aussi un statut particulier ? En effet, s'agissant d'assistance éducative, les articles 375 et suivants du Code civil constituent des mesures de police applicables à tous mineurs français ou étrangers qui se trouvent sur le territoire français. Depuis les années 80, les Nations Unies, comme le Conseil de l'Europe, ont réfléchi aux nouvelles formes possibles de prise en charge des mineurs. Le Conseil de l'Europe a pris des dispositions spécifiques pour les jeunes issus de familles migrantes (22), en recommandant aux États de réduire les différences existantes entre nationaux et étrangers dans la participation à la vie de la société. Certes, en France en matière de droit d'immigration, la condition du jeune majeur étranger n'engendre par elle-même aucun statut spécifique. Celui-ci est soumis comme tout étranger aux règles de droit commun des flux migratoires, éventuellement à un régime conventionnel ou aux dispositions applicables aux ressortissants de la communauté européenne. Par contre, la condition de mineur étranger confère un statut particulier. Ainsi, depuis la loi dite « Joxe », l'obligation de détenir un titre de séjour est reportée de 16 à 18 ans. Mais le mineur reste soumis aux différences notables des droits selon sa nationalité, ou selon les accords bilatéraux.

---

(22) Recommandation N° R (88) 6 sur « les réactions sociales au comportement délinquant des jeunes issus de familles migrantes ». Cf. A. Lahalle *Les règles internationales et les grands systèmes de droit des mineurs en Europe occidentale*, Rapport de recherche, CNRS-URA 412, mars 1990, 106 p.

Délibérément, ce livre se contente de n'évoquer qu'une frange de la jeunesse de l'immigration, le scolaire, l'étudiant, le travailleur saisonnier ou permanent, tout jeune (excepté les réfugiés politiques), né hors de France ou né en France, résidant sur le sol français et de nationalité étrangère.

Comment peut-on admettre que cette minorité de l'immigration demeure toujours à l'écart des droits et prérogatives réservés aux seuls nationaux ? Cela présume, pour ne pas dire nécessite, que soit reconnue comme un élément fondamental de notre société une certaine histoire plaçant ces jeunes dans une culture juridique. Le droit de l'immigration ne constitue-t-il pas un indice révélateur des contradictions et des rapports tumultueux d'une société ? Ainsi, l'immigration saisie dans ses facettes multiples reprend un sens. Imposer dans le traitement de notre sujet cette culture juridique, c'est aussi permettre à ces jeunes de « nulle part » de devenir, qu'on le veuille ou non, des sujets de droit et des titulaires de responsabilité à part entière.

1

Le réveil des années 80

« Étrangère, voilà. Elle se sentait tout bonnement étrangère. Il n'avait pas suffi de revêtir une « blousa », de tirer de l'eau du puits pour devenir une autre. Tous, ils avaient essayé de lui faire plaisir, personne n'a pensé un seul instant qu'elle était sincère, qu'elle voulait effacer, faire une croix sur son passé... Non, personne n'y a cru, et elle avait fini par se convaincre aussi. Le choix de se retirer totalement de tout ce qui pouvait lui rappeler l'Europe n'avait fait qu'accentuer les contradictions qui l'habitaient... Partout, elle était touriste, cela elle ne pouvait pas l'accepter... Il ne fallait pas s'en faire. Elle avait ramené un peu de menthe fraîche et des fleurs d'orangers pour les donner à sa mère. Elle souriait mais ne rêvait plus... Rien n'était à justifier, ni ici, ni là-bas, c'était comme cela, un point c'est tout ! Chercher et encore chercher et trouver la richesse dans ses contradictions, la réponse devait être dans le doute et pas ailleurs. »

C'est à Leïla Houari, et à son roman *Zeida de nulle part* (1) que l'on doit ce témoignage assez représentatif de la génération des jeunes issus de l'immigration. La scène se passe entre Bruxelles et le village de l'enfance. Tout est contraste entre la réalité et le rêve. Bruxelles est le logement exigu de la famille, le travail, l'argent ; le rêve, l'enfance ensoleillée, ce sont les souvenirs de Fez. Presque toutes les nuits, Zeida songe à ce monde

---

(1) L. HOUARI, *Zeida de nulle part*, Paris, L'Harmattan, Écritures arabes, 1985 n° 17, 87 p.

enchanté : que veut-elle ? Zeida oscille entre deux lieux, deux langues, deux cultures. Pourtant la fille, rebelle, refuse de suivre le même chemin que sa mère. Elle veut connaître l'amour : « Je veux déchirer ce voile d'interdit » malgré la loi du père, si pesante « une ombre me poursuit, me bloque et je crois bien que toute ma vie sera tatouée. J'ai voulu rejeter mon histoire, et voilà qu'elle me poursuit, me harcèle, me rit au visage et me laisse perdue ». Et la jeune fille décide de partir au Maroc où sa tante l'accueille. Tout lui paraît splendide. Mais Zeida ne comprend toujours pas pourquoi ses rencontres innocentes avec le jeune Watani scandalisent le village. Désappointé, le jeune homme dit : « Tu me plais beaucoup, mais tu n'es pas faite pour moi, je n'arrive même pas à te comprendre... Repars. Le rêve n'est pas permis ici ».

Ce récit presque autobiographique rappelle une évidence : de tels jeunes ont fait le deuil d'une réinstallation au pays d'origine et cherchent ici une juste place. La leur donner suppose de la rapporter avant tout à leur évolution et aux actions qui les entourent. Comme le révèle cet écrit parmi tant d'autres, qui ont fleuri durant les années 80, cette frange de jeunes issue de l'immigration ne surgit pas du néant.

L'ère du béton

Jusqu'aux années 1980, on parle surtout de la main-d'œuvre immigrée, et de ses conditions de vie. En effet, au milieu des années 1970, dans l'ensemble du pays, la question du logement de ces travailleurs éclate aux yeux de tous. Ces années-là ne sont pas centrées autour de la jeunesse issue de l'immigration. Elles sont loin aussi des années 50 où les bandes de blousons noirs, des jeunes et des ouvriers revendiquaient une autonomie et une expérience spécifique. « Avec l'épuisement du monde ouvrier, constate François Dubet, sociologue, avec sa dislocation économique et son envahissement par les images et les valeurs des médias, avec l'allongement sensible de la scolarité, les bandes de blousons noirs ont disparu » (2). Tout au long des années 70, le débat se cristallise sur le relogement des travailleurs étrangers, sur les implantations de nouveaux foyers, sur la hausse des loyers et sur les expulsions. Bruno Vayssiere (3) s'intéresse à ces HLM anonymes, ces quartiers entiers surgis après guerre qui ont entièrement modifié le visage du pays entre 1945 et 1973. En effet, en 1945, dans des villes entièrement détruites, il a fallu reloger les sans-abri. Il n'y aura aucun débat sur l'urbanisme et l'architecture. Il faut faire vite ! Les ingénieurs du ministère de la Reconstruction et de l'Urbanisme vont forcer la main à tout le monde et imposer leur vision. Surgissent ainsi les premières cités qui deviendront ghettos et qui seront plus tard au cœur des questions de la jeunesse de l'immigration en suscitant tant de débats passionnés. « Les cités ghettos, isolées de fait, rejetées et méprisées, constate encore François Dubet, produisent leurs bandes ethniques, leur propre socialisation, leurs propres règles, comme si une autre société commençait à se former. Là où persiste une conscience ouvrière et populaire "française", l'ennemi n'est plus le patron ou le système, il devient l'envahisseur et l'étranger » (4). Il en sera de même pour les immeubles construits sur la ceinture verte de Paris. Trente lignes au *Journal officiel* auront suffi pour remettre en cause la loi de 1919, confirmée par celle de 1930, visant à offrir aux habitants des banlieues un anneau de verdure de trente-six kilomètres de circonférence. Sur proposition du Docteur Bernard Lafay, un additif à une loi de finances autorisant la construction de logements et de bâtiments publics sur cette zone réservée a été voté. Le premier coup d'arrêt à la folie des ZUP et des grands ensembles a été donné en 1962 par la loi Malraux protégeant les centres-villes et, en 1974, un décret a mis fin à cette période.

Du mal-vivre, on passera petit à petit aux problèmes sociaux des grands ensembles. Les populations de l'immigration seront ressenties comme hostiles. Or, en France comme dans beaucoup de pays, quand il ne s'agit plus de légiférer sur les questions de

(2) F. Dubet, *La galère, jeunes en survie*, Paris, Éd. Fayard, Février 1987, 503 p.

(3) B. Vayssiere, *Construction, Déconstruction*, Picard, 327 p.

(4) F. Dubet, « Les territoires de bandes » in Journal *Libération*, 29 mars 1990, p. 2.

réglementations de séjour et du travail des étrangers, mais de réguler le phénomène migratoire selon une logique d'efficacité sociale, de multiples problèmes apparaissent.

On se souvient encore de la tragédie du 1er juillet 1974 quand le bidonville de Digue des Français à Nice, habité par environ deux mille travailleurs algériens et tunisiens, a été incendié. Il s'agissait de faire disparaître pour construire ailleurs. Des pétitions furent alors adressées aux élus locaux contestant les nouveaux emplacements proposés par le programme de la Sonacotra. Les immigrés s'organisèrent. La grève des loyers dans les foyers se développa. Un comité de coordination des foyers en difficulté, des associations avec l'appui de certaines sections syndicales luttèrent encore pour « mettre fin aux conflits des foyers, aux expulsions, aux violences policières dont "étaient" victimes les travailleurs étrangers » (5). Le scepticisme autour de ces questions a nourri la recherche de solutions. Ainsi, on peut noter la création d'une commission nationale pour le logement des immigrés instituée par la circulaire du 6 mai 1975 et l'arrêté du 11 mai 1976. Son rôle est de mettre en œuvre des moyens susceptibles de favoriser l'accueil et le logement des populations de l'immigration.

La genèse d'une conscience

Les années 80 modifient le contexte en ajoutant à ces problèmes de logement des questions de violence, de délinquance des jeunes, de vie en banlieues. C'est aussi le moment où se développe un climat de racisme et où se multiplient les attentats contre les jeunes issus de l'immigration. La presse mentionne le terme de « ghettorisation ». On parle de « droit à la différence ». La plupart des espoirs et des certitudes vacillent. Des débats confus agitent cette période. Il y aurait une autre modernité à trouver. S'agit-il d'une question sociale, culturelle, ethnique,

---

(5) J. BENOIT, « La fête du désespoir », Journal *Le Monde*, 3 octobre 1979.

d'un problème juridique, judiciaire ? Tout se mêle. Le début des années 80 marque le temps d'une prise de conscience. Un grand bouleversement est en train de se produire. Il n'est pas ressenti comme tel. Seule une volonté croissante se manifeste pour trouver des solutions aux problèmes de cette jeunesse.

Rodéos médiatiques

Les incidents dès le début de l'été 81 dans l'Est de l'agglomération lyonnaise par des jeunes, souvent d'origine étrangère, et la création d'un comité de défense à Villeurbanne, région du Rhône, sont pris au sérieux par le gouvernement. « Les événements de l'été sont une alerte qu'il ne faut pas oublier » déclare le 19 septembre 1981 Charles Hernu, à l'époque ministre de la Défense nationale et maire de Villeurbanne. Pour répondre aux problèmes des cités de transit, le gouvernement socialiste nomme le 19 novembre 1982 un chargé de mission : François Lefort des Ylouses, prêtre et médecin qui dépend de l'évêché d'Alger. Pour cet humanitaire perdu dans les arcades des ministères, « les enfants nés en France de travailleurs algériens ou marocains ne forment pas une "génération" homogène. Les comportements diffèrent d'un âge à l'autre. La drogue, une des causes majeures de la délinquance, touche surtout les jeunes de 17 à 18 ans. A côté d'eux, on trouve des garçons de 12 à 15 ans plus spontanément violents, et d'autres de vingt ans, qui commencent à s'organiser en associations indépendantes, jusque-là pacifiques » (6).

Mais, il aura fallu les rodéos automobiles des jeunes étrangers des Minguettes, à Venissieux, pour que des mesures soient prises pour aider les familles à problèmes, souvent issues de l'immigration, dans des cités dégradées, et pour remédier aux questions d'emploi des jeunes, liées à un manque de formation initiale. Telle est la situation à laquelle le gouvernement dès octobre 1981

---

(6) Propos recueillis par Cl. BONJEAN, *Le Point*, n° 534, 13 décembre 1982.

tente de faire face. Une commission pour le développement social des quartiers présidée par Hubert Dubedout, à l'époque maire de Grenoble, est créée pour agir concrètement dans seize quartiers parmi les plus touchés. L'un des objectifs est de demander aux communes de définir un plan d'ensemble de renaissance du quartier en relation avec la commission. Et en accord avec les municipalités, des actions prioritaires sont menées, notamment la création d'une mission locale d'insertion des jeunes dans chaque quartier pour les orienter vers une formation professionnelle, celle d'équipements d'action socio-éducative, ou encore de postes supplémentaires de police dans seize quartiers pour lutter contre la délinquance. La réhabilitation des logements est aussi commencée.

Mais tous les problèmes ne sont pas pour autant réglés. La commission se heurte à l'absence de coordination des différentes administrations pour l'élaboration de ses programmes. La décentralisation de l'action de la commission développée par Rodolphe Perce, nouveau président de la commission, doit inciter les régions et les départements à signer les contrats avec l'État dans le cadre du IXe plan.

S'engage alors autour des questions de cette jeunesse un débat serré sur les mesures nécessaires. C'est ainsi que lors des premières assises de Banlieue 89 en 1981, trois missions ont été annoncées : la mission Dubedout pour l'étude des quartiers, la mission Bonnemaison pour le problème de la sécurité par la prévention et la mission Schwartz cherchant à réunir des jeunes, à les informer, à les rendre eux-mêmes responsables du développement, à rapprocher les entreprises des éventuels travailleurs. Chacun y va de sa mission. En outre, la plupart d'entre elles renvoient non à la seule situation des jeunes, mais à l'organisation familiale dans son ensemble.

Dans le même ordre d'idées, le 5 janvier 1983, le rapport de Jean-Claude Delarue, délégué général de SOS Environnement, présenté au Conseil économique et social, expose en une soixantaine de pages les problèmes qui se posent quotidiennement aux habitants des banlieues. Il s'appuie sur diverses enquêtes conduites par le ministère de l'Environnement, le ministère de l'Urbanisme et du Logement, sur des entretiens avec des responsables d'associations d'usagers et sur les témoignages de maires (Hubert Dubedout, maire de Grenoble et chargé de mission sur les banlieues défavorisées et les maires de Massy, Saint-Cloud, Sevran et Venissieux).

Ce rapport consacre une place importante aux nuisances (dépôt d'ordures, usines polluantes...) déplacées vers les banlieues, déplore l'impuissance de l'État à faire respecter ses décisions, y compris par ses propres agents, souligne l'incohérence des transports publics et dénonce la véritable délinquance des particuliers et des services publics qui profitent de la crise de l'emploi et du logement pour abuser des banlieusards défavorisés. On constate alors que des inquiétudes nouvelles émergent progressivement, signes d'une crise grave, d'une période troublée. On doit faire disparaître ces maux et œuvrer pour une amélioration par des mesures sociales efficaces.

Dans les quartiers les plus agités des grandes métropoles, des actions ponctuelles sont alors mises en place pour l'été. En 1983, elles seront reconduites avec des moyens budgétaires accrus sous un nouvel intitulé : Programme Prévention été 1983. Ce sont quelques cinq cents projets d'animation locale ou de départs en vacances proposés par les municipalités et les associations locales pour les jeunes de 13 à 21 ans. Ce programme orchestré dans chaque département (11 au total) par une cellule de prévention autour du préfet répond à trois objectifs : occuper les jeunes en situation de prédélinquante afin d'éviter que l'oisiveté ne les prédispose à devenir témoins ou acteurs de violence dans leurs quartiers, pallier les manques des pouvoirs locaux et associations en amorçant une vraie politique de loisirs pour ces jeunes hors circuit et anticiper sur les actions d'insertion prévues à l'automne. Bien sûr, ces actions ne seraient qu'éphémères si parallèlement la réhabilitation des tours et des immeubles prévue pour vingt-deux îlots sensibles, dans le cadre de la commission Dubedout, n'était pas réalisée. Autrement dit, il y aurait un danger de systématisation de cette formule chaque année.

Des beurs à l'Élysée

Pour saisir pourquoi les problèmes de cette jeunesse issue de l'immigration se perpétuent au cours du temps sans pouvoir imposer ses revendications, il faut prendre la mesure des réactions et passions qu'elle cristallise. Prenons, pour en montrer la réalité, l'exemple de la marche des mille deux cents kilomètres Marseille-Paris réalisée par trente-deux jeunes de l'immigration. Elle commence le 15 octobre 1983. Et leur entrée dans la capitale le 3 décembre est particulièrement remarquée. Près de 50 000 personnes sont descendues dans la rue pour témoigner leur soutien à cette action en faveur de l'égalité et contre le racisme. Les marcheurs ont ainsi pris à la lettre l'un des éléments de la devise de la République : l'égalité. « Comme les bourgeois et les sans-culottes de 1789, ils aspirent à un droit si naturel que le rappel en est désuet. Ces enfants d'immigrés sont français. Des Français arabes ou berbères, des Musulmans à la pratique épisodique, mais baignant culturellement dans l'Islam... Ils sont nés ici et y resteront. Ils chercheront du travail, un logement. Ils fonderont des familles. Ils revendiqueront une identité culturelle, faite de ce qui leur paraît à prendre des deux côtés de la Méditerranée. Ils voteront bientôt... la nouveauté avec les Français d'origine maghrébine tient en peu de mots : ils ne viennent pas de terres chrétiennes, ils ne sont de la même "race", ils veulent préserver "leur différence". Trois faits qui expliquent la réaction que suscite leur présence et qui réveillent au tréfonds de la France profonde des peurs, des passions et des haines séculaires ». Et Bruno Frappat ajoute : « Égaux mais différents ? La France n'aime pas l'Autre. Le marginal – de peau, de culture, de costume – dérange le village qui se raidit. On tolère l'assimilation, on traque la différence. Marcheurs républicains, souvenez-vous de vous méfier : le combat quotidien n'est pas gagné et vous n'êtes que sur le seuil de la citoyenneté et de la République » (7).

Plusieurs membres du gouvernement de l'époque étaient présents à l'ultime étape de la marche, Claude Cheysson, ministre

(7) B. FRAPPAT, « Républicains », Journal *Le Monde*, 6 décembre 1983, p. 12.

des Relations Extérieures, Georgina Dufoix, secrétaire d'État à la Famille, à la Population et aux travailleurs immigrés et Huguette Bouchardeau, ministre de l'Environnement, ainsi que de nombreux représentants des partis politiques, des syndicats, et des mouvements associatifs.

Une délégation de huit marcheurs a été même reçue à l'Élysée par le président de la République de l'époque, François Mitterrand. A cette occasion, le chef de l'État leur a promis qu'une de leur revendication principale – une carte de séjour unique valable dix ans et renouvelée automatiquement – serait bientôt satisfaite. Elle ne sera en aucun cas attribuée aux nouveaux arrivants. Ces propos seront confirmés par Georgina Dufoix. La carte de séjour dix ans devrait se substituer aux cinq régimes existants, à savoir :

– la carte de résident temporaire d'un an valable en particulier pour la plupart de ceux qui ont été régularisés après mai 1981 ;

– la carte de résident ordinaire de trois ans ;

– la carte de résident privilégiée de dix ans ;

– la carte de séjour de CEE sans limitation ;

– la carte de trois ans et trois mois aux Algériens soumis à un régime particulier, dont les quatre cinquièmes sont en fait déjà en France depuis plus de dix ans. Le président Chadli a, lors de sa venue en France, en novembre 1983, demandé, lui aussi, une modification de ce régime.

Ce qui est évoqué ici par ces jeunes, c'est une attente normative et le compromis revendiqué n'est pas un constat *a posteriori*, mais désigne une volonté ; le droit est un élément essentiel de leurs revendications. Ainsi, alors que la reconnaissance par le droit est loin d'être acquise, des solutions remèdes viennent à l'appui de toutes les idéologies environnantes.

Le 16 avril 1985 commence la semaine intitulé « Stop Galère » dans l'agglomération de Lyon. Il s'agit pour les responsables du Conseil national de prévention de la délinquance de réussir un dialogue entre les magistrats, les policiers et la population. Mais, ce jeu de l'ouverture est peu suivi, l'actualité délictuelle a vite pris le dessus. Symbole évident du décalage entre la bonne volonté du Conseil national de prévention de la délinquance et la réalité qui court plus vite que des projets par définition inscrits dans le long terme.

De même, lors d'une table ronde,le Conseil national des populations immigrées le 4 juillet 1985, réuni autour du thème « logement des immigrés », évoque la nécessité de règles d'attribution aux immigrés de logements du parc social (8). Ainsi, par une lettre du 15 avril 1986, le Directeur de la construction du ministère de l'Équipement, du Logement, de l'Aménagement du territoire et des Transports informe la Direction de la population et des migrations du ministère des Affaires sociales et de l'Emploi qu'un récent décret du 19 mars 1986 modifiant le Code de la construction et de l'habitat prend en compte ces remarques et prévoit des règles d'attribution plus favorables aux étrangers entrant dans le cadre du regroupement familial. Ce qui est frappant ici, c'est ce souci constant d'organiser par le droit cette ouverture nécessaire. Or, l'exercice de ces règles, pour ne pas être désuet, doit s'insérer au cœur même d'un ensemble de mesures visant l'amélioration des conditions de vie des populations.

On se souvient que la recherche « Construire la ville et gérer les solidarités », dirigée en 1987 et 1988 par Michel Rouge et Jean Saglio, montre, d'une part, que le système de décision est bloqué par son incapacité à réaliser des logements qui répondent en qualité et en nombre à la demande et à des nécessités que la disparition accélérée de la fonction sociale du secteur privé ne fait qu'accroître et, d'autre part, qu'il est confisqué par des décideurs dont les intérêts sont loin d'être convergents. On a aussi vu se développer ces dernières années sous l'égide de l'État des analyses, des études qui débouchent sur des propositions concrètes accompagnées de moyens adaptés. Les constats sur la rigidité des normes administratives, l'inadaptation du logement social neuf, les exclusions produites par les OPAH ont débouché sur des concepts nouveaux tels que l'habitat adapté, l'utilisation des aides au logement, le coût global, la maîtrise d'œuvre urbaine et sociale...

Et pourtant, toutes ces précautions semblent encore insuffisantes. On peut rappeler ici la situation particulière de la préfecture du Rhône : la création du service de développement des

---

(8) Cf. *Actualités Migrations*, n° 95 du 7 octobre 1985.

quartiers et des relations intercommunautaires correspondait à une volonté de résoudre prioritairement les situations d'exclusion. Les opérations dites « spécifiques », destinées au relogement exclusif des immigrés, étaient souvent inadaptés aux besoins des futurs locataires et mal localisés, ce qui était un inconvénient majeur pour ceux qui refusaient l'assignation à résidence et souhaitaient se fondre dans le paysage (recherche de l'invisibilité sociale). La requête du droit au logement s'est vue opposer la logique gestionnaire qui raisonne en termes d'équilibre sociologique, de quota de réservation, de pression du voisinage, d'appartenance à une catégorie « sensible » c'est-à-dire suspecte. L'émergence d'autres partenaires (secteur privé à vocation sociale) ou de nouveaux moyens pouvait seule aider à sortir des limites d'un système à la fois fermé, peu efficace et marginalisant, dans une métropole régionale (Lyon) qui souhaitait développer et affirmer sa vocation internationale.

Alors même qu'on constate jour après jour la difficulté d'adapter des mesures au logement des populations, on prend conscience de l'urgence d'une question fondamentale, le chômage des jeunes.

Le chômage : d'une faille à l'autre

Une étude, menée en 1986 sous la responsabilité scientifique de Georges Abou Sada et de Zahia Zeroulou sur les modalités d'insertion sociale et professionnelle des jeunes issus de l'immigration ayant reussi leur scolarité et obtenu leur diplôme, montre que la définition de la catégorie « jeunes » n'est pas évidente, *a fortiori* pour ceux issus de l'immigration qui présentent une grande hétérogénéité sociologique et culturelle. Les auteurs développent quelques réflexions : « Les premières investigations empiriques relatives à la formation initiale, à la formation professionnelle et à la place de ces jeunes sur le marché du travail montraient l'existence d'une assez forte tendance à la reproduction à l'identique. Des données globales du recensement INSEE 1982 font apparaître que cette tendance persiste, en particulier pour les garçons, mais aussi que s'esquisse un léger rapprochement de la situation des jeunes issus de l'immigration de celle des jeunes français et, *a contrario*, une certaine différenciation de leur répartition dans les secteurs d'activités par rapport à leurs aînés. La présentation dramatisée des situations de ces jeunes, qui ressort de certaines études, a généré des discours "misérabilistes" qui insistent davantage sur leurs difficultés et leurs échecs scolaires que sur leurs aptitudes à développer des stratégies qui leur permettent de trouver des modalités d'insertion acceptables et valorisantes ». Les auteurs insistent : « On ne peut ignorer que le lieu de naissance, la nationalité d'origine et les modèles éventuels des itinéraires personnels et familiaux, les performances scolaires et professionnelles, les rapports à la société d'accueil ou à la société d'origine sont autant de composantes qui rendent cette population particulièrement hétérogène ».

Ils citent encore le caractère sélectif de l'école et l'importance de la qualification professionnelle et des réseaux de relation sur le marché du travail :

« Confrontée à un public d'élèves depuis vingt ans et malgré des réformes qui se voudraient égalitaristes, l'école en France reste sélective et fonctionne au détriment des enfants issus des catégories socialement défavorisées et culturellement démunies, précisément celles auxquelles, dans leur grande majorité, appartiennent les enfants d'immigrés et leurs performances scolaires s'en ressentent. Mais si l'échec scolaire est le lot du plus grand nombre, il n'exclut pas des réussites. Les performances scolaires, les diplômes obtenus et les niveaux de qualification acquis déterminent les conditions dans lesquelles les jeunes s'insèrent sur le marché de l'emploi. Nombre d'enfants d'immigrés, faute de diplômes ou de qualification, arrivent sur le marché du travail dans une situation rendue encore plus défavorable par un contexte de crise où le chômage est assez développé. L'aggravation ou la persistance du chômage peuvent aussi défavoriser les jeunes diplômés dans la mesure où les réseaux de relations sont limités et parce qu'ils ne peuvent bénéficier à ce niveau d'aucun soutien familial » (9).

---

(9) Cf. *Migrations Études*, « L'insertion sociale et professionnelle des jeunes diplômés issus de l'immigration », 1989, n° 5 septembre.

L'éclairage fait par cette enquête sur ces jeunes vient d'être complété par une étude de Jean-Louis Borkowski, « l'insertion sociale des immigrés venus en France avant 1968 et de leurs enfants », et une autre enquête sur les conditions de vie 1986-1987 (10) qui précisent que ces jeunes accèdent à une position sociale plus « élevée » que celle de leurs parents. La majorité des enfants d'immigrés nés en France deviennent employés (24 %) ou cadres (30 %). « Finalement, conclut l'auteur, naître en France d'un parent d'origine étrangère permet indéniablement une bonne insertion dans la société française : l'école, les pratiques culturelles acquises dans l'enfance permettent une orientation des personnes vers les professions connaissant la plus grande expansion. Un tiers environ des enfants d'immigrés restent toutefois ouvriers en parties égales qualifiés ou non. 11 % se sont installés à leur compte ».

En fait, la certitude que rien ne changera jamais vraiment pour cette jeunesse issue de l'immigration pèse lourdement dans la dédramatisation de leur destin. Rien n'est acquis d'avance. On se souvient des mesures mises en œuvre par le gouvernement socialiste à la suite du rapport de Bertrand Schwartz sur l'insertion professionnelle des jeunes en difficulté : missions locales, stages qualifiants, aide aux entreprises intermédiaires. La dernière mesure a été abandonnée depuis 1986 et les deux premières laissées en jachère. Alors même qu'on vient de prendre des moyens de résoudre les difficultés des jeunes, loin de valoriser les nouvelles actions prises, on les déprécie dans un mouvement plus général de méfiance.

Le retour au droit

Pourtant, la réponse du candidat à sa succession, François Mitterrand à « France Plus », le 18 avril 1988, sur la question du chômage des jeunes s'efforce d'être cohérente : « Le prochain

(10) Données sociales 1990 INSEE.

gouvernement devra relancer cette politique et la doter de moyens financiers suffisants, car elle est destinée à l'ensemble des jeunes en difficulté, en particulier les jeunes d'origine étrangère. Dans ce cadre, un dispositif particulier d'aide à la création d'entreprise par les jeunes sera mis en place. Plus généralement, il faut que les jeunes français d'origine étrangère prennent toute leur place dans la société française, dans tous les domaines, à tous les niveaux. Leur réussite n'est-elle pas le meilleur moyen de lutter contre le racisme ? » (11).

On note encore que le Président de la République sortant aborde aussi la question du droit comme pour rappeler que l'insertion de ces jeunes nécessite aussi un statut juridique clairement défini :

« Depuis des siècles, les enfants qui naissent de parents étrangers deviennent français à l'âge de 18 ans, sauf s'ils optent pour la nationalité de leurs parents. C'est ce que l'on nomme le droit du sol. Il n'y a aucune raison de revenir sur cette tradition séculaire qui a permis à notre communauté nationale d'intégrer harmonieusement celles et ceux qui s'y sont ajoutés au cours de l'histoire. Pourquoi, en revanche, ne pas améliorer et simplifier ce qui doit l'être, comme la naturalisation, en rendant les procédures moins vexatoires ? Il faut que la France sache recevoir et accueillir, qu'elle s'ouvre plutôt que de se fermer. Tout ce qui s'inspire d'une philosophie d'exclusion doit être rejeté. Soyons attentifs à ne pas marginaliser des dizaines de milliers de jeunes. »

C'est à cette même époque, en 1988, qu'il faut souligner la création de la délégation interministérielle de la ville. Cheville ouvrière du Conseil national des villes et du Comité interministériel des villes, cette instance coordonne la préparation et la mise en œuvre des programmes visant à améliorer les conditions de vie dans les zones défavorisées des villes et des banlieues. Son action repose sur le partenariat entre l'État et les collectivités locales sous forme de contrats ou de programmes nationaux (contrats territoriaux, programmes thématiques particuliers, programmes nationaux de solidarité). Il s'agit aussi d'aider les populations menacées d'exclusion.

---

(11) *Bulletin du groupe socialiste*, 20 avril 1988.

Pourtant, malgré ce contexte et les acquis réels de la politique d'insertion, on n'obtient pas encore les résultats attendus. La fracture sociale s'accroît malgré les discours enchanteurs et la recherche inexorable de solutions miracles. Les politiques d'« intégration » des immigrés et de leurs enfants n'ont pas répondu aux problèmes de ceux dont les origines ethniques et sociales sont un handicap, ni à ce nouveau prolétariat urbain, multiracial, en mal de reconnaissance et de moyens d'accès aux rapports sociaux. Les capacités d'insertion de la société française sont à la fois solides, mais renforcent l'exclusion de ceux dont on a instrumentalisé la révolte. Nous sommes loin de la lutte des jeunes d'origine maghrébine du début des années 80 et de leur demande de reconnaissance et d'ascension sociale. Elle a donné lieu, comme on le sait, à la constitution d'une élite sociale et politique organisée ou non qui a été aspirée, comme l'écrit Adil Jazouli (12), par les institutions et qui a déserté le terrain des banlieues pour celui des antichambres de l'action politique. Les générations suivantes ont été ainsi mises à l'écart. Peut-on alors espérer que les années 90 seront plus novatrices ?

Les nouveaux pauvres

Avec les années 90, les problèmes de logement, de violence, de délinquance sont toujours d'acualité. Mais, une question nouvelle apparaît sur la scène publique : les squatts. Les jeunes de moins de 16 ans deviennent une véritable préoccupation. Leur statut juridique est une question importante. Est-ce alors la victoire des situations concrètes qui se pose aux jeunes issus de l'immigration ? Rien n'est moins sûr.

Le paysage semble dévasté : apparition des bandes de jeunes en majorité d'origine étrangère, augmentation des crises à caractère sécuritaire, tensions entre police et jeunesse des banlieues de grandes agglomérations. Tout est brouillé. Entre le jeune beur

(12) A. Jazouli, « Le retour des apaches », Journal *Le Monde*, 16 octobre 1990.

né en France, scolarisé ici et qui n'a pour ainsi dire jamais quitté sa cité, et le clandestin qui sert dans le quartier du sentier, quoi de semblable ? Dans de nombreuses cités, l'« intégration » (13) est une réalité. Dans d'autres, elle est un échec. Ces zones de marginalité où se côtoient les plus défavorisés de la société française forment de véritables « ghettos ». Ascension personnelle des uns, solidarité communautaire des autres, l'hostilité est parfois vive. Des pratiques culturelles et religieuses deviennent les enjeux de cette lutte. Le racisme s'alimente de ces échecs. L'incapacité collective à résoudre, à prévenir ces événements a plusieurs causes : en effet, si depuis près de dix ans, des opérations de réhabilitation dans les banlieues, de prévention de la délinquance, de formation des jeunes laissaient supposer que l'on allait vers un mieux-vivre, c'était oublier la montée du chômage de longue durée, les développements des allocations de revenu minimum, la multiplication des stages sans avenir.

Pourtant, les actions se poursuivent. Le président de la République de l'époque, François Mitterrand, lors d'un discours prononcé devant les assises de « Banlieue 89 », à Bron le 4 décembre 1990, ne rappelle-t-il pas, à la suite de la création de la Délégation interministérielle à la ville, autour des actions lancées par la Commission nationale pour le développement des quartiers, par le Conseil national à la prévention de la délinquance, le foisonnement d'initiatives. Il insiste sur la sélection de quatre cents quartiers. « Certains ont été traités dans le cadre des contrats de Plan État-Région pour la période allant jusqu'à 1993. Ces sites

(13) A propos du concept d'intégration, nous retiendrons la définition du Haut Conseil à l'intégration : « Il faut concevoir l'intégration non comme une sorte de voie moyenne entre l'assimilation et l'insertion mais comme un processus spécifique : par ce processus, il s'agit de susciter la participation active à la société nationale d'éléments variés et différents, tout en acceptant la subsistance de spécificités culturelles, sociales et morales et en tenant pour vrai que l'ensemble s'enrichit de cette variété, de cette complexité », Cf. Rapports officiels *Pour un modèle français d'intégration*, mars 1991, *La connaissance de l'immigration et de l'intégration*, novembre 1991 et *Conditions juridiques et culturelles de l'intégration*, mars 1992, Paris, La documentation française. Tous les acteurs du social, du judiciaire, de l'administratif s'interrogent sur leur action et sur la qualification à lui donner. On retiendra encore les définitions de J. COSTA-LASCOUX : « L'assimilation souligne l'unité de la communauté nationale, l'intégration, le choix et la participation des nouveaux membres, l'insertion, les conditions d'accueil de l'étranger avec le maintien du particularisme d'origine », in « De l'immigré au citoyen », *op. cit.*

pilotes ont été choisis pour l'insertion. Des contrats de ville ont été mis en jeu. L'action sur le logement social, le plan pour les logements des plus démunis, c'est l'esprit même de la loi Besson. Il y a aussi, ajoute-t-il, la relance des zones d'éducation prioritaire, l'institution du revenu minimum d'insertion, une politique d'insertion dont on trouve les grandes lignes dans le rapport Prevost. »

Le social attrape-tout

En matière de jeunesse, Le président de la République de l'époque se réclame de principes d'action : « Concentrer les efforts de l'État sur les quatre cents quartiers en question, veiller à organiser la diversité (il s'agit de créer une vie collective aussi harmonieuse que possible que celle que les villes plus anciennes ont reçue en héritage, résultat de multiples initiatives individuelles accumulées au cours des temps), participer (sans la participation la plus large de tous, il n'y aura pas d'identité, il n'y aura pas de citoyenneté. Il faut en particulier que les jeunes s'approprient leurs quartiers. Ils aiment leurs quartiers, ils ne veulent pas en changer, ils veulent que le quartier change. Ils ont cet attachement naturel pour le lieu où l'on prend racine, même si c'est dans la laideur, le désordre et l'ennui. Il faut qu'ils aient des endroits à eux, des salles pour se réunir), parvenir à créer des emplois pour les gens de ces quartiers ».

Il s'agit de viser l'efficacité et de garantir une meilleure application de l'action sociale.

Mais il y a encore loin de l'horizon idéal que représenterait une société imprégnée de la philosophie des lumières. Le racisme demeure. Cet obstacle à l'intégration est aussi combattu. On assiste à de nombreuses manifestations : celle de la marche pour l'égalité de 85, celle de SOS Racisme, celles de chanteurs, d'intellectuels, de comédiens. Même si des réussites individuelles ou collectives prouvent qu'avec dynamisme, on peut transformer les choses, il reste encore beaucoup à faire. Une partie des jeunes de l'immigration s'intégre, une autre reste en arrière dans le refus de la loi, la marginalité culturelle, la délinquance ou la tentation de l'intégrisme religieux.

Des études soulignent d'ailleurs à quel point à catégorie sociale égale, les enfants d'immigrés réussissent aussi bien à l'école que les autres : « Il y a des écoles ghettos parce qu'il y a des cités ghettos », constate Maryse Tripier et Alain Léger, professeurs de sociologie. « Les immigrés s'intègrent toujours à la classe sociale qui les accueille. L'école est un concentré de problèmes sociaux. En même temps qu'elle reproduit » (14).

Il faut encore noter que si le programme du Développement social des quartiers (DSQ) pour le Xe plan avait donné lieu au choix de quatre cents sites préférentiels, lors d'une conférence de presse le 19 septembre 1990 à Matignon, Hubert Prevost, secrétaire général à l'intégration, Yves Dauge, délégué interministériel à la ville, et Michel Yahiel, directeur du Fonds d'action sociale à l'époque, ont présenté une nouvelle opération pilote sur soixante sites choisis parmi ces quatre cents quartiers pour l'acuité de leurs problèmes. Par son contenu, elle vise à favoriser l'intégration en renforçant des projets pour tous les publics mal insérés, surtout les jeunes, en développant des actions d'accueil et de solidarité, en créant des services de proximité, en impulsant des événements culturels. Le gouvernement Rocard dévoile ainsi ses remèdes à l'exclusion sociale : une meilleure coordination des interventions éclatées de l'État et un traitement indifférencié entre Français et étrangers pour éviter les stigmatisations. Cette nouvelle action intervient au moment où le handicap dans les banlieues augmente. Il faut s'efforcer de trouver des stratégies régulatrices et faire face à l'importance de la population d'origine étrangère, aux gros retards scolaires et à la formation professionnelle insuffisante, à la rupture sociale des jeunes, au taux élevé de délinquance et aux loyers impayés, liés à la forte proportion de nouveaux pauvres et d'allocation du revenu minimum.

---

(14) A. LEGER et M. TRIPIER, *Fuir et construire l'école populaire*, Méridiens, Klincksiek, 1986, 207 p.

Les mesures annoncées par Pierre Joxe, le 16 octobre 1990, visent à lutter contre une recrudescence de la délinquance. La police doit être plus présente dans la rue, plus efficace, mieux informée. Pierre Joxe veut combattre la petite et moyenne délinquance (vols et cambriolages qui constituaient en 1989 65 % de l'ensemble des infractions répertoriées et étaient la cause principale de l'augmentation de l'insécurité). Les faits en question sont commis le plus souvent par des jeunes sans emploi, en rupture de famille et toxicomanes. Bien sûr, l'îlotage de la police ne suffit sans doute pas. Certains diront même que ce travail de proximité devrait être inhérent à la mission policière, indépendamment des statistiques de la délinquance.

La génération-transition

Et le scepticisme sur l'avenir de cette jeunesse engendre une recherche perpétuelle de certitudes.

Gérard Mermet, spécialiste de l'analyse des modes de vie des Français, révèle les grandes tendances qui vont modeler la société française des années 90. Il analyse les causes du malaise social. Ainsi, selon ces propos, « les années 80 ont marqué la fin du "péché capital" : l'argent est désormais une valeur positive. Sauf pour les surendettés et les exclus. De ce fait, la France connaît une montée inquiétante de frustrations. Le paysage social est traversé de tensions croissantes : entre Français et étrangers, entre actifs et inactifs, entre fonctionnaires et salariés du privé, entre jeunes et vieux. Et il y a risque d'explosion. La génération qui défile dans la rue aujourd'hui est née après 1968. Je la qualifie de "génération-transition" ; entre deux sociétés (industrielle et post-industrielle), entre deux systèmes de valeurs (collective et individualiste), entre deux civilisations : celle de la consommation des loisirs remplace le travail. Symboliquement, c'est une génération qui aura vécu entre deux millénaires. Les jeunes, ajoute-t-il, ont le sentiment d'arriver dans un monde hostile : chômage, sida, pollution, inégalités... Ce sont ces incertitudes qui alimentent la contestation actuelle. Je pense que contrairement à ce qui s'est passé durant les trois dernières décennies la revendication d'égalité sera plus forte que celle de liberté. L'Église, les réseaux de relations sociales peuvent jouer un rôle important dans cette réactivation de la fraternité. Il me semble que nous allons aboutir à un individualisme plus raisonné qui mettra en avant la dimension humaine écologique de notre société » (15).

Pour Roland Castro, architecte, animateur de « Banlieue 89 », « aujourd'hui dans les villes d'Europe, on trouve le monde entier, toutes les cultures du monde. La question de la ville est devenue la question centrale et la question urbaine est devenue la question sociale. Si la France s'occupait sérieusement de construire une république métissée sur fond d'égalité urbaine et de jacobinisme retrouvé, il se pourrait, ce qui est son étrange génie, qu'elle ait un message à dispenser au monde » (16).

Yves Dauge s'interroge aussi : « En quoi et de quelle manière faut-il remettre en cause l'action transversale que mènent les pouvoirs publics dans les quartiers et les villes en difficulté. Notre société n'insère plus, elle exclut désormais. Dans ces banlieues en marge, qui cumulent les handicaps, les jeunes, plus nombreux qu'ailleurs, se sentent souvent condamnés à une captivité durable sans espoir ni perspective. Les plus jeunes eux-mêmes sont parfois menacés et tôt désabusés. La pauvreté et l'exclusion ont trouvé leurs espaces-parkings. Le développement social urbain ne peut consister en une politique d'acclimatation ou de régulation sociale. Son ambition est autre : renverser la spirale du déclin et du pire, ouvrir les périphéries au droit comme à la beauté, à la vie comme à la ville, les réintégrer dans l'activité économique et donner aussi à percevoir aux adolescents qui y vivent un autre futur, rompant avec celui débilitant que dessine le cours quotidien des choses. Les citoyens doivent s'approprier les quartiers et la ville comme ils doivent réinvestir l'État. La participation des habitants est en crise, les associations s'essoufflent. Il n'y a pas de salut pour une politique urbaine sans une recon-

---

(15) Propos recueillis par Jerôme DUPUIS, La France vit en démocrature, *Le Point*, 19 novembre 1990, p. 9 ; Gérard Mermet a publié *Euroscopie, Les Européens : qui sont-ils ? Comment vivent-ils ?*, Paris, Larousse, 1991, 446 p.

(16) R. CASTRO, « Société éclatée et république métissée », Journal *Libération*, 29 octobre 1990.

quête civique. Des bastilles doivent tomber, des séparations s'effacer pour que la démarche de projet et de contrat l'emporte sur la logique de procédure et de subvention. Mais la recherche d'efficacité est encore plus nécessaire. Il faut une action préventive et non des actions qui servent à défaire la ville au lieu de la régénérer » (17).

Peu à peu émergent d'autres préjugés, d'autres défiances. Toutes les réponses demeurent modestes et ne sont pas acquises une fois pour toutes. Mais, ce n'est pas incohérent de souhaiter la concertation de tous les acteurs sociaux dans un esprit d'échanges avec cette jeunesse.

La jeunesse, maillon faible de la cohésion sociale

Edgar Morin (18), éminent sociologue, confirme cet état de fait : « Nous vivons le syndrome de l'échec total de l'urbanisme technocratique des années 60. Les jeunes des cités mettent en lumière cette carence épouvantable. Déjà, ils compensent la décomposition générale de tous les liens sociaux dans leurs quartiers par la création de bandes soudées par des liens communautaires très forts. Mais aujourd'hui, la protestation a dépassé la banlieue et concerne la jeunesse "maillon le plus faible" de la cohésion sociale, et dans ce sens notre société. En 1968, des groupuscules ont offert à la jeunesse en révolte une idéologie qui leur apportait la promesse d'un salut et d'une société meilleure. Il n'en reste plus rien, avec l'écroulement du salut par la révolution. En 1986, étudiants et lycéens avaient régénéré spontanément les idéaux de 1789 en protestant contre la sélection à l'entrée de l'université et donc pour l'égalité dans les études.

Aujourd'hui, les lycéens ne peuvent formuler que des revendications prétextes, le fond du problème restant indicible. Nous

(17) Y. Dauge, « Du service public au droit de cité », Journal *Libération*, 29 octobre 1990.

(18) P. Bernard et H. Tincq, « Le délabrement moral du monde où ils vivent », Journal *Le Monde*, 13 novembre 1990.

vivons tous cet énorme désenchantement et dans cette phase historique où le progrès est en crise, où l'avenir radieux est mort, tout le monde vit le nez dans son assiette en pensant qu'il n'y a pas de futur. En 1968, le code de la révolte était le jargon marxiste-léniniste. Maintenant le code consiste à dire que les murs sont crados, les chaises branlantes. C'est un langage vraiment symbolique d'un monde en ruine, de la vie dans les banlieues et dans les lycées d'une tristesse infinie construits à toute vitesse. Mais qui exprime aussi le délabrement intérieur, moral du monde où ils vivent. Il nous faut retrouver un futur, non plus un futur de la promesse mais une continuité, un lien salubre avec le passé qui ne soit pas celui des fondamentalistes. Personne ne détient la formule et nous sommes au degré zéro. Il faut donc refaire aujourd'hui tout un effort de pensée de régénération politique comme l'avaient fait des penseurs socialistes au XIXe siècle. »

Edgar Morin ne tranche pas les questions mais il les soulève. Ne ferions-nous que piétiner, masquant de discours factices l'insoluble ? De toute façon, les années 1990 se poursuivent avec la même confusion.

Ainsi, toutes tendances politiques confondues, douze maires de grandes villes lancent le 14 novembre 1990 un appel solennel contre toutes les formes d'exclusion, de violence, de racisme et de xénophobie. Leur objectif est un échange sur leurs expériences, même s'ils sont confrontés à des situations différentes. Ces maires précisent qu'ils n'ont ni recettes magiques ni la prétention de se placer au dessus des partis.

Le 17 novembre 1990, au Sénat lors d'une rencontre entre des policiers et des adolescents de milieux défavorisés organisée par le Comité français pour les jeunes de la rue, les jeunes expriment un double sentiment critique vis-à-vis de la police. Ils lui reprochent d'être brutale et raciste et de ne pas être assez efficace pour maintenir l'ordre. Daniel Duglerey, sous-directeur de l'action préventive et de la protection sociale au ministère de l'Intérieur, annonce que la police va engager une communication avec tous les jeunes des établissements scolaires en France. L'initiative doit alors permettre aux élèves de visiter les commissariats et de se rendre compte des conditions de travail des forces de l'ordre.

S'agit-il d'une remise en cause plus profonde de l'action policière à l'égard de cette jeunesse ? Pour le moment, rien n'est assuré. Et les auteurs continuent de questionner : « La jeunesse est malade de son environnement quotidien, physique, social, spirituel sans cesse plus dégradé et ce n'est pas en recrutant quelques pions supplémentaires dans les lycées et en réparant quelques boîtes aux lettres dans les HLM qu'on les guérira. La seule solution en profondeur est un humanisme écologique créant les bases d'un progrès psychique, moral et physique de l'homme par un environnement épanouissant », écrit Philippe Saint Marc (19).

Le 19 décembre 1990, Michel Delebarre est nommé par le président de la République ministre d'État chargé de la ville. Il est ainsi chargé de promouvoir l'essor social, économique et culturel des villes, d'améliorer le cadre de vie urbain et d'éliminer les exclusions. Il doit veiller à l'insertion des jeunes. Bernard Tapie, son prédécesseur, est convaincu que l'ensemble des dispositifs mis en place depuis dix ans pour tenter de soigner le mal des banlieues reste inefficace. Il ne suffit pas de repeindre. Il faut casser les barres, il faut une chirurgie lourde. Il décide alors de créer un instrument d'urbanisme puissant, capable de porter à bout de bras durant une décennie un vrai projet de ville : un établissement public national. Nouvelle idée, nouvelle action. Pourtant, la jeunesse reste l'une des préoccupations prioritaires...

Dans ces années 90, l'intégration des jeunes aux difficultés spécifiques se joue au cœur des quartiers. Les violences spectaculaires ou latentes ici et là rappellent cette évidence. Eva Camus constate : « Ilots insalubres dans les années vingt, bidonvilles dans les années soixante, quartiers sensibles aujourd'hui, l'INSEE a tenté en avril 1990 d'identifier les zones de la région parisienne qui cumulent les difficultés sociales en se fondant sur l'étude de 34 d'entre elles. Toujours les mêmes handicaps qui reviennent : chômage, loyers impayés, ségrégation sociale et ethnique, délinquance, mauvaise image, dysfonctionnements... La moitié d'entre eux se trouve près d'une zone industrielle et les deux tiers en limite commune. La population y est en général

(19) Ph. SAINT MARC, « Crise de la jeunesse », Journal *Le Figaro*, 6 décembre 1990 ; *Progrès ou déclin de l'homme*, Paris, éd. Stock, 1978, 416 p.

jeune : 36,5 % des habitants ont moins de 20 ans (contre une moyenne urbaine générale de 27,5 %), et les personnes âgées ne représentent que 17,3 % des habitants (contre 26 %). Les couples qui habitent des quartiers sensibles ont plus d'enfants et l'implantation ouvrière y est très élevée. Et la proportion d'étrangers y est plus forte qu'ailleurs. Un décor qu'on connaît bien et qui comprend tous les risques d'explosion si on laisse s'y installer les mécanismes d'exclusion. Cette étude de l'INSEE restée un peu discrète a été confortée par la conclusion d'un autre rapport tout aussi peu médiatisé. Ce document produit par l'inspection générale des affaires sociales met bien en vue les inégalités en matière de logement social. Ses auteurs constatent que l'habitat des populations immigrées tend à se dégrader, surtout depuis 1982. Et le fonctionnement de l'administration est sévèrement critiqué par les enquêteurs. Ainsi, du travail de l'Agence nationale pour la participation des employeurs à l'effort de construction (ANPEEC), qui gère le fameux 1 % logement, à peine un neuvième de ces sommes va réellement à l'investissement dans le logement des migrants ! Épinglée aussi la commission nationale pour le logement des immigrés (CNLI) qui ne tient plus son rôle de surveillant de l'utilisation des subsides de l'État. On a longtemps préféré ne pas voir, pourtant on savait bien qu'un jour cela éclaterait. Tous les ingrédients sont rassemblés dans ces cités urbaines dégradées pour faire ressortir les cris du ras-le-bol. Et cette flambée de violence ne s'arrêtera pas de si tôt si tous les acteurs locaux ne prennent pas à bras le corps cette mission fondamentale qu'est le développement social des quartiers » (20).

Les jeunes, enjeu de l'intégration

Le Haut Conseil à l'intégration est renouvelé partiellement par un décret du président de la République publié au *Journal offi-*

---

(20) E. CAMUS, « France : le défi urbain », *Coup de Soleil Info*, n° 6, octobre-novembre 1990, pp. 6-7.

ciel le 9 février 1994. Cette décision intervient près d'un an après la mise en sommeil de cette instance dont le mandat s'achevait en mars 1993 et n'avait pas été renouvelé par le gouvernement Balladur.

Installé en mars 1990 par Michel Rocard, le Haut Conseil à l'intégration a poursuivi le travail de la commission de la nationalité créée en 1987 par le gouvernement Chirac. Il a joué un rôle dans le domaine de l'immigration et a publié des statistiques et des analyses sur les principales questions touchant l'intégration (logement, emploi, service militaire, polygamie) en proposant des orientations visant à moderniser dans le respect du modèle républicain d'intégration des étrangers. Lors de son installation le 10 mars 1994, Édouard Balladur, Premier ministre à l'époque, lui demande de mener une nouvelle réflexion sur le maintien des liens de la culture d'origine par les personnes étrangères et leurs conséquences sur l'intégration. Le Premier ministre attend ainsi des propositions en matière d'éducation, de logement et de participation des étrangers à la vie associative. Cette orientation traduit un fait culturel d'ampleur. La société française ne parvient pas à donner aux difficultés d'intégration des jeunes d'origine étrangère d'autres significations que celle de la culture d'origine et s'affronte constamment aux risques d'une approche parcellaire de ces questions. Pourtant, la jeunesse est un extraordinaire révélateur des évolutions à l'œuvre. On notera ici la mobilisation très conflictuelle contre le contrat d'insertion professionnelle en mars 1994, dans laquelle s'est exprimée toute la difficulté d'une réelle communication entre les jeunes et la société et l'amalgame entre toutes les populations de la jeunesse. C'est une épine dans le pied de l'emploi et de la formation des jeunes.

Ainsi, faute de savoir répondre à leurs attentes, la société ne peut que mettre en œuvre des comités chargés par tous les moyens possibles de résoudre les conflits. Pris au piège d'une fonction fort délicate, un Comité chargé de la consultation nationale des 15-25 ans remet ainsi au gouvernement Balladur, le 3 octobre 1994, cinquante-sept propositions (21) ordonnées

(21) Quatre de ces propositions ont été traduites dans les faits.

autour de trois axes : l'accès à la citoyenneté, à l'autonomie, et à l'emploi. Mais le comité se heurte alors à une évidence : on ne résoud pas par le biais d'un questionnaire, difficilement exploitable, une situation aussi complexe que celle de la jeunesse. Mais en a-t-on conscience ? Cette nouvelle stratégie, qui s'impose peu à peu, ne règle rien, mais risque une fois de plus de brouiller toutes les cartes de la communication, de faire taire les voies discordantes et en définitive d'éteindre la confrontation des idées, plus riches que toutes les consultations individuelles. Les jeunes étrangers sont bien au cœur de toutes ces interrogations. Le mal de ces jeunes n'est ni guéri, ni suffisamment mesuré. Les poussées de fièvre sont toujours aussi violentes. Et les jeunes, de plus en plus nombreux, revendiquent une identité propre et avec elle le droit à un statut juridique et socio-professionnel. Le jeune étranger entre petit à petit au cœur de la norme juridique et nous interrroge sur notre relation à l'altérité. Il faut approfondir cette question. Pour cela, il nous faut suivre pas à pas les années décisives de la mise en place du droit de l'immigration. En effet, le parcours de ces jeunes ne prend tout son sens que rapporté aux repères normatifs qui se sont produits dans le même temps.

2

Les fondations d'une politique

Lorsqu'en 1945, l'ordonnance du 18 octobre détermine les conditions d'accès à la nationalité et celle du 2 novembre (1) précise les documents exigés aux étrangers pour l'entrée sur le territoire français et pour le séjour pendant trois mois, distingue le titre de séjour et l'autorisation de travail (la loi du 26 mars 1927 délivrait une carte d'identité valant à la fois autorisation de travail et de séjour), et instaure un régime de carte en trois catégories, tout semble fait.

Tout semble fait parce que, pour la première fois, le cadre de la politique française de l'immigration, aujourd'hui encore en vigueur, est fixé. La structure juridique est cohérente. Pourtant, tout n'est pas dit. En effet, cette politique s'est progressivement constituée au cours des temps.

Depuis le XIIIe siècle, la France est un pays d'émigration mais aussi d'immigration. Jusqu'à la fin du XIXe siècle, on ne perçoit pas de problème d'immigration. En 1889, l'enfant né en France de parents nés en France est français (2).

Le déficit démographique et ses conséquences sur le marché économique, les besoins de recrutement de l'armée justifient l'appel à une main-d'œuvre étrangère. Des conventions sont

(1) Ordonnance n° 45-2658 du 2 novembre 1945 relative à l'entrée et au séjour des étrangers en France, *J.O.*, 4 novembre 1945.

(2) La loi du 26 juin 1889 a introduit l'acquisition automatique de la nationalité française à la majorité à raison de la naissance en France et de la domiciliation en France.

signées entre l'État français, les États d'origine et les entreprises françaises. Les naturalisations sont favorisées par la loi adoptée en 1917. Les moyens mis en œuvre pour contrôler l'immigration se perfectionnent mais ne sont pas encore assez efficaces. L'immigration se poursuit pendant la crise des années 30. Des mesures restrictives sont ainsi prises. L'État français a la volonté de maîtriser les déplacements des immigrés en fonction des besoins des entreprises françaises. La loi du 10 août 1932 autorise le gouvernement à fixer par décrets les quotas d'immigration dans les entreprises privées, industrielles et commerciales. Par application du décret du 6 février 1935, l'administration peut refuser à tout étranger n'ayant pas une présence de plus de dix ans sur le territoire et exerçant une activité dans un secteur économique en difficulté, le renouvellement de sa carte (3). De nombreux départs sont ainsi organisés sans distinction de catégories, chômeurs ou demandeurs d'asile. L'action des administrations et des politiques apparaît illégitime et incohérente. Et trois grandes questions vont alors composer une complexe polémique de l'immigration :

– les flux migratoires : ceux sur lesquels discutent depuis des décennies économistes et démographes ;

– les droits des étrangers qui expriment une exigence par rapport aux nécessités économiques et sociales, mais aussi par rapport aux principes fondamentaux de la République ;

– et la politique de retour.

Diverses logiques ont peu à peu préparé la construction d'une politique de l'immigration. L'examen attentif des débats qu'a fait Patrick Weill (4) montre que l'on traverse une période où des conceptions différentes s'affrontent. Analyser ces controverses, c'est aussi aller dans le sens du juriste Jean Carbonnier lorsqu'il souhaite dans les *Essais sur les lois* que « Les principes qui nous font lois se montrent plus historiens et moins futurologues, qu'ils sachent sentir sur quel tréfonds de très vieilles choses juridiques repose une société moderne » (5). Mais suivre l'histoire de 1945

---

(3) M. Livian, *Le régime juridique des étrangers en France,* Paris, LGDJ, 1931, pp. 69-88.

(4) P. Weill, *La France est ses étrangers. L'aventure d'une politique de l'immigration, 1938-1991,* Préface Marceau Long, Paris, Éd. Calmann-Levy, 1991, 403 p.

(5) J. Carbonnier, *Essais sur les lois,* Répertoire du Notariat Défrenois, 1978, p. 18.

jusqu'aux lois de 1993, c'est tenter aussi de comprendre pourquoi les aspirations à plus d'égalité, de liberté, qui sont l'essence même des principes du modèle républicain, semblent disparaître à l'égard des jeunes étrangers dans ce labyrinthe de plus en plus complexe et insécurisant du droit de l'immigration.

La généalogie des ordonnances de 1945

En 1937, lors d'une conférence dans le cadre de la société des Nations (SDN), Philippe Serre, nommé par le gouvernement Chautemps (25 juin 1937 au 18 janvier 1938 et 18 janvier 1938 au 13 mars 1938), sous-secrétaire d'État chargé des services de l'immigration et des étrangers auprès de la présidence du conseil, adopte une logique « économique et utilitariste »... « faire venir la main-d'œuvre étrangère en cas de besoin des entreprises et la faire repartir en période de crise » (6). Cette position est controversée. C'est dans la venue de familles jeunes que le démographe Georges Mauco (7) voit la solution migratoire. Ainsi, la France aura la population dont elle a besoin. Et Mauco y ajoute la nécessité d'une sélection ethnique et professionnelle et l'intervention de l'État : « Parmi la diversité des races étrangères, il est des éléments (...) (asiatiques, africains, levantins même) dont l'assimilation n'est pas possible et, au surplus, très souvent physiquement et moralement indésirable. L'échec de nombreux mariages mixtes en est une vérification. Ces immigrés portent en eux, dans leurs coutumes, dans leur tournure d'esprit, des goûts, des passions et le poids d'habitudes séculaires qui contredisent l'orientation profonde de notre civilisation » (8).

C'est par des débats divers de l'époque que petit à petit l'édifice du droit de l'immigration se construit. Deux courants s'opposent et la thèse de Georges Mauco n'est pas facilement

(6) P. Weill, *op. cit.*, p. 34.

(7) G. Mauco est l'auteur d'une thèse célèbre publiée en 1932 : les étrangers en France, leur rôle dans l'activité économique.

(8) G. Mauco, *op. cit.*, in P. Weill, *op. cit.*, p. 35.

classable : l'immigré comme producteur de désordre par la droite xénophobe et nationaliste et l'immigré comme assimilable par les progressistes (9).

Philippe Serre, nouveau secrétaire d'État à l'époque, élabore un projet selon sa propre conception de l'immigration : une structure doit contrôler les missions de recrutement et d'instruction, un statut juridique doit distinguer étrangers temporaires et résidents. Il doit être créé trois structures de coordination interministérielle. Une commission examinera les recours éventuels contre les décisions de refus de naturalisation et assurera une unification de la jurisprudence en ce domaine. Mais le secrétaire d'État n'est pas suivi sur le sujet par les ministères. Pourtant, les questions fondamentales font leur chemin.

Jusqu'à la guerre, on ne pourra qu'être frappé par le sort réservé aux étrangers, et son lien à la conjoncture économique. Le système des quotas est assoupli en mai 1938, le contrôle du séjour des étrangers s'accroît, la nationalité française peut être retirée aux naturalisés considérés indignes.

Les hostilités déclenchées, la main-d'œuvre nationale est insuffisante. Les besoins de l'armée et des usines nécessitent la recherche de nouvelles populations étrangères. Le débat se transforme. Entre 1940 et 1945, on assiste à une véritable rupture de la politique d'immigration : « Une logique de hiérarchie ethnique s'est imposée, touchant même l'immigration politique (...). La tradition républicaine, battue en brèche dans ses présupposés éthiques et politiques, ne sera rétablie et renforcée qu'à la libération. Une règle du jeu de la politique de l'immigration est alors mise en place » (10).

Rien n'est plus éclairant qu'une relecture presque 50 ans après du discours du général De Gaulle, le 2 mars 1945, devant l'assemblée consultative. Son argument principal est le manque d'hommes et la faiblesse de la natalité française. « La France doit introduire au cours des prochaines années avec méthode et intelligence de bons éléments d'immigration. Un grand plan est tracé qui va comporter des avantages attribués aux uns, des sacrifices

---

(9) P.A. Taguieff, *La force du préjugé,* Paris, Éd. La découverte, 1988, pp. 318, 323 et 324.

(10) P. Weill, *op. cit.,* pp. 52-53.

imposés aux autres pour qu'à tout prix soit obtenu le résultat vital et sacré » (11). Ainsi, il confie au Haut-Comité de la population et de la famille dont le secrétaire général n'est autre que Georges Mauco la préparation d'une nouvelle politique migratoire.

La nouvelle querelle de la libération

Au départ, une sorte de consensus semble se dessiner. D'emblée, les économistes regroupés autour de Jean Monnet et les démographes autour d'Alfed Sauvy et de Pierre Vincent parviennent à un certain accord sur l'évaluation des besoins de population étrangère et sur la durée d'installation. Le projet, élaboré par Georges Mauco et approuvé par le Haut-Comité de la population et de la famille, semble proposer autre chose que d'entériner simplement l'hétérogénéité des attitudes des spécialistes : les caractéristiques ethniques des étrangers restent un élément central pour le recrutement. L'arrivée des familles et des jeunes est souhaitée. Et le Haut-Comité approuve les 30 avril et le 18 mai 1945 ce projet nommé « projet d'instruction aux services ». Il confie à son auteur le soin de rédiger un autre projet sur le statut des étrangers et charge par ailleurs Alfred Sauvy, alors secrétaire général à la population et à la famille, d'en élaborer un aussi.

Le Haut-Comité discutera âprement toutes les dispositions proposées par les deux hommes. Il adopte la vision de Georges Mauco en matière de contrôle des étrangers, celle d'Alfred Sauvy pour le régime des titres de séjour, l'accès à la nationalité et aux droits sociaux. Sous l'impulsion du ministre du Travail, le gaulliste Alexandre Parodi et du ministre de l'Intérieur, le socialiste Adrien Tixier, le projet sera encore modifié autant dans sa forme que sur le fond. Les deux ordonnances ont fini par être prises par le gouvernement provisoire en place. Elles détermi-

(11) G. DE GAULLE, *Discours et Messages*, Paris, Éd. Plon, 1940-1946, 1er vol., p. 530.

nent les conditions d'accès à la nationalité et les conditions d'entrée et de séjour des étrangers.

On voit que la question de l'immigration est très loin de faire l'unanimité. Il n'existe pas de position commune sur la politique migratoire. La seule question sur laquelle un consensus apparaît, c'est la nécessité d'une structure juridique adaptée. Les jeunes étrangers ne sont pas au cœur des préoccupations de l'époque. Et les ordonnances ne donnent pas une place privilégiée à leur statut juridique. Que l'on soit étranger, mineur ou jeune majeur, le chapitre premier de l'ordonnance exige pour pouvoir entrer sur le territoire français d'être muni des documents et visas exigés par les conventions internationales et règlements en vigueur (art. 5). Le texte n'énonce rien de particulier à propos des refus d'admission à l'entrée. En 1945, l'ordonnance énonce des classifications d'étrangers fondées sur leur durée de séjour (art. 9) : les résidents temporaires, les résidents ordinaires (trois ans et renouvelable), les résidents privilégiés (dix ans renouvelables de plein droit). La carte de séjour est exigée de tout étranger séjournant en France au-delà d'un délai de trois mois depuis son entrée sur le sol français. Cette exigence est valable pour toutes les catégories de résident.

L'ORDONNANCE DE 1945

Le séjour des résidents temporaires ne peut ni excéder un an, ni dépasser la durée de validité des documents et visa requis pour l'entrée (art. 11 al. 1). L'alinéa 2 de cet article prévoit des dérogations, soit par le renouvellement de la carte de résident temporaire, soit par l'obtention d'une carte de résident. L'expiration de la durée de la validité de la carte oblige l'étranger à quitter le territoire français sauf s'il est muni d'un récépissé de renouvellement de ladite carte (art. 6 al 3). La carte de séjour de résident temporaire porte la mention de l'activité de l'étranger : étudiant, touriste si l'étranger justifie disposer de ressources suffisantes pour vivre et s'il s'engage à ne pas exercer d'activité salarié sur le territoire français (art. 12). Il n'est pas précisé quelle mention doit porter la carte de résident temporaire des travailleurs saisonniers mentionnés à l'article 10 alinéa 1.

La carte de séjour de résident ordinaire est obtenue sur présentation d'un certificat médical délivré par un médecin agréé par l'administration et après déclaration du but du séjour prolongé. Si l'étranger a l'intention d'exercer une profession salariée, il doit présenter l'autorisation du ministre chargé du travail. Dans l'hypothèse contraire, il doit justifier de moyens d'existence.

Enfin, la carte de résident privilégié est délivrée sur présentation d'un certificat médical et après une enquête administrative selon les conditions fixées par décret. Les bénéficiaires ordinaires peuvent bénéficier de cette carte s'ils justifient d'une résidence ininterrompue en France d'au moins trois ans et s'ils sont âgés de moins de 35 ans au moment de leur entrée en France. L'âge limite de 35 ans est repoussé de cinq ans par enfant mineur résidant en France. La durée de résidence exigée en France est réduite à un an pour les étrangers mariés à des Françaises, pour les parents d'un enfant français, pour les étrangères ayant perdu leur nationalité française par leur mariage avec un étranger. Les étrangers ayant servi dans l'armée française ou ayant rendu des services importants à la France peuvent obtenir une carte de résident privilégié.

Des conséquences découlent de la qualité de résident privilégié. Concernant l'exercice d'une activité professionnelle, ils sont soumis à l'autorisation du ministère du Travail (Art. 7). Au bout de dix ans de séjour régulier sur le territoire français, ils peuvent exercer la profession de leur choix. Le délai de dix ans est réduit d'un an par enfant mineur vivant en France. Le résident privilégié peut perdre son statut. Tout séjour de plus de six mois hors du territoire français sans autorisation du ministre de l'Intérieur entraîne obligatoirement la déchéance. Dans tout autre cas, elle est facultative et ne peut être prononcée que par une commission spécialisée.

Nous sommes en 1945 et l'analyse de ce texte est l'occasion de rappeler que les termes mineurs étrangers sont peu mentionnés. Les droits du jeune étranger sont évoqués plus en référence et en avantages à la personne détentrice de l'autorité parentale. Seules les lois futures pourront lui donner un statut spécifique.

Quant au décret du 30 juin 1946 (12), il précise que les membres diplomatiques et plus particulièrement les enfants

(12) Décret n° 46-1574 du 30 juin 1946 modifié par décret n° 77-16 du 4 janvier 1977.

mineurs vivant sous le toit sont dispensés d'un titre de séjour. Ce décret impose aussi des conditions de procédure. La demande est déposée à la préfecture de police de Paris, au commissariat de police dans les autres départements, à défaut à la mairie du lieu de résidence de l'étranger dans les huit jours de l'entrée en France ou de la perte de nationalité française, ou au cours du deuxième ou troisième mois précédant l'expiration de la carte en cours de validité. Le texte stipule rigoureusement que tout jeune étranger doit faire une demande dans les huit jours suivant l'expiration de sa seizième année s'il séjourne en France.

Il est remis à l'étranger un récépissé valant autorisation de séjour pour une durée précisée qui ne peut être inférieure à trois mois et renouvelable (art. 4). Une mention sur le passeport de l'étranger permet la délivrance du récépissé. La délivrance de la carte de séjour est subordonnée à l'acquittement d'une taxe spéciale, sauf exonération prévue par la loi (art. 4 al. 3).

Patrick Weill insiste sur la double logique normative et sociale, du droit de l'immigration (13). Autrement dit, l'État de droit n'autorise pas le refus de délivrance de carte de séjour et de travail en fonction de l'origine du demandeur, alors que l'État-acteur, représenté par les nouveaux bureaux de l'Office national de l'immigration, entend favoriser certaines nationalités « souhaitées » au détriment d'autres. Il semble que ce soit produit à l'occasion de la réalisation de cette politique migratoire un renversement de situation, de la logique sociale vers la logique normative : « La politique migratoire se réorganise autour du problème algérien. Juridiquement, l'immigré est toujours italien, espagnol, polonais ou portuguais. Politiquement puis socialement, il devient l'Algérien » (14). La liberté de circulation entre la France et l'Algérie favorise la venue des ressortissants algériens sur le territoire français. On retrouve alors la dénonciation « des risques » prônée par Georges Mauco. L'idée d'un droit « rempart » reste la seule réponse envisagée. On conteste la libre circulation des Algériens, on dénonce les accords d'Évian et, en octobre 1968, on conclut un nouvel accord (15) : libre circula-

(13) P. WEILL, *op. cit.*, p. 62.
(14) P. WEILL, *ibid.*, p. 64.
(15) Le lecteur pourra se reporter pour compléter son information à l'annexe 1 de cet ouvrage : « le cadre conventionnel ».

tion des touristes algériens, contrôle des sorties de la main-d'œuvre en Algérie, contrôle du séjour des Algériens résidant en France. D'autres accords de main-d'œuvre sont signés avec d'autres pays (Yougoslavie, Turquie, Maroc, Tunisie, Togo... (16)). Un grand bouleversement est en train de se donner à voir : l'immigration familiale se développe. Loin d'être achevée, très loin d'être comprise, très loin d'être acceptée, cette migration pose d'innombrables problèmes sociaux et juridiques. En outre, son statut n'est pas acquis. La source principale de toutes les confusions de sens, c'est que l'enjeu créé par l'immigration familiale n'est pas encore perçu comme tel.

Tout le problème est alors de comprendre que les logiques autour de ces migrations sont nourries par des intérêts économiques entre les États mais aussi par l'idéologie du caractère provisoire du séjour des étrangers. Après mai 1968, à la suite des mouvements de grévistes, des actions syndicales, la condition migratoire devient un enjeu politique et public. Le rapport présenté par Jacques Calvez au Conseil économique et social le 29 février 1969 résume la politique migratoire et propose de nouvelles orientations : insertion des familles « culturellement plus proches » (17), limitation du séjour des autres familles non assimilables rapidement, nouvelles politiques sociales à l'égard des familles immigrées. Certes, des mesures fragmentaires sont ainsi prises. Dans les années 70, quelques lois sont votées. La loi du 27 juin 1972 autorise l'étranger à être élu comme membre d'un comité d'entreprise ou comme délégué du personnel. La loi du 1er juillet de la même année est née pour réprimer les auteurs d'actes racistes. Deux circulaires dites Marcellin-Fontanet (18) marquent cette période. Les emplois disponibles sont par priorité réservés aux Français et aux étrangers en situation régulière. Contestées, ces circulaires sont annulées par le Conseil d'État au motif de leur incompétence à régler la réglementation de l'entrée et du séjour. « L'annulation par le Conseil d'État des circulaires Marcellin-Fontanet de 1972 supprimant la régularisa-

(16) Pour plus d'informations, cf. annexe 1, « le droit conventionnel ».

(17) Cette formulation suscite les plus vives controverses parmi les théoriciens parce qu'elle induit l'idée d'une classification des cultures discutable.

(18) Circulaires des 23 février et 5 septembre 1972.

tion des situations administratives des étrangers a contraint le gouvernement à refondre les textes de 1946 » (19). Les régularisations deviennent exceptionnelles (20). Mais, aucune réflexion sur le statut juridique des jeunes étrangers ne se pointe à l'horizon. La persistance de la crise économique, la pression des accords bilatéraux entre l'Algérie et la France, notamment la hausse des revenus du pétrole pèsent lourdement sur l'avenir des perspectives migratoires.

C'est aussi en 1973 que le Code de la nationalité édicté par l'ordonnance du 18 octobre 1945 subit une modification. « Le Code ne définit pas simplement la manière d'accéder à la nationalité ; il définit aussi le Français d'origine, celui auquel l'État impose son identité juridique nationale. Il prévoit une attribution large de la nationalité française à toute personne qui peut prouver des liens sociaux précis avec la France : un ou deux parents français, naissance sur le territoire français ou mariage. L'accès à la nationalité française est plus difficile lorsque le seul lien avec la France est l'existence d'une résidence durable sur le territoire : la naturalisation n'est acccordée qu'à la suite d'une autorisation donnée au préalable par l'État. Elle ne peut être demandée que par des personnes résidant sur le territoire français depuis cinq ans au moins. Subsidiairement, la nationalité est reliée à l'exercice des droits politiques pléniers, que l'on perçoit comme ceux du citoyen » (21). Cette politique de la nationalité est controversée. En matière de citoyenneté locale, il est suggéré par certains de tenir compte de la durée du séjour. Pour d'autres, la nationalité s'accorde trop facilement par mariage ou par application du droit au sol. Comment alors marier tout le monde ? Tel quel, le Code de la nationalité, écrit encore Patrick Weill « conduit le Français sociologique à l'être juridiquement. Quand l'appartenance sociale n'est pas présumée par le sang, elle l'est presque automatiquement par la naissance puis la résidence sur le territoire où le jeune est censé apprendre les codes de la sociabilité et de la citoyenneté » (22).

---

(19) Cf. Ch. NGUYEN VAN YEN, *Droit de l'immigration*, Paris, PUF, collection Thémis, 1986, p. 113.

(20) La circulaire du 26 septembre 1973 ne permet plus aucune régularisation.

(21) P. WEILL, *op. cit.*, pp. 281-282.

(22) P. WEILL, *ibid.*, p. 302.

La suspension des flux migratoires

L'importance accordée ici à la mission d'André Postel Vinay, de courte durée, s'explique par sa méthode à résoudre par anticipation les contradictions sur les questions migratoires. Sa nomination en mai 1974 comme secrétaire d'État à l'immigration est la preuve que Valéry Giscard d'Estaing, président de la République à l'époque, perçoit ces questions comme un de ses objectifs prioritaires. Est-ce alors la victoire du réel, des situations concrètes que vivent les étrangers ? Rien ne permet de le penser. Peu à peu émerge l'idée d'un arrêt préventif des flux migratoires et du droit à une installation durable garantie pour les autres immigrés résidant déjà en France. André Postel souligne « l'obligation évidente de faire un sort décent aux ouvriers étrangers que nous avons admis chez nous et qui nous apportent un concours que nous avons nous-mêmes jugé indispensable » (23). Par-delà le changement des caractéristiques de l'immigration, c'est aussi l'ensemble des relations familiales, de la jeunesse de l'immigration qui est en jeu. Or, ces années sont aussi celles d'un manque d'attention ou d'un aveuglement à ces questions plus spécifiques.

Ce schéma proposé est repris au cours du Conseil des ministres du 3 juillet 1974. Mais la limitation des flux des travailleurs étrangers et de leurs familles, la lutte contre la clandestinité, les mesures sociales en faveur des étrangers résidents, l'allègement et la simplification de la réglementation du séjour et du travail nécessitent la convocation d'experts pour dire le bon et le juste. Plus on parle des problèmes migratoires, plus apparaissent d'autres préjugés, d'autres failles. Ce jour-là, le Conseil des ministres suspend seulement l'immigration. La circulaire produit effet instantanément. L'irrégularité juridique de cette procédure tombe dans les oubliettes. Aucun recours n'est déposé devant le Conseil d'État. Et Pourtant, cette décision touche les familles des étrangers vivant aux pays d'origine. Elle ne met un terme ni à la présence des étrangers, ni à l'arrivée des familles par le biais du regroupement familial. L'immigration devient

(23) P. WEILL, *ibid.*, p. 84.

progressivement structurelle. De nombreux jeunes sont nés et scolarisés en France. Et parallèlement, le chômage ne cesse d'augmenter, les mutations technologiques sont nombreuses. Face à tout cela, comment faire croire en une inexorable recherche d'amélioration de la qualité de vie des étrangers sur le territoire français ? Les propositions du secrétaire d'État sont ignorées et André Postel Vinay démissionne. Le temps de la construction des règles de la politique de l'immigration a commencé. Au changement de secrétaire d'État correspondent alors des stratégies de pouvoirs publics. L'étude de cette évolution va nous servir de guide pour tenter de montrer en quoi les années suivantes aboutissent à un statut juridique plus spécifique du jeune étranger.

Le droit au regroupement familial

En juillet 1974, Paul Dijoud est nommé secrétaire d'État à l'immigration. Il présente vingt-cinq mesures définissant la politique globale de l'immigration. L'immigration reste suspendue, mais lors des Conseils de ministres en octobre 1974 et en mai 1975, le caractère momentané de cette mesure est affirmé. En fait, cette période multiplie les enjeux de l'immigration : le contrôle des flux migratoires, l'intégration des ressortissants d'Afrique noire bénéficiant encore de clauses de libre circulation vers la France (24), le coût de l'immigration, l'insertion des étrangers et la politique de retour. Aux vagues des évaluations financières de l'immigration, il est opposé une démarche scientifique et un souci d'efficacité concrète. Le sénateur Anicet Le Pors publie en mai 1976 un rapport intitulé « Immigration et développement économique et social » (25). Il est important de s'arrêter un instant sur ce texte qui lance une des voies françaises des connaissances sur l'immigration. Le rapport prend nettement

(24) Cf. annexe 1, « Le droit conventionnel ».

(25) A. Le Pors, *Immigration et développement économique et social,* Paris, La documentation française, 1976.

position. Il rappelle que toute substitution entre un emploi étranger et français est impossible. Il démontre que l'immigration apporte plus d'avantages que d'inconvénients. Mais les conclusions d'un autre rapport de l'Assemblée nationale vont en sens contraire (26).

Or, si l'on examine les réformes juridiques des années 1975-1980, on est frappé du lien entre le droit de s'installer, de s'assimiler et les mesures de retour. Le décret du 21 novembre 1975, publié au *Journal officiel*, concerne le régime des titres de travail. Le Conseil des ministres adopte le 16 avril 1975 le principe d'une réforme du Code de nationalité et limite les incapacités des récents naturalisés.

C'est ici qu'il faut souligner la place historique très particulière du droit au regroupement familial. Ce droit intervient au moment même où l'immigration familiale se perdure en désordre. L'exemple de cette immigration est donné à plusieurs reprises : « Au point de vue pratique, l'immigration familiale se fait selon des voies qu'il est difficile de contrôler. Beaucoup de familles entrent en France comme faux touristes ; en effet, il est impossible d'interdire à une famille de rejoindre pour les vacances le "chef de famille" » (27). Souvenons-nous aussi que ce débat a lieu à un moment où les États d'origine ne peuvent s'opposer à ce droit sous peine de perdre leur légitimité, et au moment où les organisations de défense des étrangers soutiennent que le droit de vivre en famille fait partie intégrante des principes républicains.

On sait que les conditions d'entrée des familles de travailleurs étrangers ont été fixées jusqu'en 1976 par des circulaires. Si le gouvernement a pu suspendre cette immigration familiale, il a encouru la censure du Conseil d'État. L'immigration familiale devient un droit par décret du 29 avril 1976 (28). Depuis la circulaire du 20 janvier 1947, l'organisation du regroupement familial est confié à l'ONI (Office national de l'immigration). Les

---

(26) Rapport n° 2685 de l'Assemblée nationale mentionné au procès-verbal de la réunion du 10 décembre 1976.

(27) P. Dijoud, dossier présenté au Conseil des ministres le 21 mai 1975, cf. P. Weill, *op. cit.*, p. 99.

(28) Gisti, « L'immigration familiale », *Dr. social,* 1976, Sp. 101 ; Décret n° 76-383 du 29 avril 1976, *J.O.* 2 mai 1976.

personnes autorisées à séjourner en France au titre du regroupement familial reçoivent une carte de séjour portant la mention « Membre de la famille ». Cette procédure concerne le conjoint et les enfants mineurs de moins de 18 ans de l'étranger autorisés à résider sur le territoire français (29). Cette limite d'âge est toutefois portée à vingt-et-un an dans les cas suivants :

– pour les filles de nationalité espagnole (article 12 de l'accord du 25 janvier 1961 – décret n° 61-257 du 21 mars 1961) ou portugaise (article 6 de l'accord franco-portugais du 11 janvier 1977 – décret n° 77-496 du 11 mai 1977) ;

– pour les ressortissants de pays signataires de la Charte sociale européenne. L'Autriche, Chypre, l'Islande, La Norvège, la Suède bénéficient du même recul de limite d'âge, à condition que les enfants, même majeurs, soient effectivement à la charge de leurs parents.

LES CONDITIONS DU REGROUPEMENT FAMILIAL

Cinq conditions (30) subordonnent l'autorisation. Le demandeur doit justifier d'une année de résidence régulière en France et produire un titre de séjour valide. Il doit disposer de ressources stables, permanentes et suffisantes pour subvenir aux besoins de sa famille. Selon la circulaire du 4 janvier 1985, les étudiants, les saisonniers, les boursiers et les stagiaires, les titulaires d'une autorisation provisoire de travail et les demandeurs d'emploi ne sont pas considérés comme ayant des ressources stables. Lorsque le demandeur exerce une profession non salariée ou n'exerce aucune activité, il doit apporter la preuve par tous moyens (dernière déclaration à l'impôt général sur le revenu) qu'il dispose néanmoins de res-

(29) En cas de polygamie, le Conseil d'État a jugé dans l'arrêt Moncho (Conseil d'État, 11 juillet 1980, *AJDA*, 1980, 548, commentaire) que la présence d'une seconde épouse d'un étranger polygame n'est pas contraire à l'ordre public ; voir également E. Rude-Antoine, *Le mariage maghrébin en France*, Paris, Éd. Karthala, 1990, pp. 133 et s. : du même auteur, « La polygamie et le droit français », in *Regards sur l'actualité*, Paris, La documentation française, n° 176, décembre 1991, pp. 38-49.

(30) La Convention européenne du 24 novembre 1977 relative au statut juridique du travailleur migrant (art. 9 et 12) posera les mêmes conditions.

sources au moins équivalentes au SMIC. L'ONI chargé de l'instruction du dossier s'assure auprès de la DDTE (Direction départementale du travail et de l'emploi) que le travailleur n'a pas fait l'objet d'une demande d'autorisation de licenciement. Il doit disposer de conditions de logement acceptables. La présence du ou des membres de la famille ne doit pas constituer une menace pour l'ordre public (31). Il n'est pas tenu compte de considérations d'ordre économique ou social. Enfin, les membres de la famille ne doivent pas être atteints de maladie ou d'infirmité pouvant mettre en danger l'ordre ou la sécurité publique.

Le Conseil d'État affirme le 8 décembre 1978 comme un principe général de droit, le droit à mener une vie familiale normale. Un ressortissant étranger, régulièrement installé en France, peut ainsi faire venir sa famille qui bénéficiera de tous les droits des étrangers en situation régulière. Seule une atteinte à l'ordre public ou à la protection sociale des étrangers et de leurs familles peut justifier l'intervention gouvernementale en ce domaine (32).

Le décret du 29 avril 1976 ne s'applique pas aux ressortissants étrangers soumis au droit conventionnel (33). Ainsi, des accords conventionnels relatifs au regroupement familial sont signés entre la France et l'Algérie, la Tunisie et les pays d'Afrique subsaharienne. Des conventions existent aussi avec l'Autriche (Convention du 27 mai 1930), avec l'Espagne (2 novembre 1932, 25 janvier 1961), avec la Suisse (1er août 1946), avec le Maroc (1er juin 1963, avec la Yougoslavie (25 janvier 1965), avec la Turquie (8 avril 1965), et avec le Portugal (11 janvier 1977). La France est également liée par le Traité de Rome. Le droit au regroupement familial sera soumis par la suite à plusieurs réformes; celle de 1984 modifiera principalement la procédure et celles qui suivront s'attaqueront au fond même de ce droit en restreignant de plus

(31) La notion de menace pour l'ordre public et entendue au sens strict qui lui est donné dans la loi n° 84-622 du 17 juillet 1984 modifiant l'ordonnance n° 45-2658 du 2 novembre 1945.

(32) Sur ce point, les observations de M. Long, P. Weill et G. Braibant, *Les grands arrêts de la jurisprudence administrative,* Paris, Dalloz, pp. 588-596 ; voir également P. Dondoux, conclusions sous CE, Gisti, 8 décembre 1978, *Dr. social,* 1979, p. 57.

(33) Cf. annexe 1, « Le droit conventionnel ».

en plus les conditions et les modalités de son application. Recentrer les préoccupations sur l'immigration familiale dit sans doute quelque chose sur les caréctérisitiques des prochaines migrations, mais ne dit rien des difficultés que rencontrent, à cette époque déjà, les familles et les jeunes étrangers pour venir dans ce cadre qui, normalement, devrait être le point de départ d'une protection du droit de vivre une vie familiale normale.

Très vite, cette politique d'immigration paraît inadaptée. Après les élections municipales de mars 1977, Lionel Stoléru remplace Paul Dijoud, et est nommé secrétaire d'État chargé des travailleurs manuels et immigrés. Nouvelle nomination, mais aussi nouvelle stratégie ! Le chômage préoccupe l'opinion publique. Par ricochet, la présence étrangère est vécue comme menaçante. Pour comprendre cette ambiance, il faut prendre la mesure de sa réalité. L'immigration familiale signifie à la fois l'installation durable et la modification de la composition de la population française. En 1978, la priorité est donnée au retour des étrangers chez eux, retour volontaire au début, puis forcé. On recherche alors des réformes en termes de non-renouvellement des titres des étrangers résidents et d'élargissement des pouvoirs d'expulsion du ministre de l'Intérieur. Ainsi, le 13 septembre 1978, le secrétaire d'État, Lionel Stoléru, informe l'ambassadeur d'Algérie « qu'il n'est pas question que les certificats de résidents soient renouvelés ». Il réitère ces propos les 3 et 4 octobre 1978. Il menace en cas de refus de dénoncer les accords de 1968. Les autorités algériennes n'acceptent que les retours volontaires pour des raisons à la fois socio-politiques (les relations historiques particulières entre les deux pays) et économiques. La réinsertion des Algériens en Algérie pose un véritable problème à son gouvernement.

Les parlementaires sont amenés à reparler de l'immigration et du droit. Mais, cette fois, c'est pour consentir, après bien des polémiques, à l'adoption d'un texte sur l'entrée et le séjour des étrangers, dit « Loi Bonnet » (34).

(34) Loi n° 80-9 du 10 janvier 1980 relative à la prévention de l'immigration clandestine et portant modification de l'ordonnance du 2 novembre 1945 relative aux conditions d'entrée et de séjour en France des étrangers et portant création de l'office national de l'immigration, *J.O.* 11 janvier 1980 ; *J. C. P.*, 1980. III.49426 ; D. Turpin, « La réforme de l'ordonnance du 2 novembre 1945 sur la condition des étrangers par la loi du 10 janvier 1980 », *RCDIP*, 1980. 41 ; M. Simon-Depitre, « La condition des étrangers en 1980 », *Clunet*, 1981, 255 ; J.-Y. Vincent, « Le nouveau régime de l'entrée et du séjour des étrangers en France », *Rev. dr. adm.*, 1980, 363 ; P. Gode, *Rev. trim. dr. civ.*, 1980, 433.

3

Le temps des réformes

C'est vers les années 80 que se produit dans le domaine du droit des étrangers la refonte d'une partie du droit interne (1), avec les négociations du gouvernement français avec les pays d'origine et les discussions des accords sur la circulation des personnes avec quelques États africains (2). Si les coûts des matières premières et les investissements français à l'étranger n'entrent pas dans la définition juridique du statut des étrangers, du moins sont-ils indirectement reconnus comme consubstantiels du sort des familles et de leurs enfants. D'un côté, on assiste à la mise en œuvre d'une vaste entreprise : c'est la régularité du séjour, c'est la question des expulsions, des autorisations de travail selon le chômage local ou les retards tardifs de congé (3). Mais, en même temps que les discussions se réclament plus ou moins des valeurs

---

(1) Projet de loi n° 1130 relatif aux conditions de séjour et de travail des étrangers en France et projet de loi n° 780 instituant une aide au retour aux travailleurs étrangers ; ces deux textes ont été joints et présentés en un même projet par le ministre du Travail, projet appelé communément Boulin-Stoléru ; Projet de traitement automatisé des titres de séjour d'étrangers qui sera remanié et après avis motivé de la CNIL publié par le décret n° 81-185 du 26 février 1981 portant création d'un système de fabrication des titres de séjour des étrangers, *JO,* 28 février 1981 ; Cf. J. Costa-Lascoux, *Le projet de traitement automatisé des titres de séjour d'étrangers,* Greco 13, 1980, n° 2 et du même auteur, « Une législation pour une nouvelle politique de l'immigration ? » *Pluriel,* n° 22, 1980, p. 9-31 voir aussi J. Robert, « Les projets de loi relatifs à l'immigration », *Droit et liberté,* supplément n° 387, colloque du Palais du Luxembourg, 29 septembre 1979.

(2) Cf. annexe 1 « Le droit conventionnel ».

(3) Projet de loi n° 1130, *op. cit.*

constitutionnelles essentielles de la République, d'un autre côté, la question des jeunes dite de « la deuxième génération » s'avère fort secondaire (4). On préfère à la loi des circulaires et des instructions avec les risques de contradictions et de précarité qui en découlent pour ces jeunes dans la sphère privée.

De la dissuasion à la répression

La réforme législative du 10 janvier 1980, dite loi « Bonnet », abroge l'article 5 de l'ordonnance du 2 novembre 1945 et ajoute des conditions nouvelles à l'entrée des étrangers : des garanties de rapatriement. Cette loi pose une restriction à l'entrée : « L'accès du territoire peut être refusé à tout étranger dont la présence constituerait une menace pour l'ordre public ». Les mineurs de 18 ans rejoignant un de leurs parents ou les deux régulièrement autorisés à séjourner en France ont cependant un traitement de faveur (5).

Cette réforme, par ses dispositions comme par les débats qui l'ont accompagnée, illustre particulièrement bien les tendances sociales en matière d'immigration. La loi offre en effet plus d'un paradoxe : elle prend en compte les différentes composantes migratoires et leurs « distances culturelles », les effets socio-économiques, mais aussi elle dissuade, elle réprime. Elle est loin d'améliorer la condition des jeunes étrangers.

Parallèlement, Jean-François Poncet, ministre des Affaires Étrangères à l'époque, signe un accord le 18 septembre 1980 avec l'Algérie sur le renouvellement des cartes de résident des Algériens venus en France depuis juillet 1962. L'image qui ressort de cette période est celle d'une pression au retour de jeunes Algériens nés et scolarisés en France par le biais du ministère de

---

(4) A la question du sénateur F. Serusclat à propos de « la deuxième génération » et sur le projet de loi « Bonnet » le 25 octobre 1979, le ministre de l'Intérieur a répondu de façon circoncise : « Mais les 16-18 ans ont la carte de séjour ordinaire » cf. J. COSTA-LASCOUX, *De l'immigré au citoyen, op. cit.*, p. 26 note 19.

(5) Ils sont dispensés de certaines conditions d'entrée.

l'Intérieur et de ses services de police. Ces mesures prises à l'égard de ces jeunes sont l'objet d'âpres débats de la part d'associations, et même de l'épiscopat. Elles sensibilisent une large partie de l'opinion publique française. Les jeunes étrangers algériens n'ont pas bénéficié de la procédure de l'arrêté d'expulsion mais de fausses expulsions dénommées « départs volontaires » (6). La France est ainsi aux prises à une logique qui entremêle sans cesse culpabilité coloniale et devoirs. « L'Algérie, cible au départ, aura en fait servi de bouclier à l'ensemble de la communauté immigrée. Elle aura su user de ses avantages juridiques et de la dimension symbolique d'un conflit qui risquait de raviver des plaies historiques encore récentes, entre deux nations qui ont chacune une image à préserver dans le champ des relations internationales. Ce conflit aura permis de surcroît de faire mesurer aux autorités françaises la dimension internationale de la politique de l'immigration », constate Patrick Weill (7).

La sédentarisation des étrangers, le risque d'une reprise des flux migratoires, l'évolution industrielle et technologique, la montée du chômage des travailleurs non qualifiés produisirent un déplacement des préoccupations juridiques et sociales. Très rapidement, le débat des années 80 oscille en France entre le renforcement d'un contrôle aux frontières et le respect des principes des Droits de l'homme (8). Cependant, en France comme dans d'autres pays européens, la volonté d'harmoniser les législations aboutit à une amélioration du statut des résidents étrangers (9) et par ricochet de celui des jeunes étrangers.

---

(6) P. WEILL, *op. cit.*, p. 137.

(7) P. WEILL, *ibid.*, p. 138.

(8) Cf. F. BRIOT et G. VERBUNT, *Immigrés dans la crise,* Paris, Éd. Ouvrières, 1981, 288 p. ; J. COSTA-LASCOUX, « La politique migratoire française depuis 1981 », *La France au pluriel,* Paris, Éd. L'Harmattan, Paris 1984, pp. 221-246 et « Droits des immigrés, droits de l'homme et politique de l'immigration », *Regards sur l'Actualité,* n° 113, juillet-août 1985, pp. 20-33.

(9) Cf. J. COSTA-LASCOUX, « L'Europe des politiques migratoires », *Revue européenne des migrations internationales,* REMI, vol. 2, n° 1, sept. 1986, pp. 179-204.

La rupture : mythe ou réalité

La victoire à l'élection présidentielle de François Mitterrand aurait-elle contribuer à faire du droit de l'étranger un axe central des préoccupations gouvernementales ? Les nouvelles orientations de la politique de l'immigration le laissent croire. Mais, avant de l'affirmer, il faut analyser, jusqu'à la fin, cette nouvelle période. Le droit et les mœurs sont étroitement liés. Le droit de l'immigration doit-il assurer aux jeunes plus de protection ? Jusqu'où ? Et comment ?

De 1981 à 1983, une volonté croissante se manifeste. La nouvelle nomination de François Autain comme secrétaire d'État « chargé des immigrés » auprès du ministre de la « Solidarité nationale » symbolise le temps d'une rupture. L'étranger nommé le plus souvent « l'immigré » n'est plus seulement un travailleur.

Face à toutes les questions posées, la portée d'une politique migratoire est immense. La rupture doit être concrète et efficace. Il s'agit de rompre avec les pratiques anciennes et de renverser les préjugés. Un objectif principal préside au choix des orientations : c'est le respect des étrangers et de leurs droits. La question du droit de l'immigration et de la vie privée des jeunes étrangers engage toute l'interprétation des lois à venir.

Aussi est-ce avec un souci de rassurer les étrangers que l'on prend un certain nombre de mesures. Dans l'enthousiasme, on supprime l'aide au retour. On se préoccupe des conditions de séjour des étrangers résidents ou irréguliers. Il est des situations de fait que le droit doit savoir prendre en compte. C'est le cas des étrangers âgés de moins de 18 ans, nés en France ou étant arrivés avant l'âge de dix ans, ou encore résidant depuis plus de quinze ans sur le sol français. Des garanties sont ainsi offertes aux jeunes étrangers qui ont des liens forts avec la France. Ils deviennent inexpulsables par la procédure normale. C'est aussi le cas de l'étranger marié depuis plus de six mois dont le conjoint est de nationalité française, du père ou de la mère d'un ou de plusieurs enfants français, de la personne titulaire d'une rente d'accident du travail. Seule l'atteinte grave à l'ordre public reste un motif de renvoi immédiat, en urgence absolue. C'est dans la même logique que la situation de chômeurs n'implique plus le refus de renouvellement du titre de travail. Cette période permet de mettre l'accent sur le problème que pose le régime de l'expulsion. La loi du 29 octobre 1981 (10) reprend dans leurs grandes lignes toutes ces propositions.

LA LOI D'OCTOBRE 1981

La loi d'octobre 1981, comme celle du 10 janvier 1980, maintient le 1er alinéa de l'ordonnance du 2 novembre 1945 relative aux conventions internationales et visas. De nouvelles informations sont exigées de l'étranger, l'objet et les conditions de son séjour, et s'il y a lieu les garanties de son rapatriement. Cette loi promeut un droit objectif d'entrée. « La production des documents, visas et justifications confère le droit d'entrée sur le territoire français ». La loi reprend aussi les différentes hypothèses de refus d'admission sur le territoire français, notamment l'impossibilité de présenter les documents exigés et la présence d'un étranger constituant une menace pour l'ordre public. Elle ajoute les cas où l'étranger fait l'objet d'une interdiction de territoire ou d'un arrêté d'expulsion. Tout refus devra désormais « faire l'objet d'une décision écrite prise par une autorité administrative définie par décret en Conseil d'État, spécialement motivée d'après les éléments de l'espèce, dont le double est remis à l'intéressé ». L'étranger doit pouvoir avertir les personnes qui peuvent l'attendre, son consulat ou un conseil de son choix. « En aucun cas, le refus d'entrée ne peut donner lieu à une mesure de rapatriement contre le gré de l'intéressé avant l'expiration du délai d'un jour franc. S'il y a lieu, pour l'application du présent alinéa, l'intéressé peut être maintenu dans des locaux ne relevant pas de l'administration pénitentiaire pendant le temps strictement nécessaire à son départ » (11). Suit

(10) Loi n° 81-973 du 29 octobre 1981 relative aux conditions d'entrée et de séjour des étrangers en France, *JO,* 30 octobre 1981 ; JCP, 1981, III, 51934 ; N. GUIMEZANES, « La loi du 29 octobre 1981 sur les conditions d'entrée et de séjour des étrangers en France », *DS,* 1982, ch., p. 173 ; J. LEBULLENGER, « La loi du 29 octobre 1981 et le statut des étrangers en France », *Rev. adm.,* 1982, 259 ; M. SIMON DEPITRE, « La condition des étrangers en 1081-1982 », *Clunet,* 1983, 5 ; J.Y. VINCENT, « La réforme de l'expulsion des étrangers par la loi du 29 octobre 1981 », *JCP,* 1982, I, 3054.

(11) Cf. Loi n° 81-973 du 29 octobre 1981 relative aux conditions d'entrée et de séjour des étrangers en France, *JO,* 30 octobre 1981, notamment article 1 du dernier alinéa et article 7 ajoutant un article 35 bis au chapitre VI de l'ordonnance de 1945.

une énumération de cas susceptibles de maintien dans des locaux administratifs. Durant le maintien, l'étranger a droit à un conseil, à un interprète et doit être informé de ses droits. Après le délai d'un jour franc, une autorité judiciaire doit être saisie, en l'occurrence le président du Tribunal de Grande Instance ou un magistrat du siège désigné par lui.

Le décret du 27 mai 1982 (12) énonce les documents relatifs à l'objet et aux conditions que doivent présenter les étrangers pour pouvoir être admis sur le territoire français pour un séjour n'excédant pas trois mois. Il sera modifié ultérieurement par le décret du 30 juillet 1987 (13).

L'immigration clandestine est aussi au cœur des préoccupations gouvernementales. Le secrétaire d'État va chercher à rompre avec les pratiques traditionnelles de lutte contre ce phénomène. Régulariser les irréguliers aurait un effet symbolique. Cet acte établirait une relation de confiance entre les étrangers et les pouvoirs publics. Mais la réussite de cette action n'est possible que si elle n'entraîne pas une croissance du chômage et l'arrivée de nombreux irréguliers.

Comme le souligne Patrick Weill (14), il est procédé à un contrôle des frontières et à une régularisation : « Pourront être régularisés les étrangers en situation irrégulière du point de vue du séjour et/ou du travail, les étrangers expulsés pour séjour irrégulier ou pour motif d'ordre public dès lors qu'ils obtiennent l'abrogation de leur arrêté d'expulsion ; les étrangers à qui a été

(12) Décret n° 82-442 du 27 mai 1982 pris pour l'application de l'article 5 de l'ordonnance n° 45-2658 du 2 novembre 1945 modifiée relative aux conditions d'entrée et de séjour en France des étrangers en ce qui concerne l'admission sur le territoire français. Voir également Décret n° 82-440 du 26 mai 1982 pris pour l'application de l'article 24 de l'ordonnance n° 45-2658 du 2 novembre 1945 modifiée relative aux conditions d'entrée et de séjour en France des étrangers et portant création de l'Office national de l'immigration, *JO,* 29 mai 1982 et décret n° 82-441 du 26 mai 1982 abrogeant et modifiant diverses dispositions relatives au séjour des étrangers en France, *JO,* 29 mai 1982.

(13) Décret n° 87-645 du 30 juillet 1987 modifiant le décret n° 82-442 du 27 mai 1982 pris pour application de l'article 5 de l'ordonnance n° 45-2658 du 2 novembre 1945 modifiée relative aux conditions d'entrée et de séjour en France des étrangers en ce qui concerne l'admission sur le territoire français.

(14) P. WEILL, *op. cit.,* p. 151.

refusée la qualité de réfugié ; enfin les jeunes ayant atteint en France l'âge de seize ans et qui n'ont pas demandé en temps utile un titre de séjour». L'image qui ressort ici et qui sera souvent reprise ensuite par les défenseurs du droit des étrangers est celle d'une méconnaissance par les jeunes étrangers du droit, liée à une information insuffisante. Pour déposer un dossier, seule la preuve de l'arrivée en France ayant le 1er janvier 1981 est exigée. Cette régularisation a pour conséquence l'introduction peu à peu d'autres catégories juridiques. C'est le cas des travailleurs saisonniers avec la circulaire du 20 novembre 1981.

Tout le problème est alors de comprendre que cette régularisation permettra effectivement au gouvernement de prendre à l'avenir des mesures plus restrictives. Mais, face à cette évolution, la contestation, qui n'a cessé de croître, ne s'appuie pas sur une critique de ces principes juridiques mais sur celle de leurs conséquences. Le résultat de ce mécontentement de l'opinion publique est immense aussi bien en ce qui concerne les droits sociaux des étrangers, les flux migratoires ou les questions de nationalité et du service militaire. Les jeunes de double nationalité algérienne et française sont contraints d'effectuer un double service militaire. Cette situation a mis à l'ordre du jour la nécessité d'un accord bilatéral entre la France et l'Algérie. En effet, le droit a un rôle régulateur des conflits. Et c'est pourquoi, il est nécessaire de se demander comment il peut apporter les garanties aux étrangers d'être justement traités. Le législateur est ainsi confronté à des choix et doit dire là où est le meilleur droit.

Toutes les questions ne sont pas tranchées. Le temps dit de la rupture semble bel et bien révolu. N'aurions-nous fait que trépigner, déguisant sous quelques réformes le même scénario ? Quoi qu'il en soit, il importe de revenir à une conception plus équilibrée, c'est-à-dire plus prudente, du traitement de l'immigration.

La recherche d'un équilibre

En mars 1983, le dossier de l'immigration est confié à Georgina Dufoix dans un portefeuille ministériel. Elle assurera cette fonction jusqu'en mars 1986. Les Espagnols et les Portuguais sont devenus membres de la communauté économique européenne en janvier 1986. Pour les jeunes venus de ces pays, le statut juridique ne pose plus de problème (15). La recherche d'un équilibre est devenue la valeur première. L'immigration est perçue comme un enjeu politique national. Aussi, le changement dans ce contexte doit-il être réservé. Tout se passe comme si tous les moyens devaient être utilisés pour atteindre certains buts : un contrôle d'identité efficace, la limitation des régularisations, la restriction de l'immigration familiale, le rétablissement de l'aide au retour. Au cœur des paradoxes entre lesquels se meuvent les différents ministères et les administrations, c'est en fait la demande d'un titre unique qui émerge. Il faut s'y attarder pour en mesurer les effets. Qu'est-ce qu'un titre unique, sinon un moyen de garantir la stabilité du séjour des étrangers ? Si les jeunes « beurs » lors de la marche de 1983 interroge l'Élysée sur la carte de dix ans, c'est qu'ils en ont bien mesuré toutes les conséquences sur leur vie quotidienne. Ils luttent ainsi contre la précarité, les pratiques des « guichets ». Cela se traduit très concrètement par la préparation d'un texte. Ce qui est frappant, c'est le souci de choisir un procédé adapté aux réalités sociales. Les risques de réactions de l'opinion publique orientent les uns vers la voie réglementaire ; le caractère irréversible d'une réforme votée par les députés oriente les autres vers la voie législative, d'autant plus qu'ils craignent le retour de l'opposition au pouvoir. D'où l'importance primordiale du choix, qui donne, discussion après discussion, sa cohérence profonde au procédé choisi. La voie législative est ainsi retenue. Elle permet d'intégrer dans le texte présenté au parlement « l'aide à la réinsertion », anciennement dénommée « l'aide au retour ».

Ainsi, l'ordonnance du 2 novembre 1945 est modifiée par la loi du 17 juillet 1984 (16) qui unifie les titres de séjour et de travail et réduit les cartes à deux catégories (art. 9) : la carte de

(15) Pour approfondir cette question, le lecteur pourra se reporter à l'annexe 2 « Le cadre européen ».

(16) Loi n° 84-622 du 17 juillet 1984 portant modification de l'ordonnance n° 45-2658 du 2 novembre 1945 et du Code du travail et relative aux étrangers séjournant en France et aux titres uniques de séjour et de travail, *JO*, 19 juillet 1984 ; M. Simon-Depitre, « Le séjour en France des étrangers depuis la loi du 17 juillet 1984 », *Clunet*, 1984, 60.

séjour temporaire et la carte de résident. Arrêtons-nous un instant pour montrer comment cette nouvelle loi peut engendrer des effets sur le statut juridique des jeunes étrangers.

La terminologie est modifiée : « Tout étranger âgé de plus de 16 ans doit être titulaire de l'une de ces cartes s'il se trouve sur le territoire français au-delà d'un délai de trois mois. Cette exigence peut être provisoirement remplacée par la demande de délivrance ou de renouvellement ». Par le jeu des mots, ne déplace-t-on pas très subtilement les places assignées ? Ne contribue-t-on pas à reconnaître peu à peu un statut particulier aux jeunes étrangers ? Derrière cette loi, résultante de ce qui a été concédé aux uns et aux autres, c'est une nouvelle cohérence qu'une lecture attentive nous donne à voir. Il est créé des nouvelles catégories comme celle de visiteurs. Il est rappelé le séjour au titre du regroupement familial avec la carte de séjour « Membre de la famille ». L'énoncé dans les motifs du projet de loi est clair. Son objectif est de « permettre aux étrangers régulièrement établis en France de s'y intégrer convenablement ». En ce sens, le législateur ne se contente pas d'aménager les situations de fait, il va au-delà, il fait un effort de simplification. D'ailleurs, on pourra penser que cette simplification tient au désir de mieux protéger les jeunes étrangers. L'art du droit n'est-il pas de poser les principes mais aussi les exceptions ?

LA LOI DE JUILLET 1984

Pour mieux comprendre le sens de cette loi, il faut l'interpréter par une approche herméneutique. Selon l'article 9, tout étranger séjournant en France et âgé de plus de 16 ans doit être titulaire d'une carte de séjour temporaire ou d'une carte de résident. La carte de séjour temporaire (art. 12) se rapproche de l'ancienne carte de résident temporaire de l'ordonnance de 1945. La durée est la même, elle ne peut dépasser la durée accordée par les documents et visa exigés à l'entrée, ni être supérieure à un an ; on retrouve les mêmes possibilités de renouvellement et d'obligation de quitter le territoire à l'expiration, sauf en cas de renouvellement ou d'obtention d'une carte de résident (art. 11 de l'ordonnance de 1945 et art. 11 de la loi de 1984).

Deux conditions supplémentaires sont exigées. L'octroi de la carte de séjour temporaire peut être subordonné à la production par l'étranger d'un visa de séjour d'une durée supérieure à trois mois. Un certificat médical est également réclamé pour l'obtention de la carte alors qu'il ne l'était que pour les résidents ordinaires et privilégiés (arrêté du 30 juillet 1986). La carte de séjour temporaire s'adresse aux étrangers dont l'objet de séjour est à l'origine limité (étudiants, visiteurs, étrangers venant exercer une activité professionnelle à titre temporaire), et à ceux ne remplissant pas les conditions nécessaires pour l'obtention de la carte de résident.

Les étudiants doivent justifier de moyens d'existence et apporter la preuve de leur inscription dans un établissement d'enseignement ou de formation professionnelle. S'ils ont l'intention d'exercer une activité salariée ou soumise à autorisation, ils doivent fournir la preuve de leur habilitation à son exercice. (ordonnance de 1945 art. 12 nouveau et décret du 30 juin 1946 art. 7 al. 2 nouveau). L'arrêt du Conseil d'État du 14 janvier 1981 annule une circulaire du ministère de l'Intérieur du 12 décembre 1977. Le préfet ne peut plus refuser le renouvellement de la carte de séjour même si l'inscription dans un établissement supérieur n'est qu'un prétexte pour se maintenir en France. Il ne peut plus interdire aux jeunes étrangers ni de poursuivre des études, ni de demander l'autorisation de se livrer à une activité professionnelle. La loi exige des moyens d'existence. Tous avantages en nature sont partie intégrante de l'évaluation, comme le logement gratuit. A l'époque, un montant mensuel de 1 800 Francs est considéré comme suffisant (circulaire du 17 septembre 1984). L'étudiant doit se soumettre aux examens (17). La validité de la carte portant la mention « étudiant » ne peut dépasser la durée des études ou de la formation suivie (18).

La notion de « visiteurs », autre catégorie juridique, est explicitée par la circulaire du 31 décembre 1984. Elle désigne les étrangers oisifs, à charge pour eux de faire la preuve qu'ils peuvent vivre de leurs seules ressources, les étrangers exerçant un métier non soumis à autorisation (traducteurs, architectes, artistes) et s'engageant à ne pas exercer d'activité soumise à autorisation. Pour les personnes autorisées à exercer une activité professionnelle, mention doit être faite sur la carte de l'autorisation, de l'activité en question et de la zone géographique dans laquelle peut s'exercer cette acti-

(17) Cons. d'État, 14 mars 1986, *D.*, 1986. IR 284.
(18) Décret n° 84-1078 du 4 décembre 1984, art. 9, *JO*, 5 décembre 1984.

vité (19). La validité de la carte de « salarié » ne peut dépasser la durée d'autorisation de ces activités (20).

Mais, la carte de séjour temporaire peut être refusée à tout étranger dont la présence sur le territoire constitue une menace pour l'ordre public. Cette raison ne doit pas être évoquée pour des motifs économiques mais uniquement par rapport au comportement de l'intéressé. Elle est également refusée si les conditions d'obtention ne sont pas remplies. La carte peut être renouvelée aux mêmes conditions que celles de l'obtention, à l'exception de la présentation des documents requis pour l'entrée sur le territoire, du certificat médical et du visa de long séjour. Le renouvellement doit être sollicité dans le deuxième ou troisième mois précédant l'expiration de la validité du titre de séjour. Enfin, le retrait de la carte s'effectue chaque fois que le titulaire ne remplit plus les conditions de son attribution ou fait l'objet d'une expulsion ou d'une interdiction de territoire. Il doit alors quitter la France.

Le piège administratif

Dans cette logique de simplification, la carte de résident se substitue aux cartes de résident ordinaire et privilégié et s'inspire surtout du régime dont bénéficiaient les résidents privilégiés. Dans le cadre du régime commun, l'étranger doit justifier d'une résidence ininterrompue et régulière d'au moins trois ans en France. Cependant, cette délivrance n'est pas automatique, l'administration a une certaine liberté d'appréciation. « La décision d'accorder ou de refuser est prise en tenant compte des moyens d'existence dont l'étranger peut faire état, parmi lesquels les conditions de son activité professionnelle... » (art. 14 al. 2). L'activité professionnelle n'est pas une condition impérative. « ... Le cas échéant, des faits qu'il peut invoquer à l'appui de son intention de s'établir durablement en France » : la formule fait

(19) Pour ce dernier point, voir art. L 341-4 du code du Travail.

(20) Décret n° 84-1078 du 4 décembre 1984, art. 9, *op. cit.*

référence à l'achat d'un appartement, à la scolarisation des enfants.

Le moins que l'on puisse dire est que ces dispositions répondent à des objectifs précis : l'un est lié à la situation économique, on veut ainsi éviter que l'étranger résidant ne tombe à la charge de la collectivité ; l'autre à la volonté de réserver le statut favorable de résident à ceux qui se fixent en France de façon prolongée, sinon définitive. Là encore, la carte de résident peut être refusée à tout étranger dont la présence constitue une menace pour l'ordre public.

A tout cela, s'ajoute un régime particulier. La carte de résident est délivrée de plein droit aux personnes jugées particulièrement dignes d'intérêt, aux étrangers ayant des attaches particulières avec la France ou nécessitant des dispositions plus favorables (réfugiés ou apatrides). Mais, qui sont ces uns et ces autres ? Ce sont le conjoint d'un Français (art. 15 al. 1), l'enfant mineur de 21 ans d'un ressortissant français ou à la charge de ses parents (dérogation à l'âge) ainsi que les ascendants du ressortissant ou de son conjoint lorsqu'ils sont à charge (art. 15 al. 2), l'étranger père ou mère d'un enfant français résident en France sauf déchéance de l'autorité parentale (art. 15 al. 3), l'étranger titulaire d'une rente d'accident du travail servie par un organisme français lorsque le taux d'incapacité permanente est égal ou supérieur à 20 % (art. 15 al. 4), le conjoint et les enfants mineurs de 18 ans d'un étranger titulaire d'une carte de résident, au titre du regroupement familial (art. 5), l'étranger ayant obtenu le statut de réfugié politique et l'apatride justifiant de trois ans de résidence en France (art. 6-7), l'étranger qui justifie par tous moyens résider en France habituellement depuis qu'il a atteint au plus l'âge de dix ans (art. 8), l'étranger qui justifie par tous moyens résider en France habituellement depuis plus de quinze ans (art. 9). Il est difficile de ne pas y voir un combat en faveur de certaines catégories d'étrangers. Les jeunes acquièrent ainsi un statut juridique plus protégé.

La carte de résident est valable dix ans, renouvelable de plein droit. L'administration perd son pouvoir discrétionnaire et ne peut recourir qu'au fait que l'étranger constitue une menace pour l'ordre public pour le déchoir de son droit et ordonner l'expulsion ou l'interdiction de territoire. Elle est néanmoins caduque en vertu de l'article 18 de l'ordonnance de 1945 toujours applicable lorsque l'étranger a séjourné plus de six mois consécutifs hors du territoire français, sans autorisation du ministère de l'Intérieur. C'est là que l'administration a un pouvoir discrétionnaire des plus forts. Elle apprécie la situation d'un jeune qui a quitté momentanément le territoire français pour de multiples raisons familiales et qui, parfois, s'est absenté plus de six mois, ou encore qui ne peut apporter la preuve de sa présence sur le territoire français pendant une année. L'administration doit fixer les repères et justifier son pouvoir d'appréciation discrétionnaire au regard de la norme de référence.

On sait aussi que les réfugiés et les apatrides ne sont pas tenus de présenter le document relatif à leur état civil, visa d'entrée régulière et certificat médical, mais doivent être en possession du certificat de l'OFPRA (Office français pour les réfugiés et apatrides). Les étrangers qui résident en France depuis l'âge de 10 ans ne doivent justifier que de leur état civil et de la condition de résidence exigée par la loi (21). L'instauration d'un titre unique de résident ne sera pas remis en cause. Seules les modalités d'application de la loi de 1984 seront modifiées. Là encore, cette disposition prend en compte les liens avec la France. Devant les difficultés concrètes, le droit vise ainsi à protéger ceux qui sont entrés sur le territoire français à un âge précoce.

La place du jeune étranger est encore précisée par un décret du 4 décembre 1984 (22). Le conjoint et les enfants mineurs d'un étranger régulièrement autorisé à résider sur le territoire français ne peuvent se voir refuser ni l'accès au territoire français, ni l'obtention d'un titre de séjour, sauf si les ressources sont insuffisantes pour subvenir aux besoins de la famille et si les conditions de logement sont inadaptées ; sauf encore si la présence d'un des membres de la famille sur le territoire français constitue une menace pour l'ordre public, ou bien si les résultats du contrôle médical, auquel doivent se soumettre dans le pays d'origine le ou les membres de la famille, font apparaître qu'ils sont

(21) Décret n° 84-1078 du 4 décembre 1984, *ibid.* ; Circulaire du 31 décembre 1984, *JO*, 12 janvier 1985.

(22) Décret n°84-1080 du 4 décembre 1984, *op. cit.*

atteints de maladies ou d'infirmités pouvant mettre en danger la santé publique, l'ordre public ou la sécurité publique.

Dans le maquis du regroupement familial !

A la suite des conseils des ministres du 31 août 1983 et du 10 octobre 1984, la volonté du gouvernement de garantir l'exercice du droit au regroupement familial dans les meilleures conditions d'accueil est réaffirmée. Le décret du 10 décembre 1984 (23) modifie l'article 1 du décret du 29 avril 1976. Désormais, les demandes de regroupement familial doivent être déposées et instruites, sauf cas exceptionnels, alors que la famille se trouve encore dans son pays d'origine. La visite médicale est faite au pays d'origine. On sait bien que, dans la pratique, bien souvent les jeunes seront déjà sur le sol français au moment de la procédure de regroupement familial. C'est pourquoi, il n'est pas évident que cette disposition réponde à son but initial qui l'a fait naître. Le regroupement familial se fait sous contrôle de l'ONI (24). La circulaire du 4 janvier 1985 abroge les circulaires du 9 juillet 1976 et du 10 juillet 1981. Depuis 1985, la procédure est simplifiée. Entre le dépôt de la demande et la notification de la décision, le délai ne doit pas dépasser deux mois. Le ressortissant adresse sa demande en quatre exemplaires à la DDASS de son lieu de résidence. Un sera adressé au service central de l'ONI et un autre au service régional de l'ONI, un troisième à la direction de la réglementation. L'ONI assure le contrôle du logement et des ressources. A cette fin, une enquête est réalisée. A défaut d'un avis formulé dans un délai de trente jours à compter de sa saisine par le centre régional de l'ONI, les conditions de ressources et de logement sont présumées satisfaisantes ; dans cette hypothèse, le centre informera la DDASS des raisons pour lesquelles les vérifications n'ont pas pu être effec-

---

(23) Article 2-1 du décret n° 76-383 du 29 avril 1976 ajouté par le décret n° 84-1080 du 4 décembre 1984, *ibid.*

(24) L'ONI devient en 1987 l'OMI (Office des migrations internationales).

tuées dans le délai prescrit. La Direction de la réglementation exerce un contrôle au regard de l'ordre public en lien avec les membres de la famille. Au cas où la demande ne peut être autorisée, la préfecture informe la DDASS avec une décision motivée de rejet. La DDASS informe sans délai l'ONI qui cesse les enquêtes relatives au logement et aux ressources. Le requérant est informé du rejet et de ses motifs. Dans le cas contraire ou à défaut d'un avis formulé dans les trente jours à compter de la saisine de la direction de la réglementation, le regroupement familial est réputé ne soulever aucune difficulté. Quarante-cinq jours après la saisine de ces services (ONI et direction de la réglementation), la DDASS transmet à ces services, accompagné de son avis, le dossier de demande de regroupement familial. Dans l'hypothèse où après un délai de trente jours, le centre régional de l'ONI n'a pas retourné les deux documents, l'avis de la DDASS mentionnera « avis de l'ONI réputé favorable, le délai de trente jours étant écoulé ». Au plus tard dans un délai de quinze jours, sous réserve des résultats du contrôle médical subi au pays d'origine, le service central de l'ONI sera informé de la décision favorable ou non favorable ainsi que le demandeur. Ainsi, les membres de la famille autorisés à s'établir en France reçoivent une carte de séjour de même nature que celle détenue par la personne qu'ils rejoignent. Une procédure de régularisation est prévue à l'article 2-I nouveau du décret du 29 avril 1976 au profit des familles séjournant déjà en France quand celles-ci remplissent les conditions de fond requises par le regroupement familial et se trouvent en France dans une situation régulière à un titre autre que le regroupement familial. La circulaire du 4 janvier de 1985 précise que ces conditions s'appliquent aux ressortissants d'Afrique francophones (Bénin, Cameroun, Congo, Côte-d'Ivoire, Mali, Niger, Sénégal). Elles ne concernent pas les ressortissants communautaires, les ressortissants algériens et les ressortissants des États suivants : Burkina-Faso, Centrafrique, Gabon, Mauritanie et Togo (25).

On constate que les nécessités du contrôle de la régularité de l'entrée et du séjour ont progressivement fait émerger de nou-

(25) Le lecteur pourra se reporter à l'annexe 1 « Le droit conventionnel ».

velles normes où la recherche d'un traitement d'égalité avec les nationaux est plus ou moins remis en cause.

La marche à reculons

Peu à peu, une conception s'est imposée à partir de 1984, selon laquelle l'inclusion des réguliers est acceptée, l'exclusion des irréguliers permise. C'est alors que la droite, c'est-à-dire le gouvernement Chirac de la cohabitation, au pouvoir en 1986, va confirmer la suppression d'un ministère chargé de la politique migratoire. Et le ministre de l'Intérieur propose la loi du 9 septembre 1986 (26). Laissons pour mieux percer les contestations de l'époque la parole à Patrick Weill : « Charles Pasqua entend revenir sur la garantie de séjour en France accordée par les lois de 1981 et de 1984 aux jeunes d'origine étrangère y ayant été élevés, ceux qu'on appelle les "Français sociologiques". Il souhaite que les jeunes puissent, en cas d'atteinte à l'ordre public, être expulsés et que la carte de dix ans ne puisse leur être attribuée s'ils représentent ou ont représenté une menace pour l'ordre public. La contestation se révèle encore plus forte et entraîne le report sine die de cette partie du projet » (27).

Avec la mise en œuvre de la loi du 9 septembre 1986, on assiste au premier volet d'une politique de l'immigration annoncée par la plate-forme RPR-UDF (28). Texte de police avant tout, cette loi est adoptée dans la foulée des lois relatives au terro-

---

(26) Loi n° 86-1025 du 9 septembre 1986 relative aux conditions d'entrée et de séjour des étrangers en France, *JO*, 12 septembre 1986 ; *JCP*, 1986, III, 59212 ; N. GUIMEZANES, « La loi du 9 septembre 1986 sur les conditions d'entrée et de séjour des étrangers en France », *JCP*, 1987, I, 3270 ; F. JULIEN-LAFERRIERE, « Les nouvelles conditions de l'entrée et du séjour en France des étrangers », Act. Legisl., *D.*, 1987, 39 ; D. PERIER DAVILLE, « Commentaire de la loi n° 86-1025 du 9 septembre 1986 relative aux conditions d'entrée et de séjour des étrangers en France », *Gaz. Pal.*, 1987, 1, Doctr. 1 ; D. TURPIN, « La loi du 9 septembre 1986 sur les conditions d'entrée et de séjour des étrangers en France », *Rev. crit. dr. int. pr.*, 1986, 507.

(27) P. WEILL, *op. cit.*, p. 192.

(28) Cf. la déclaration de politique générale de J. CHIRAC à l'Assemblée, le 4 avril 1984.

risme et à la délinquance (29). Le contenu de cette loi vise une maîtrise plus efficace des flux migratoires et un éloignement plus facile des fauteurs de troubles. Que craint-on ? Quelles peurs lointaines rejaillissent et expliquent ces nouvelles normes juridiques ? Est-il justifié, pour des raisons politiques, de transformer la loi ? Si le droit « attribue à chacun sa place » (30) dans l'univers symbolique, les jeunes ne seront-ils pas une fois de plus bousculés dans leur identité ?

L'article 1er de cette loi modifie à nouveau l'article 5 de l'ordonnance du 2 novembre 1945 en ajoutant un nouvel élément conditionnant l'entrée de l'étranger : « Sous réserve des conventions internationales, les documents prévus par décret en Conseil d'État et relatif d'une part, à l'objet et aux conditions de son séjour et d'autre part, s'il y a lieu, à ses moyens d'existence et aux garanties de son rapatriement ». Comme le dit Dominique Turpin (31), la notion des moyens d'existence suffisants implique un pouvoir discrétionnaire de l'administration et permet de nombreux refus d'entrée en dehors de toute intervention d'une autorité judiciaire. L'article 1er alinéa 2 permet l'exécution immédiate de la décision du refus d'entrée.

Dans cette loi domine la référence à l'ordre public plus que celle d'égalité. L'étranger qui ne peut justifier des documents exigés à l'entrée, et nouvellement des moyens d'existence jugés suffisants, ou l'étranger qui représente une menace pour l'ordre public ou fait l'objet d'une interdiction du territoire ou d'un arrêté d'expulsion, peut avoir un refus d'admission sur le territoire français. Cette loi constitue une mesure dérogatoire à la loi du 11 juillet 1979 (32). Ainsi, les décisions de refus de visa d'entrée (document établi par les autorités consulaires françaises à l'étranger) ne sont pas motivées. La loi dite « Pasqua » de 1986

---

(29) Loi n° 86-1004 du 3 septembre 1986 sur le contrôle et la vérification d'identité ; Loi n° 86-1019 du 9 septembre 1986 sur la lutte contre le terrorisme et les atteintes à la sureté de l'État ; Loi n° 86-1021 du 9 septembre 1986 sur l'application des peines.

(30) P. LEGENDRE, *Les enfants du texte*, Paris, Fayard, 1992, 471 p.

(31) D. TURPIN, « La loi du 9 septembre 1986 relative aux conditions d'entrée et de séjour des étrangers en France - Ravaudage », *op. cit.*

(32) Loi n° 79-587 du 11 juillet 1970 relative à la motivation des actes administratifs et à l'amélioration de relations entre l'administration et le public, *JO* 12 juillet 1979, p. 1711.

met en avant le principe de souveraineté de l'État plus conforme à l'ambiance du moment. « La décision de refus est immédiatement exécutoire sauf si l'autorité consulaire demande un sursis à exécution d'un jour franc. L'étranger auquel est opposé un refus d'entrée peut être maintenu dans des locaux ne relevant pas de l'administration pénitentiaire pendant le temps strictement nécessaire à son départ, dans les conditions prévues à l'article 35 bis ». Cette exécution immédiate n'a d'ailleurs pas été considérée comme une atteinte au droit de l'étranger à se faire reconnaître la qualité de réfugié (33). Si la loi de 1986 ne diffère pas de la loi du 29 octobre 1981 en matière de prise de décision de maintien dans les locaux non pénitentiaires (par le président du tribunal de grande instance ou un magistrat du siège désigné par ce dernier), elle marque un écart important dans la possibilité d'une exécution immédiate. Elle y apporte une réserve, l'intervention consulaire. Faute de temps, les garanties pour l'étranger de faire valoir ses droits deviennent alors extrêmement restreintes. Il est clair que cette loi est un pas en arrière. Le délai d'un jour franc disparaît au profit de l'exécution immédiate.

Cependant, plusieurs catégories de personnes bénéficient de la carte de résident. On peut citer en exemple le cas du conjoint d'un ressortissant français marié depuis au moins un an et menant une communauté de vie effective, ou l'étranger père ou mère d'un enfant français résidant en France à condition qu'il exerce partiellement l'autorité parentale à l'égard de cet enfant ou qu'il subvienne effectivement à ses besoins.

Une loi qui déstabilise

Il est clair que la légitimité du pouvoir en place est centrale dans le débat de l'immigration et engage toute l'interprétation stricte de la loi par les agents administratifs chargés de son application. D'ailleurs, on note encore que cette loi réintroduit pour

---

(33) Cf. Décision du Conseil constitutionnel du 3 septembre 1986, *RCDIP,* 1986, n° 4, octobre/décembre 1986, tome 75, p. 673.

toutes les personnes et même pour l'étranger, qui justifie par tous moyens résider en France habituellement depuis l'âge de 10 ans au plus, une clause restrictive : « Sauf si la présence de l'étranger constitue une menace pour l'ordre public ». Il est même ajouté une autre catégorie, par un alinéa nouveau (al. 12), « à l'étranger qui justifie par tous moyens avoir sa résidence habituelle en France depuis qu'il a atteint l'âge de 10 ans ou en situation régulière depuis plus de dix ans et qui n'a pas été condamné définitivement pour crime ou délit à une peine au moins égale à six mois d'emprisonnement sans sursis ou un an avec sursis, ou à plusieurs peines d'emprisonnement au moins égales, au total, à ces mêmes durées ». Cette dernière disposition sera abrogée par la loi de 1989. Ainsi, ce qui est acquis à un moment peut toujours être retiré à un autre. Comment alors assurer aux jeunes une stabilité si nécessaire à leur équilibre ?

La loi apporte une amélioration : « La carte de résident d'un étranger qui a quitté le territoire français pendant une période de plus de douze mois consécutifs est périmée. La loi de 1984 mentionnait six mois consécutifs. Des prolongements peuvent être accordés si l'intéressé en fait la demande soit avant son départ de France, soit pendant son séjour à l'étranger ». Il est vrai que le jeune, qui vit entre deux cultures, peut éprouver un besoin de retour au pays d'origine. Il ne faudrait pas que ce séjour, qui peut se prolonger, ait des conséquences sur son avenir...

C'est aussi à cette époque qu'un projet de loi est déposé pour réformer le Code de la nationalité. Selon ce projet (34), l'enfant né en France de parents étrangers, qui jusque-là devenait Français quasi automatiquement, devra le jour de sa majorité réclamer l'accès à la nationalité française. Le texte est très combattu par les partis de gauche et les Églises. Il est retiré par crainte des manifestations. Une commission des sages, autour de M. Marceau Long, se réunit pour savoir si le Code de la nationalité doit être réformé. La commission propose que le jeune né en France de parents étrangers, sans devenir automatiquement français, puisse le devenir avec facilité, par simple déclaration auprès de l'autorité administrative à partir de l'âge de 16 ans.

---

(34) Projet de loi n° 444 Assemblée nationale, 12 novembre 1986.

Par ailleurs, les justificatifs des moyens d'existence ont fait l'objet du décret du 30 juillet 1987 (35) modifiant le décret du 27 mai 1982 pris pour l'application de l'article 5 de l'ordonnance du 2 novembre 1945 modifié. Le décret du 30 juillet 1987 en son article 2 remplace l'article 1 du décret du 27 mai 1982 et énonce les justificatifs des moyens d'existence que peut présenter l'étranger sollicitant son admission en France : espèce, chèques certifiés, carte de paiement à usage international, lettre de crédit. Les justifications sont appréciées compte tenu des déclarations de l'intéressé quant à la durée et à l'objet de son séjour. Selon l'article 2 alinéa 2, l'étranger doit produire, pour un séjour touristique, des documents relatifs à la durée, à l'objet et aux conditions de séjour. Ces documents peuvent être la réservation d'hôtel, le titre de location de logement, le certificat d'hébergement de la personne accueillant l'étranger. Pour une visite privée, un certificat d'hébergement signé par la personne qui accueille l'étranger, « le certificat indique l'identité de l'auteur du certificat, son adresse personnelle, l'identité du bénéficiaire... ». Le certificat doit être visé par le maire de la commune de résidence du signataire. Pour un voyage professionnel, on tient compte de tout document apportant des précisions sur la profession ou la qualité du voyage ainsi que sur les établissements ou organismes par lequel il est attendu. « Les garanties de rapatriement sont tous les documents permettant d'assurer la couverture des frais de retour de l'étranger dans son pays d'origine » (36). Les justificatifs de rapatriement consistent en un billet de retour. Selon l'article 5 de ce décret modifié, le document relatif aux garanties de rapatriement peut être un titre de transport maritime, ferrovière, routier ou aérien valable pour revenir dans le pays de résidence habituelle. Pour constituer une garantie, ce titre doit porter la mention qu'il n'est pas cessible, transformable et non remboursable ; il doit posséder une validité minimum d'au moins deux mois. Selon l'article 6 alinéa 2 « le document concernant les garanties de rapatriement peut être une

---

(35) Décret n° 87-645 du 30 juillet 1987, *op. cit.*

(36) Cf. Définition par le ministère de la Solidarité, de la Santé et de la Protection sociale, Direction de la Population et des Migrations, in *Mémento de la réglementation appliquée aux étrangers,* mars 1990.

attestation d'un établissement bancaire, situé en France ou à l'étranger garantissant le rapatriement de l'intéressé au cas où celui-ci ne serait pas en mesure d'en assurer les frais ». Cette attestation doit comporter au moins une version française. L'article 9 du décret du 27 mai 1982 modifié dispense certaines personnes de la présentation des documents visés aux articles 2 à 6 comme par exemple la réservation d'hôtel, le titre de location, etc. Ce régime dérogatoire est, entre autres, appliqué « aux ressortissants des États-membres de la communauté européenne bénéficaires des dispositions du Traité de Rome relatives à la liberté de circulation ainsi qu'aux ressortissants des États limitrophes du territoire métropolitain lorsqu'ils se rendent sur ce territoire ». Selon l'article 4 du décret du 28 avril 1981 (37), « les ressortissants des États-membres de la CEE mentionnés à l'article 1er entrent sur le territoire français sur simple présentation d'une carte d'identité ou d'un passeport en cours de validité ». L'ouverture des frontières européennes a une incidence sur la situation juridique des personnes non ressortissantes de la CEE (38). Ce système dérogatoire s'applique encore, dans le cadre du regroupement familial, au conjoint venant rejoindre un époux régulièrement installé sur le territoire français, aux mineurs rejoignant leur père ou leur mère régulièrement autorisé à résider en France. Les jeunes ont ainsi un traitement privilégié en matière d'entrée sur le territoire.

Nous sommes en 1988. Le gouvernement Rocard banalise le département de l'immigration en l'attachant vaguement au ministère de la Ville dirigé par M. Delebarre. Pour les associations, les permanences juridiques, la loi de 1986 crée de multiples problèmes pratiques. Une méfiance à l'égard du droit se développe. En effet, les difficultés de produire les documents exigés ou leurs preuves conduisent le plus souvent à l'exclusion de l'étranger. C'est pourquoi, ces organismes affirment leur hostilité à cette loi. Les manifestations ont pour effet d'obliger le

---

(37) Décret n° 81-405 du 28 avril 1981 réglementant les conditions d'entrée et de séjour en France des ressortissants des États membres de la Communauté économique européenne bénéficiaires de la libre circulation des personnes et des services, *JO*, 29 avril 1981.

(38) Cf. annexe 2 « Le cadre européen ».

gouvernement Rocard à améliorer l'application de la loi et à présenter un nouveau projet.

Une nouvelle loi utile et ambiguë

Le projet de loi de Pierre Joxe, ministre de l'Intérieur, est voté à l'Assemblée nationale le 3 juin 1989, rejeté par le Sénat le 18 juin par le vote d'une question préalable. Mais le projet est adopté en seconde lecture par l'Assemblée le 4 juillet 1989. Ainsi, la loi du 2 août 1989 (39) consacre l'essentiel du projet « Joxe ». Elle vise à assurer la stabilité du séjour des étrangers et des jeunes sur le territoire. Elle apporte des modifications importantes. Le mineur est au cœur de cette réforme tant pour la délivrance de la carte de résident que pour le renouvellement de son titre de séjour. Cette loi (40) et la circulaire d'application du 2 août 1989 (41) maintiennent en vigueur certaines dispositions précédentes, notamment les documents à présenter pour entrer sur le territoire français restent les mêmes. Mais en matière de délai de rapatriement, cette loi rétablit les garanties accordées en ce domaine à l'étranger telles qu'elles étaient définies par la loi du 29 octobre 1981 (42) : « En aucun cas, le refus d'entrée ne peut donner lieu à une mesure de rapatriement contre le gré de l'intéressé avant l'expiration du délai d'un jour franc » (art. 1er loi du 29 octobre 1981). Selon l'article 18 de la loi, l'étranger doit être mis en mesure d'exercer effectivement s'il le souhaite le

---

(39) Loi n° 89-548 du 2 août 1989 relative aux conditions de séjour et d'entrée des étrangers en France, *JO,* 8 août 1989 ; N. GUIMEZANES, « La nouvelle loi sur l'entrée et le séjour des étrangers en France (Loi n° 89-548 du 2 août 1989) », *JCP,* 1990.I.3424 ; D. TURPIN, « La loi du 2 août 1989 relative aux conditions de séjour et d'entrée des étrangers en France. Ravaudage de la loi Pasqua ou esquisse d'une « nouvelle citoyenneté », *RCDIP,* 78 (4) oct.- déc. 1989, p. 617.

(40) Loi n° 89-548 du 2 août 1989 relative aux conditions de séjour et d'entrée des étrangers en France, *ibid.*

(41) Circulaire n° 89-549 du 2 août 1980 relative à l'application de la Loi n° 89-548 du 2 août 1989 relative aux conditions de séjour et d'entrée des étrangers en France, *JO,* 8 août 1989.

(42) Loi n° 81-973 du 29 octobre 1981, *op. cit.*

droit qui lui est reconnu d'entrer en contact avec un proche ou un conseil et de justifier auprès des autorités françaises les raisons de sa venue en France. Ce délai qui n'était possible que sur intervention du consul de l'étranger est désormais de principe, sauf consentement de la part de l'étranger à être rapatrié sans délai. L'étranger doit être informé de la possibilité de refus qu'il possède d'être rapatrié immédiatement et doit signer un formulaire à cet effet. Le délai d'un jour franc est un délai de 24 heures qui commence à courir à l'heure zéro du lendemain de la décision du refus. L'étranger sera en principe réacheminé immédiatement vers le pays de provenance. Mais, les demandeurs d'asile ont un régime particulier. Ceux-ci seront réacheminés vers un pays désigné par la direction des libertés publiques et des affaires juridiques. Si ce réacheminement n'est pas immédiatement réalisable, soit parce que l'étranger a demandé un délai d'un jour franc, soit parce que le réacheminement n'est pas exécutable immédiatement, l'officier de police judiciaire compétent devra décider s'il y a lieu à un placement en détention administrative. Dans l'affirmative, le président du Tribunal de Grande Instance ou un magistrat du siège désigné par lui devra être saisi afin de délivrer une prorogation au délai d'un jour franc. Le procureur de la République sera averti de la mise en détention administrative : « Le recours à la détention ne doit être envisagé qu'en cas de nécessité absolue et il y a lieu de lui préférer le maintien en zone internationale » (43). Il en sera ainsi en cas d'absence de zone internationale délimitée à la frontière par laquelle l'étranger a cherché à pénétrer en France, s'il existe une impossibilité de laisser en zone internationale au-delà d'une certaine durée l'étranger par insuffisance d'installation, ou une crainte d'une tentative de cet étranger de quitter la zone internationale en franchissant irrégulièrement le contrôle des passeports, ou encore un trouble à l'ordre public au sein de la zone internationale, enfin si la fréquence des dessertes du pays où l'étranger doit être réache-

---

(43) Circulaire du 2 août 1989 relative à l'application de la loi n°89-548 du 2 août 1989 relative aux conditions de séjour et d'entrée des étrangers en France, *JO*, 8 août 1989 : cette circulaire donne une énumération des cas dans lesquels il y a lieu à placer l'étranger en détention. On ne sait pas si cette liste est limitative, restrictive ou seulement donnée à titre indicatif.

miné reste très faible. En tout état de cause, le maintien ne peut dépasser six jours à compter de l'ordonnance du président du tribunal. Dépassé ce délai, l'intéressé doit être remis en liberté.

Par ailleurs, l'article 10 du projet de loi de 1989 a été supprimé et a fait l'objet de vives critiques. En effet, cet article permettait à l'étranger de contester l'arrêté de reconduite pris par le Préfet devant le président du tribunal de grande instance ou son délégué. Celui-ci rendait une ordonnance. Il était ainsi impossible de procéder à l'éloignement de l'étranger avant cette décision, susceptible d'appel. Mais, députés et sénateurs ont saisi le Conseil constitutionnel. Ce recours aux autorités judiciaires n'est pas conforme à la Constitution et méconnaît le privilège de la séparation des pouvoirs. En effet, les décisions prises par l'autorité administrative constituant l'exercice de prérogative de puissance publique relèvent quant à leur annulation de la compétence de la juridiction administrative. Dans ce sens, par décision du 28 juillet 1989, le Conseil constitutionnel a déclaré non conforme à la Constitution la nouvelle compétence confiée au juge judiciaire. Ainsi, la décision du conseil a fait l'objet d'une proposition de loi (44) qui ajoute un article 22 bis et modifie l'article 26 bis de l'ordonnance de 1945. L'objet de ces textes est encore de renforcer au regard du séjour les droits des étrangers qui ont des attaches familiales françaises ou qui ont une certaine ancienneté de séjour. C'est donc dans cette optique que les conditions d'obtention de plein droit d'un titre de séjour sont plus libérales. On assiste à l'élargissement de la catégorie des bénéficiaires. On établit une procédure de consultation par une commission préalable à toute décision de refus du séjour susceptible d'être prise à l'encontre d'étrangers résidant régulièrement en France ou ayant vocation à y résider de manière durable. Mais, ce texte régit seulement le droit commun des étrangers et ne s'applique pas (45) aux ressortissants de la CEE dont le sort reste régi par le décret de 1981, aux ressortissants algériens dont les conditions d'entrée et de séjour relèvent de l'accord franco-algérien du 27 décembre 1968 modifié par celui du 22 décembre 1985, aux ressortissants

---

(44) N° 942 dans un article 1 et 2.
(45) Cf. annexes 1 et 2, *op. cit.*

tunisiens soumis à des dispositions particulières qui résultent de l'accord franco-tunisien sur le séjour et l'emploi en date du 17 mars 1988 (46) et de l'avenant du 19 décembre 1991.

C'est ici qu'il faut souligner les circulaires du 13 et 28 juillet et du 1er août 1989 qui instituent sous certaines conditions une procédure exceptionnelle d'admission de séjour au bénéfice des conjoints et des enfants. La loi de 1989 apporte des modifications en matière de statut des mineurs, pour la délivrance de la carte de résident et le renouvellement des titres de séjour. Ainsi, les cas de délivrance de plein droit de la carte de résident sont multiplés : « La carte de résident est délivrée de plein droit sans que puissent être opposées les dispositions des articles 6 et 9 de la présente ordonnance ». Ainsi, à propos de l'article 6, cela signifie que désormais l'étranger en situation irrégulière, c'est-à-dire sans carte de séjour au-delà d'un délai de trois mois depuis son entrée en France, ne peut se voir refuser une carte de résident pour ce motif. Néanmoins, la justification d'une entrée régulière reste exigible conformément au décret du 30 juin 1946 modifié pour certaines catégories d'étrangers comme le conjoint étranger d'un ressortissant de nationalité française, l'enfant étranger d'un ressortissant de nationalité française âgé de moins de 21 ans ou à la charge de ses parents ainsi que les ascendants d'un tel ressortissant et de son conjoint à sa charge, l'étranger père ou mère d'un enfant français résidant en France, à la condition qu'il exerce, même partiellement, à l'égard de cet enfant, l'autorité parentale ou qu'il subvienne effectivement à ses besoins, l'étranger titulaire d'une rente d'accident de travail ou de maladie professionnelle versée par un organisme français et dont le taux d'incapacité permanente est égal ou supérieur à 20 %, enfin le conjoint et les enfants mineurs ou âgés de 18 ans d'un étranger titulaire de la carte de résident qui ont été autorisés à séjourner en France au titre du regroupement familial.

---

(46) Publié par le décret n° 89-87 du 8 février 1989, *JO*, 11 février 1989.

LA LOI DE 1989

D'autres catégories d'étrangers sont dispensés de la justification d'entrée régulière (47) comme, par exemple, l'étranger qui justifie par tous moyens avoir sa résidence habituelle en France depuis plus de quinze ans ou depuis qu'il a atteint au plus l'âge de dix ans ou qui est en situation régulière depuis plus de dix ans, ou encore comme l'étranger mineur ou, dans l'année qui suit son dix-huitième anniversaire, qui remplit les conditions de l'article 17 de la loi du 9 septembre 1986 dont l'un au moins des parents est titulaire de la carte de résident.

Si l'article 9 de la loi de 1984 fait obligation à tout étranger âgé de plus de 16 ans d'être titulaire d'une carte de séjour temporaire ou d'une carte de résident, le nouvel article 9 modifié par la loi de 1989 impose la détention d'une carte de séjour à l'étranger à partir de 18 ans seulement. Cette disposition a l'avantage d'harmoniser la réglementation avec l'âge légal de la majorité française et un certain nombre d'autres règles relatives à l'acquisition de la nationalité (article 44 du Code de la nationalité), au regroupement familial ou aux mesures d'éloignement.

La loi de 1989 rétablit pour certaines catégories les conditions de la loi du 17 juillet 1984. C'est ainsi que pour les conjoints de Français, la condition relative au délai d'une année de mariage avant que l'étranger ne puisse demander une carte de résident est supprimée. Il en est de même de la justification de la communauté de vie. En cas de mariage fictif, il peut être envisagé le retrait de la carte de résident. Le Tribunal administratif de Versailles a, dans un jugement du 10 mars 1988, appliqué cette solution : il a confirmé la légalité d'une décision du Préfet du Val-d'Oise retirant à un étranger sa carte de résident, après qu'une enquête ait établi que l'intéressé avait contracté mariage dans le seul but d'obtenir la délivrance d'un titre de séjour, « détournant ainsi les dispositions légales du champ d'application que le législateur avait entendu leur assigner ». Le Tribunal administratif a même considéré en l'espèce que l'intention manifestée ultérieurement par l'épouse de renoncer au divorce n'était pas de nature à couvrir la fraude commise en 1984. Les conditions de la loi de 1984 sont

(47) Circulaire du 2 août 1989, *op. cit.*

aussi rétablies pour les étrangers justifiant d'une certaine ancienneté de séjour, par exemple une résidence habituelle en France depuis qu'ils ont atteint au plus l'âge de dix ans ou une situation régulière depuis plus de dix ans, et pour les étrangers qui justifient par tous moyens avoir leur résidence habituelle en France depuis plus de quinze ans. Pour ces catégories, la condition relative à l'absence de condamnation à une peine d'emprisonnement au moins égale à six mois sans sursis ou un an avec sursis ou à plusieurs peines au moins égales au total à ces mêmes durées est par ailleurs supprimée. Et la loi de 1989 précise que les étrangers titulaires d'une rente pour maladie professionnelle, les membres de famille d'un étranger (par exemple, ses enfants jusqu'au terme de l'année qui suit leur dix-huitième anniversaire) ayant le statut de réfugié ou d'apatride bénéficient de la carte de résident de plein droit. Le législateur a supprimé la réserve d'ordre public. Si l'ordre public est troublé, la procédure applicable sera celle de l'expulsion. En effet, la délivrance d'un récépissé de demande de carte de résident n'interdit pas d'engager parallèlement une procédure d'expulsion. En application de l'article 18 nouveau de l'ordonnance, ce n'est désormais qu'au bout de trois ans d'absence du territoire national que la péremption de la carte de résident pourra être opposée à un étranger. Une prolongation d'absence peut être obtenue par une demande adressée au préfet du lieu de résidence habituelle de l'étranger avant le départ de France ou pendant le séjour à l'étranger, ou aux autorités consulaires françaises à l'étranger. Dans ces cas, ces dernières transmettent pour décision la demande au préfet du lieu de résidence en France.

Face à tout cela, le scepticisme sur les possibilités d'insertion des étrangers produit une recherche inassouvie de repères. A la fin des années 89, le discours sur les étrangers révèle que deux France se dessinent qui sont celles des pessimistes et des optimistes. Tout le problème est alors de comprendre que l'immigration et ses effets cristallisent des questions plus cachées. Le port du voile par trois jeunes dans un collège, un exemple parmi tant d'autres, crée une suspicion, d'un côté sur l'école, de l'autre sur les rapports de l'État et de la religion, mais aussi sur l'identité culturelle qui est mis en cause par l'origine des étrangers et par la perpective de l'unification européenne.

A la recherche de repères

Réforme après réforme, ainsi se caractérisent les années 80. L'avenir serait-il meilleur ? Les esprits sont toujours échauffés mais les arguments se modifient. C'est ainsi que la loi du 10 janvier 1990 (48) ne modifie pas les conditions d'entrée des étrangers. Elle apporte seulement de nouvelles dispositions en matière d'éloignement des étrangers. Elle reprend la position définie par le Conseil constitutionnel. Dans son article 1er insérant un article 22 bis à l'ordonnance de 1945, elle donne compétence au président du tribunal administratif pour annuler l'arrêté préfectoral de reconduite. Cette annulation entraîne la fin immédiate des mesures de surveillance et l'attribution à l'étranger d'une autorisation provisoire de séjour jusqu'à ce que le préfet ait à nouveau statué.

A cette étape, il faut s'arrêter un instant. 1991, c'est aussi le moment des premières ébauches d'une politique commune européenne de l'immigration. La chute du communisme a induit l'immigration et les pays de l'Ouest ont souscrit quelques mesures propres à limiter cet effet. Les 24 et 25 janvier, une réunion s'est tenue à Vienne sous l'égide du Conseil de l'Europe. L'immigration a été approchée dans sa réalité. Neuf mois après la conférence de Berlin, les bases d'une politique concertée face à l'immigration illégale sont jetées. Uniformisation des contrôles, rapprochement des politiques de visas mais aussi mesures d'aide économique pour éviter un déferlement des flux migratoires venus de l'Est, telles sont alors les nouvelles mesures. Aussi, la France doit-elle refondre son droit interne au regard de la politique européenne. Ce sera d'abord la création, en mai 1991, par Édith Cresson, Premier ministre, d'un ministère des Affaires sociales et de l'Intégration. Kofi Yamgnane, Français d'origine togolaise, est nommé secrétaire d'État chargé de l'intégration et travaille sous l'étroite autorité de Jean-Louis Bianco, ministre des Affaires sociales. Puis, par la suite, c'est

---

(48) Loi n° 90-34 du 10 janvier 1990 modifiant l'ordonnance n° 45-2658 du 2 novembre 1945 relative aux conditions d'entrée et de séjour des étrangers en France, *JO*, 12 janvier 1990.

l'apport de précisions par décrets relatifs aux conditions d'entrée et de séjour des étrangers. Et, il faudra attendre le début de l'année 1992 pour adapter la législation française à l'entrée en vigueur de la Convention de Schengen. Quels sont ces décrets ? Que spécifient-ils ?

Le décret du 30 août 1991 (49) modifie les modalités de délivrance du certificat d'hébergement et complète le décret du 27 mai 1982. On se souvient que ce décret de 1982 oblige l'étranger en visite privée en France à être en possession d'un certificat d'hébergement. Désormais, si le certificat est souscrit par un ressortissant étranger, ce dernier devra être obligatoirement titulaire d'une carte de séjour temporaire, d'une carte de résident, d'un certificat de résidence pour l'Algérien, d'une carte de séjour de ressortissant d'un État-membre de la communauté européenne, d'un récépissé de demande de renouvellement d'un titre de séjour précité, d'une carte diplomatique ou d'une carte spéciale délivrée par le ministre des Affaires étrangères. Le signataire du certificat d'hébergement doit pour en obtenir le visa se présenter aux services municipaux avec un document d'identité, un titre de séjour ou un récépissé de renouvellement, un titre de sa qualité de propriétaire ou de locataire du lieu où sera hébergé le visiteur ainsi que les documents permettant d'apprécier sa capacité à l'héberger dans des conditions normales. En cas de doute sérieux sur la réalité des conditions d'hébergement, le maire peut saisir l'OMI pour une vérification sur place des conditions normales d'hébergement. Le décret du 6 septembre 1991 (50) exempte les enfants mineurs de dix-huit ans venant rejoindre leur père ou leur mère régulièrement autorisé (e) à résider sur le territoire français, et les personnes dont la présence, selon l'avis d'une commission, peut être bénéfique à la France, de certaines conditions pour entrer sur le sol français. Le décret mentionne encore que les étrangers âgés de seize à dix-huit ans,

---

(49) Décret n° 91-829 du 30 août 1991 modifiant le décret n° 82-442 du 27 mai 1982 pris pour l'application de l'article 5 de l'ordonnance n° 45-2658 du 2 novembre 1945 modifiée relative aux conditions d'entrée et de séjour en France des étrangers en ce qui concerne l'admission sur le territoire français, *JO*, 31 août 1991 ; *JCP*, 1991, III, 64993.

(50) Décret n° 91-902 du 6 septembre 1991 portant publication de l'ordonnance n° 45-2658 du 2 novembre 1945 modifiée relative aux conditions d'entrée et de séjour des étrangers en France, *JO*, 13 septembre 1991 ; *JCP*, 1991, III, 65032.

qui déclarent vouloir exercer une activité professionnelle salariée, reçoivent de plein droit une carte de séjour temporaire ou une carte de résident s'ils remplissent les conditions prévues par l'ordonnance de 1945.

Un document de circulation peut être remis sous réserve des conventions internationales aux mineurs de dix-huit ans : « Les étrangers en séjour en France, âgés de plus de dix-huit ans, doivent être titulaires d'une carte de séjour temporaire ou d'une carte de résident. Les étrangers âgés de seize à dix-huit ans qui déclarent vouloir exercer une activité professionnelle salariée reçoivent de plein droit une carte de séjour temporaire ou une carte de résident s'ils remplissent les conditions prévues aux articles 12 bis ou 15 de la présente ordonnance. Ils peuvent, dans les autres cas, solliciter une carte de séjour temporaire ». Sous réserve des conventions internationales, les mineurs de dix-huit ans qui remplissent les conditions prévues à l'article 12 bis, au 12° ou au 13° de l'article 15 ou qui sont mentionnées au 5°, 10° ou au 11° de l'article 15 ainsi que les mineurs entrés en France pour y suivre des études sous couvert d'un visa de séjour d'une durée supérieure à trois mois, reçoivent, sur leur demande, un document de circulation qui est délivré dans des conditions fixées par voie réglementaire.

Mais encore selon le décret du 1er octobre 1991 (51), le visa d'un étranger autorisé à séjourner en France pour une période de moins de trois mois peut être abrogé si ce dernier exerce une activité lucrative sans y avoir été régulièrement autorisé, s'il existe des indices concordants permettant de présumer que l'intéressé est venu en France pour s'y établir ou si son comportement trouble l'ordre public. Cette décision est prise par le préfet de département où séjourne l'étranger, ou celui où la situation de l'étranger est contrôlée. Le ministère des Affaires étrangères en est averti sans délai.

Enfin, selon le décret du 24 décembre 1991 (52), les étrangers mineurs de 18 ans résidant en France, qui ne sont pas titulaires

---

(51) Décret n° 91-1019 du 1er octobre 1991 modifiant le décret n° 46-448 du 18 mars 1946 portant application des articles 8 et 24 de l'ordonnance du 2 novembre 1945 relative à l'entrée et au séjour des étrangers en France, *JO*, 6 octobre 1991.

(52) Décret n° 91-1305 du 24 décembre 1991, *JO*, du 27 décembre 1991.

d'un titre d'un séjour, peuvent être admis en France, en dispense de visa, en produisant un document de circulation (53). Le document est délivré par le préfet du département où réside le mineur, sur demande présentée par une personne exerçant l'autorité parentale sur ce mineur ou son mandataire. Les justificatifs nécessaires pour son obtention sont : l'identité du mineur, sa nationalité, l'exercice de l'autorité parentale sur le mineur. Ce document est valable trois ans et renouvelable par période de la même durée. Il ne peut cependant excéder la date limite de validité du titre de séjour des parents lorsque ceux-ci résident en France.

Outre des mesures contre le travail clandestin et l'élargissement du champ d'intervention de l'OMI et de ses compétences, la loi du 31 décembre 1991 renforce la lutte contre l'organisation de l'entrée et du séjour irréguliers (54). Ainsi, des sanctions sont prises à l'égard des personnes qui auraient facilité l'entrée et le séjour irréguliers d'un étranger.

L'immigration à l'heure européenne

Mais le droit doit aussi prendre en compte le nouveau contexte européen. En effet, à compter de la publication au *Journal officiel* de la convention de Schengen (55), les ressortissants extérieurs « à l'espace Schengen » doivent respecter les conditions

(53) Cf. *ASH* n° 1689 du 4 mai 1990, p. 16.

(54) Loi n° 91-1383 du 31 décembre 1991 renforçant la lutte contre le travail clandestin et la lutte contre l'organisation de l'entrée et du séjour irréguliers d'étrangers en France, *Revue Actualités Migrations,* n° 402-403 du 1er au 15 février 1992 ; *JO,* 1er janvier 1992 p. 15.

(55) Cf. Décision du Conseil constitutionnel en date du 25 février 1992 qui a considéré « que la référence faite à la loi à la date d'entrée en vigueur de la convention de Schengen devait s'entendre, non pas de son entrée en vigueur sur le plan international mais de la publication de cet engagement au journal officiel. Toute autre interprétation serait contraire à la Constitution ». Il s'agit pour le Conseil de respecter l'article 8 de la Déclaration des droits de l'Homme, selon lequel « nul ne peut être puni qu'en vertu d'une loi établie et promulguée antérieurement au délit », *DC* n° 92-307 du 25 février 1992, *JO,* 27 février 1992.

d'entrée de l'article 5, à savoir posséder un ou des documents de voyage permettant le franchissement de la frontière (passeport) et un visa valable si nécessaire, présenter, éventuellement, des documents justifiant l'objet et les conditions du séjour, mais aussi des moyens de subsistance suffisants, ne pas être signalé aux fins de non-admission par une décision des autorités administratives ou judiciaires d'un État membre (comme interdiction du territoire, reconduite à la frontière, expulsion, ou mesure administrative de refus d'entrée), et ne pas être considéré comme pouvant compromettre l'ordre public.

La loi du 26 février 1992 (56) adapte la législation française à l'entrée en vigueur de la convention de Schengen. L'accord conclu à Schengen le 14 juin 1985 (57) comprenant cent quarante-deux articles a pour objet la suppression progressive des contrôles aux frontières communes de ces cinq pays par un report aux frontières extérieures. Cet espace Schengen concerne les ressortissants des États signataires, ceux des autres pays de la CEE et ceux des pays tiers. Il traite, entre autres, des visas de l'extradition, des demandes d'asile. Une convention complémentaire à cet accord, signée le 19 juin 1990, définit les conditions d'application et les garanties qui permettront la mise en œuvre de cette liberté de circulation. Si l'accord du 14 juin 1985 ne modifiant pas les lois de chacun des pays signataires n'était pas soumis à la ratification parlementaire, il n'en fut pas de même pour la convention de 19 juin 1990. Son approbation a fait l'objet de la loi du 30 juillet 1991 (58). La loi du 26 février 1992 précise un certain nombre de mesures relatives à la maîtrise des flux migratoires. Elle sera complétée par la loi du

---

(56) Loi n° 92-190 du 26 février 1992, *op. cit.*

(57) Décret n° 86-907 du 30 juillet 1986 portant publication de l'accord entre les gouvernements des États de l'union économique Bénélux, de la République fédérale allemande et de la République française relatif à la suppression graduelle des contrôles aux frontières communes fait à Schengen le 14 juin 1985, *JO*, 5 août 1986.

(58) Loi n° 91-737 du 30 juillet 1991 autorisant l'approbation de la convention d'application de l'accord de Schengen du 14 juin 1985 entre les gouvernements des États de l'Union économique Bénélux, de la République fédérale allemande, et de la République française relatif à la suppression graduelle des contrôles aux frontières communes, *JO*, 1er août 1991.

6 juillet 1992 (59). Ce texte, tout en assurant l'efficacité des contrôles frontaliers et l'exécution des refus d'admission, tient compte des observations de la décision du Conseil constitutionnel en date du 25 février 1992 (60). Enfin, si la convention de Schengen définit les obligations des étrangers pour leur entrée, et reste muette sur les droits et obligations de l'État à leur égard, la loi du 26 février 1992 (61), tout en précisant les causes de refus d'entrée (menace pour l'ordre public, interdiction de territoire...), leur apporte des garanties dans l'application de ce refus d'admission et rappelle ainsi les dispositions du décret du 6 septembre 1991 : la décision de refus d'entrée doit être écrite et prise par l'autorité adminisrative compétente, motivée et communiquée à l'intéressé. L'étranger doit être en mesure d'avertir ou de faire avertir la personne chez laquelle il devait se rendre, son consulat ou le conseil de son choix. Le refus d'entrée ne peut donner lieu à une mesure de rapatriement contre le gré de l'intéressé avant l'expiration du délai d'un jour franc. Il peut être maintenu dans les locaux ne relevant pas de l'administration pénitentiaire pendant le temps nécessaire à son départ. Ainsi, la décision de maintien est prise par le préfet ou un officier de police judiciaire délégué à cette fin. Le procureur de la République est informé : la prolongation de la détention au-delà de vingt-quatre heures peut être décidée par le président du Tribunal de grande instance pour une durée de six jours au plus.

La loi du 26 février 1992 maintient aussi deux titres uniques de séjour et de travail mis en place en 1984 : la carte de séjour temporaire et la carte de résident et reprend les modifications de la loi du 2 août 1989 : le report de l'âge de détention obligatoire d'un titre de séjour de 16 à 18 ans, les réponses aux situations des jeunes étrangers âgés de 16 à 18 ans souhaitant exercer une activité professionnelle salariée. En effet, lorsque l'étranger remplit les conditions pour bénéficier de plein droit de la carte de résident ou de la carte temporaire, il peut recevoir de plein droit

---

(59) Loi n° 92-625 du 6 juillet 1992 sur la zone d'attente des ports et des aéroports et portant modification de l'ordonnance n° 45-2658 du 2 novembre 1945, relative aux conditions d'entrée et de séjour des étrangers en France, *Revue Actualités Migrations*, n° 420 du 1er au 15 juillet 1992 ; *JO*, 9 juillet 1992, p. 9185.

(60) Décision n° 93-307 *DC*, 25 février 1992, *JCP*, 1992. II. 21848.

(61) Loi n° 92-190 du 26 février 1992, *op. cit.*

le titre de séjour portant la mention salariée. Dans les autres cas, la demande est examinée dans les conditions de droit commun en vue de l'obtention d'une carte de séjour temporaire en qualité de salarié. La loi du 26 février 1992 permet la délivrance de plein droit de la carte de séjour temporaire à l'étranger mineur ou dans l'année qui suit son dix-huitième anniversaire, dont l'un des parents au moins est titulaire de la carte de séjour temporaire, et s'il a été autorisé à séjourner en France au titre du regroupement familial ou s'il remplit les conditions prévues à l'article 17 de la loi du 9 septembre 1986. Cet article précise que les mineurs étrangers entrés en France avant le 7 décembre 1984 alors qu'ils n'avaient pas atteint l'âge de 16 ans, et justifiant d'une scolarité régulière en France depuis cette date, reçoivent de plein droit un titre de séjour de même nature que celui de leurs père et mère autorisés à séjourner en France. Ce texte reprend encore l'extension de l'application de ces dispositions aux étrangers entrés en France avant l'âge de 18 ans. Au cas où il ne souhaite pas exercer une activité professionnelle, le mineur ou le jeune majeur étranger se voit délivrer un titre portant la mention « membre de famille » quand bien même il poursuivrait des études. Mais il pourra à tout moment demander la modification de la mention portée sur son titre.

La loi du 26 février 1992 rappelle encore les treize catégories de bénéficiares de plein droit de la carte résident applicables depuis la loi du 2 août 1989. On notera, comme bénéficiaires, l'enfant étranger d'un ressortissant de nationalité française si cet enfant a moins de vingt-et-un ans ou s'il est à la charge de ses parents ainsi que les ascendants d'un tel ressortissant et de son conjoint qui sont à sa charge, l'étranger qui est père et mère d'un enfant français résident en France, à la condition qu'il exerce même partiellement l'autorité parentale à l'égard de cet enfant ou qu'il subvienne à ses besoins, les enfants mineurs ou dans l'année qui suit leur dix-huitième anniversaire d'un étranger titulaire de la carte de résident, qui ont été autorisé à séjourner en France au titre du regroupement familial, l'étranger mineur venu rejoindre l'un de ses parents qui a obtenu le statut de réfugié ou l'un de ses parents apatride qui justifie de trois années de résidence régulière en France, l'étranger mineur ou dans l'année qui suit son dix-huitième anniversaire qui remplit les conditions de l'article 17 de la loi du 9 septembre 1986 dont l'un au moins des parents est titulaire de la carte de résident et l'étranger qui justifie par tous moyens avoir sa résidence habituelle en France depuis plus de quinze ans ou depuis qu'il a atteint au plus l'âge de dix ans ou qui est en situation régulière depuis plus de dix ans.

Valable pour dix ans, la carte de résident unique depuis la loi du 17 juillet 1984 confère à son titulaire la possibilité d'exercer la profession salariée de son choix. Les conditions de délivrance de cette carte sont toujours la résidence non interrompue et régulière d'au moins trois ans en France, le caractère suffisant et stable de moyens d'existence et le cas échéant les indications relatives aux conditions d'exercice de son activité professionnelle et aux raisons pour lesquelles il entend s'établir durablement en France. Selon les termes de la circulaire du 31 décembre 1984, la notion de moyens d'existence sera appréciée différemment selon que l'étranger est un travailleur salarié ou appartient à une autre catégorie professionnelle.

Enfin, c'est aussi à compter du 1er mai 1992 que les ressortissants tunisiens venant en France pour une visite médicale familiale ou privée doivent présenter un certificat d'hébergement émanant de la personne au domicile de laquelle ils vont résider. Mais des dispenses sont accordées aux conjoint, aux enfants mineurs de moins de dix-huit ans des ressortissants tunisiens titulaires d'une carte de résident ou d'une carte de séjour temporaire (62). L'attestation d'accueil établie par l'accueillant avec signature certifiée conforme reste en vigueur pour les ressortissants algériens et marocains.

Il est clair que, parmi ces cheminements du droit de l'immigration qui ont suscité controverses et polémiques, la question qui reste essentielle est celle de son effectivité. Nous l'aborderons dans son nouveau contexte. En effet, en mars 1993, la majorité conservatrice qui a remporté les élections législatives renvoie dans ce gouvernement de la cohabitation le dossier de l'immigration à la place Beauvau. Nous revoilà avec Charles Pasqua, ministre d'État et superministre de l'Immigration. Le ministre des Affaires sociales continue néanmoins à suivre le

---

(62) Décret n° 92-498 du 10 juin 1992, *JO*, 11 juin 1992, p. 7652. Le lecteur pourra se reporter à l'annexe 1 : « Le droit conventionnel » pour compléter son information.

dossier dans ses aspects sociaux et à travers la politique de la ville. Et les dernières réformes de 1993 en ce domaine laissent supposer qu'au lieu de penser le droit comme lien social, il est transformé en rapport de force entre des idéologies diverses.

4

1993 : l'inavouable évidence

Il est des événements phares qui éclairent et donnent à réfléchir. Ils pourraient même permettre de passer à un « commentaire théorique », car selon l'excellente formule de Bachelard « le temps des hypothèses décousues et mobiles est passé... désormais, l'hypothèse est synthèse... » Ainsi en est-il des débats sur les nouvelles lois du 22 juillet, du 24 août et du 30 décembre 1993 (1). En effet, si le caractère restrictif des droits des étrangers est connu, la prolifération des lois sur l'entrée et le séjour modifiant l'ordonnance du 2 novembre 1945 dénoncée, les enjeux et les conséquences de l'application des textes sur l'immigration le sont moins. Aussi n'est-il pas aisé de comprendre pourquoi telle situation particulière, celle d'un jeune étranger ayant des liens étroits avec la société française (soit du fait d'une arrivée en bas âge, soit du fait de l'ancienneté d'un séjour), ne peut se résoudre naturellement. En réalité, reflet non seulement du contexte conjoncturel, mais aussi par souci d'une réorganisation en profondeur du droit des étrangers, les nouvelles lois, s'inscrivant dans un mouvement législatif d'ensemble, ne sont-elles pas elles-mêmes source de déséquilibres ? Il est bien évident que ces lois ne sont pas seulement une transformation des textes précé-

(1) La loi n° 93-1027 du 24 août 1993 relative à la maîtrise de l'immigration et aux conditions d'entrée, d'accueil et de séjour des étrangers en France (*JO* 29 août 1993, pp. 12196) a été complétée par la loi n° 93-1417 du 30 décembre 1993 portant diverses dispositions relatives à la maîtrise de l'immigration et modifiant le Code civil (*JO* 1er janvier 1994, pp. 11-12).

dents. Elles sont aussi, même si on ne l'avoue pas clairement, un rempart pour réduire toutes les stratégies possibles laissées aux étrangers pour accéder à un séjour régulier ou acquérir la nationalité française. C'est là que ces lois puisent leurs racines. Les services du ministère de l'Intérieur, praticiens de la quotidienneté du droit des étrangers, connaissent bien les situations de fait et de droit permettant la délivrance d'un titre de séjour ou l'acquisition de la nationalité française. Dès lors, dans la lutte contre les détournements de procédure administrative au séjour des étrangers, contre la présence sur le territoire français de personnes en situation irrégulière ou troublant l'ordre public et dans la recherche d'une amélioration des chances d'intégration des étrangers en situation régulière dans la société française, ces lois ont transformé la substance même du droit des étrangers, qui jusqu'alors, bien que critiquable à certains égards, gardait par son caractère subalterne une certaine souplesse. Il s'ensuit une précarisation des droits des jeunes étrangers avec une accentuation des pouvoirs des agents de l'administration et un risque de recherche de voies de réglement, plus ou moins frauduleuses, pour régulariser leur situation sociale. Bien sûr, on aurait pu se cristalliser sur d'autres nœuds, mais il fallait peut-être que ce soit là, où les tensions sont les plus fortes, sur la question de l'immigration. En vérité, l'enjeu est d'une autre dimension, politique, peu innocent, servant de révélateur dans une société aux prises avec des bouleversements socio-économiques de grande ampleur, où le gouvernement doit adresser des messages à des publics les plus diversifiés.

La nouvelle loi Pasqua du 24 août 1993, modifiant l'ordonnance du 2 novembre 1945 relative aux conditions d'entrée et de séjour des étrangers en France (2), forme ce que Nicole Gui-

---

(2) Loi n° 93-1027 du 24 août 1993 relative à la maîtrise de l'immigration et aux conditions d'entrée, d'accueil et de séjour des étrangers en France, *JO*, 29 août 1993. 12196-12203 ; *JCP*, 1993 éd. G III, 66371. Elle a fait l'objet de plusieurs circulaires d'application du ministre de l'Intérieur, l'une du 3 août 1993 (*BO Intérieur* 93-3 pp. 13-19), l'autre du 8 septembre 1993 (*BO Intérieur* 93-3, pp. 20-92) abrogée et remplacée par la circulaire du 8 février 1994 portant application de la loi du 24 août 1993 et de la loi du 30 décembre 1993 (*BO Intérieur* n° 94/1, p. 113-203), des ministres des Affaires sociales, du Travail et de l'Intérieur, la circulaire DPM n° 93-26 du 24 septembre1993 et concernant le regroupement familial et l'accès aux droits sociaux des

mezanes a nommé « l'une des pièces essentielles de la politique de l'immigration ». Quel est le sens de cette réforme ? A lire les commentateurs, des objectifs clairs sont soulignés, non nouveaux et constamment rappelés depuis 1980 : lutter contre les détournements de procédure d'admission au séjour des étrangers et éloigner les personnes en situation irrégulière et celles qui troublent l'ordre public. Cette loi reprend de nombreuses dispositions contenues dans la première loi « Pasqua » du 9 septembre 1986 (3). Mais la réforme va plus loin. Elle englobe des dispositions relatives à l'accès au droit au séjour des jeunes étrangers (certificat d'hébergement (4)), à leur statut de droits privés (regroupement familial (5), mariage), à l'accueil des demandeurs d'asile (6) et inclut ainsi dans l'ordonnance de 1945 certains domaines qui relevaient précédemment de décrets et de circulaires. D'ailleurs, n'est-elle pas couplée avec une autre réforme, celle du droit de la nationalité du 23 juillet 1993 (7) ? Les cri-

---

étrangers (*TR* 93/23, pp. 35-48) abrogée dans son point I par la circulaire du 7 novembre 1994 relative au regroupement familial (*JO* du 9 novembre 1994, pp. 15939-15947) du ministre des Affaires sociales, de la Santé et de la Ville et du ministre de l'Intérieur et de l'Aménagement du territoire. Voir aussi le décret n° 94-963 du 7 novembre 1994 relatif au regroupement familial des étrangers, (*JO*, 9 novembre 1994, pp. 15936-15937) qui rend désormais caduc le dispositif issu du décret du 29 avril 1976 modifié par le décret du 4 décembre 1984. Voir aussi trois arrêtés du 7 novembre 1994 relatifs au dépôt des demandes de regroupement familial dans les services de l'OMI, au contrôle sanitaire des étrangers autorisés à séjourner, au modèle de demande de regroupement familial.

(3) Loi n° 86-1025 du 9 septembre 1986 relative aux conditions d'entrée et de séjour des étrangers en France, *JO*, 12 septembre 1986 ; *JCP*, 1986.III.59212 ; N. Guimezanes, « La loi du 9 septembre 1986 sur les conditions d'entrée et de séjour des étrangers en France », *JCP.*, 1987.I.3270 ; F. Julien-Laferriere, « Les nouvelles conditions de l'entrée et du séjour en France des étrangers », Act. Législ., *D.*, 1987.39 ; D. Perier Daville, « Commentaire de la loi n° 86-1025 du 9 septembre 1986 relative aux conditions d'entrée et de séjour des étrangers en France », *Gaz. Pal.*, 1987.1. Doctr. 1 ; D. Turpin, « La loi du 9 septembre 1986 sur les conditions d'entrée et de séjour des étrangers en France », *Rev. crit. dr. int. pr.*, 1986.507.

(4) Décret n° 82-442, 27 mai 1982, modifié par décret n° 91-829, 30 août 1991, *JO*, 31 août 1991 ; *JCP*, 1991, éd. G. III, 64993, modifié par décret n° 94-770 du 2 septembre 1994, *JO* 4 septembre 94, pp. 12841-12842.

(5) Décret n° 76-383, 29 avril 1976, *JO*, 2 mai 1976 modifié par décret n° 84-1080, 4 décembre 1984, *JO*, 5 décembre 1984 ; *JCP*, 1984, éd. G. III, 56447, modifié par Décret n° 94-963 du 7 novembre 1994, *JO* 9 novembre 1994, pp. 15936-15937.

(6) Circulaire du 17 mai 1985, *JO*, 23 mai 1985 ; *JCP*, 1985, éd. G. III, 57231.

(7) Loi n° 93-933 du 22 juillet 1993 réformant le droit de la nationalité, *J0*, 23 juillet 1993. 10342-10347. Le décret n° 93-1362 du 30 décembre 1993 relative à la manifestation de volonté, aux déclarations de nationalité, aux décisions de naturalisation, de

tères de reconnaissance de jeunes nationaux se sont modifiés. Le recours en annulation déposé par les parlementaires devant le Conseil Constitutionnel, se fondant sur la tradition républicaine du droit de la nationalité, n'a pas été retenu. Selon cette nouvelle loi, les jeunes nés en France de parents étrangers resteront étrangers entre leur naissance et leur manifestation de volonté de devenir français. A défaut de nationalité française, ce sera le droit au maintien sur le territoire français qui sera recherché. Les jeunes devront être à 18 ans en possession d'un titre de séjour, parfois dès l'âge de 16 ans pour pouvoir accéder à une formation rémunérée, ou pour occuper un emploi. Si la demande de carte de résident est présentée par un jeune au plus tard avant l'expiration du délai qui suit son dix-huitième anniversaire, la délivrance de la carte de résident n'est pas subordonnée aux conditions générales d'octroi de plein droit de cette carte (art. 15 al. 1). La menace pour l'ordre public, le séjour irrégulier, l'entrée irrégulière en France ne leur sont pas opposables. Et les mineurs étrangers de dix-huit-ans ne peuvent faire l'objet de mesures d'éloignement du territoire français.

Pour de bons esprits, ce qui est en jeu, dans ces textes, ce serait de protéger la société française en mutation, sans autres conséquences ou incidences sur son évolution. Les intentions seraient bonnes et il serait déplacé, nous dit-on, d'apporter critique à ces nouveaux textes. Je les apprécierai ici dans le miroir de la situation spécifique des jeunes étrangers. Ces textes marqueraient-ils une régression de la qualité de leur statut juridique en France ? Quelle protection leur est-il consentie aujourd'hui ? Quels risques entraînera l'application de ces réformes sur les effets de séjour et de conditions de vie des jeunes ? Ces dispositions légalisent-elles des pratiques déjà en vigueur, et lesquelles ? Améliorent-elles la lutte contre l'immigration clandestine et permettent-

---

réintégration, de perte, de déchéance et de retrait de la natinalité (*JO* du 31 décembre 1993) précise les formalités à observer dès l'instruction et l'enregistrement des déclarations de nationalité. La circulaire du 27 juin 1994 – Enregistrement des déclarations de nationalité par les juges d'instance – (Civ. 94-16 D3/27 juin 1994, *BO* du ministère de la Justice n° 54-1er avril-30 juin 1994, p. 86 et s.) complète le décret et les instructions des circulaires du 25 octobre 1993 de ce même ministère (Civ. 93-8 du 25 octobre 1993) et du 29 décembre 1993 (Civ. 93-12 du 29 décembre 1993, *BO* n° 52 p. 64 et *BO* n° 52 p. 91).

elles à des étrangers d'être rejoints par leur famille sans ennui excessif administratif ? La mise en place de ces nouvelles lois sera-t-elle un facteur d'intégration pour eux ou accentuera-t-elle au contraire leurs difficultés pour ne pas dire le champ de leur « galère » ?

Rapidement, toutes les observations (8) infirment deux hypothèses. D'abord, il existe une contradiction entre le discours juridique sur les flux migratoires et les mesures visant la protection particulière des mineurs et jeunes majeurs. Ensuite, la mise en œuvre de ces nouvelles lois accentue les difficultés d'intégration des jeunes.

Devenir jeune français aujourd'hui !

Le droit de la nationalité et la façon dont il est régulé obéissent aux représentations dominantes de l'intégration. Le passage de soixante propositions (9) élaborées par la commission de la nationalité à la proposition de loi n° 768 déposée par Pierre Mazeaud à l'Assemblée nationale, puis à un texte identique présenté au Sénat sous la signature de Charles Pasqua et adopté le 21 juin 1990 (10), ne rend pas plus aisée la réforme sur le droit de la nationalité. La période 1986-1990 est celle de la contestation de l'application, pour des jeunes étrangers nés et élevés en France de parents étrangers, du principe d'acquisition de la nationalité française par la manifestation de leur volonté. Le débat sur les jeunes, dits de la seconde génération, cristallise cette contestation et marque une transformation des références normatives vers la conception élective de la Nation (11).

La loi du 22 juillet 1993 entérine ce mouvement en reprenant ces textes, en les transformant : quand l'intégration des jeunes

(8) E. RUDE-ANTOINE (sous la direction), « Les jeunes étrangers, leur statut juridique et leur intégration », *op. cit.*

(9) M. LONG, *Etre Français aujourd'hui et demain*, t. 2, pp. 213 s.

(10) *JO*, Sénat (CR), 21 juin 1990 p. 1913.

(11) P. LAGARDE, *La nationalité française*, Paris, Dalloz, 1989, n. 146.

étrangers pose à la société française des questions et maux nouveaux, il ne s'agit pas de remettre en cause la conception traditionnelle de la nationalité (12), mais d'utiliser le droit de la nationalité comme instrument d'intégration. Deux orientations du droit de la nationalité apparaissent : la démarche volontariste impliquant pour les étrangers une adhésion aux valeurs communes de la société française et à ses règles de droit ou, au contraire, le droit automatique à la nationalité française comme principe fondamental reconnu par les lois de la République. A la fin des années 80, la première conception qui était rejetée quelques années plus tôt recevait un accueil assez favorable.

Autant par les nouvelles caractéristiques des immigrés que par les contradictions entre les différents niveaux de droit et leurs conséquences dans son application, les individus sont appelés à rechercher les bonnes bases du droit de la nationalité : celles d'une corrélation entre identité nationale et intégration.

Cette évolution se traduit légalement à l'occasion de cette loi du 22 juillet 1993 qui ne remet pas en cause les grands mécanismes d'attribution ou d'acquisition de la nationalité française, mais apporte des modifications fondamentales. Cette loi est importante dans l'histoire du droit de la nationalité. Sur le plan formel, elle réintègre le droit de la nationalité dans le Code civil, et abroge le Code de la nationalité. Sur le fond, elle est surtout présentée comme une redéfinition des conséquences de la naissance en France d'enfants de parents étrangers et de la naissance à l'étranger d'enfants de parents français. Elle indique ainsi une étape décisive de la place réservée aux jeunes en France.

Essentiellement dominée par les questions d'intégration et des banlieues, cette loi donne toute sa place à la liberté individuelle. Ce changement dans la conception juridique est capital. Sans doute, s'inscrit-il de façon plus inconsciente dans la lignée de l'idéologie « libérationniste » où le mineur et le jeune majeur ne doivent plus être sous l'emprise des adultes (13). Ne nourrit-il pas aussi une vision utilitariste du droit ? Au-delà de ces effets, il

---

(12) Définie comme « l'appartenance juridique et politique d'une personne à la population constitutive d'un État » P. LAGARDE, *Ibid.*, n. 1.

(13) Les lecteurs pourront se reporter à l'excellente analyse des droits de l'enfant de l'ouvrage d'Irène THERY, *Le démariage*, Paris, Éd. O. Jacob, 1993 pp. 337 et s.

suscite corrélativement des précisions : la définition du rôle de l'État dans le processus d'acquisition de la nationalité française.

Lorsque Charles Pasqua présente la réforme de la nationalité dans l'arrière chambre du Garde des Sceaux ! (La nationalité relève du domaine du ministère de la Justice), il n'y a pas de surprise : l'immigration en général et, plus particulièrement, la lutte contre l'immigration clandestine étaient des thèmes de la campagne électorale. On sourit des arrières-pensées politiques, mais finalement on vote le texte. L'acquisition de la nationalité française par naissance et résidence en France a suscité les plus vives passions et polémiques.

Le droit des étrangers nés et élevés en France n'a pas été remis en cause. Mais les conditions objectives ont été redéfinies. Et on a donné une place particulière, discutée et discutable à la manifestation de volonté pour acquérir la nationalité française. Les articles 21-7 à 21-11 nouveaux du Code civil sont entrés en vigueur le 1er janvier 1994. Ainsi « tout étranger né en France de parents étrangers peut (...) acquérir la nationalité française à condition qu'il en manifeste la volonté, qu'il réside en France à la date de sa manifestation de volonté et qu'il justifie d'une résidence habituelle en France pendant les cinq années qui la précèdent » (14). La date de la prise en compte de la résidence est modifiée. Ce n'est plus celle de la majorité mais celle de la manifestation de la volonté. Des dispenses sont accordées à la condition de résidence habituelle. Les exemples les plus clairs concernent précisément l'article 21-7 : « Est dispensée la personne qui appartient à l'entité culturelle et linguistique française, lorsqu'elle est ressortissante des territoires ou États dont la

(14) Les jeunes Algériens ne pourront toutefois prétendre à la nationalité française que si l'un des parents réside en France depuis au moins cinq ans. Parmi les nouvelles dispositions, celle-ci n'a pas suscité l'unanimité. Elle a provoqué de nombreuses critiques : remise en cause du droit au sol, reniement du passé, méconnaissance du principe d'égalité, marque de défiance à l'égard des Algériens. Pourtant le Conseil constitutionnel n'a pas jugé ce nouvel article 28 al. 2 de la loi du 9 janvier 1973 inconstitutionnel : il n'y a pas eu « égard à l'objectif d'intégration que s'est fixé le législateur méconnaissance du principe d'égalité à instaurer des différences selon que les parents des enfants nés en France sont eux-mêmes nés sur un territoire demeuré français ou ayant ultérieurement accédé à l'indépendance ». D'ailleurs, cette nouvelle disposition vise non les jeunes nés en France de parents algériens mais surtout les femmes algériennes qui venaient accoucher en France pour que leur enfant soit français et qui repartaient ensuite dans leur pays.

langue officielle ou l'une des langues officielles est le français, soit lorsque le français est sa langue maternelle, soit lorsqu'elle justifie d'une scolarisation minimum de cinq années dans un établissement enseignant en langue française », et l'article 21-11 du Code civil : « Est dispensé l'étranger né en France de parents étrangers qui est régulièrement incorporé en qualité d'engagé ou en vue de l'accomplissement du service national actif, avant l'âge de 21 ans accomplis ». La régularité administrative du séjour n'est toujours pas exigée (15). Il serait fort préjudiciable d'opposer à un jeune qui manifeste sa volonté de devenir français l'irrégularité de son séjour en France.

Le retour de la suspicion

Ce qui a été l'objet d'un débat, c'est encore le principe de la prise en compte de certaines condamnations pénales. Beaucoup de députés continuent d'être persuadés que « la loi pénale exprime les valeurs communes essentielles d'une société et les infractions qu'elle définit doivent être sanctionnées, en sus des condamnations, par des incapacités telle que la privation de l'accès au statut de la nationalité française (16) ». Cet argument est fort inquiétant, non seulement parce qu'il sanctionne doublement les étrangers, mais aussi parce qu'il ne respecte pas les principes de protection de la législation pénale à l'égard des mineurs. Est-ce le rôle du juge des enfants d'arbitrer en matière de nationalité ? Devrait-il être plus sévère avec les enfants étrangers ? Des députés s'en préoccupent et s'y opposent. Pour eux, cette disposition crée une discrimination. Ils ne voient dans l'infraction qu'une difficulté d'intégration sociale et non d'intégration nationale. La loi s'arrogerait un droit d'intervenir dans la vie sociale de façon contestable. Ainsi, le parlement s'est refusé à tenir compte des condamnations pénales prononcées à

(15) P. LAGARDE, *op. cit.*, n. 145.
(16) Comm. Nat. *Rapport précité* n° 1 p. 159.

l'égard des mineurs. Cette position entre dans la logique même de la protection des mineurs. Mais encore une fois, le sort des jeunes majeurs qui désirent acquérir la nationalité française n'est pas résolu. De plus, si les jeunes peuvent déposer leur manifestation de volonté d'acquérir la nationalité française devant un préfet, un maire, un commandant de brigade de gendarmerie, un juge d'instance du domicile du jeune, seul, ce dernier est compétent pour procéder à l'enregistrement de la manifestation de la volonté acquisitive de la nationalité à raison de la naissance et est tenu de remettre au jeune un récépissé daté dès qu'il a reçu la totalité des preuves de la recevabilité de la manifestation de volonté (17). Concrètement, ne risque-t-on pas d'assister à un engorgement des tribunaux du fait de l'afflux de dossiers – plus de 20 000 dossiers devront être traités par année – et, par répercussion, à la lenteur de la justice.

Si une philosophie législative relève de l'idée que la loi doit avoir un rôle pédagogique et contribuer à l'intégration, la loi du 22 juillet 1993 s'écarte de cette conception. Loin de faciliter l'intégration, elle crée des situations identitaires tragiques et des conflits familiaux. Pour éviter toutes les pressions familiales, l'article 17-3 du Code civil permet la démarche sans autorisation pour le mineur de 16 ans. Cette précaution n'a rien de réaliste : elle ne peut que très exceptionnellement lutter contre la logique et le poids des familles. Le scénario de la « nationalité paisible » n'est pas vécu ainsi par tous les jeunes étrangers. Le jeune est une composante de la famille et il est souvent soumis à l'autorité paternelle. Or, de nombreuses jeunes filles originaires du Maghreb ou d'Afrique subsaharienne doivent ainsi choisir entre la position du père et la nationalité française. Parfois même s'y mêle un chantage au retour forcé au pays, voire au mariage. A partir du moment où l'on demande à un jeune de choisir, ce choix si l'on veut bien y réfléchir implique une réflexion très approfondie des liens familiaux. La loi a imposé l'obligation de la manifestation de volonté entre 16 et 21 ans et exclut toute possibilité de renonciation anticipée. La loi supprime la possibilité

(17) Circulaires 93-8 du 25 octobre 1993, 93-12 du 29 décembre 1993 et 94-16 du 27 juin 1994, *op. cit.*

de devenir français avant 16 ans. Elle marque ainsi un recul fondé sur l'idée de lutter contre des détournements de procédure : certains parents utilisaient la qualité de Français de leurs enfants pour obtenir la carte de résident 10 ans. Mais, chacun sait que la portée de cette disposition est limitée puisque le législateur n'a pas supprimé les autres hypothèses prévues à l'article 55 alinéa 4 d'obtention de la nationalité française : adoption simple, recueil et éducation de l'enfant par un Français ou par l'Aide sociale à l'enfance, enfant recueilli et éduqué pendant cinq ans au moins par un organisme privé habilité ou public.

Or, plutôt que de lutter efficacement contre les fraudes, cette loi conduit un certain nombre de jeunes à dépendre des dispositions de l'ordonnance de 1945 modifiée relative à l'entrée, au séjour et à l'éloignement. Même si ces jeunes peuvent choisir la nationalité française entre 16 et 18 ans sans opposition permise des autorités, entre 18 et 21 ans avec opposition possible pour des raisons pénales, une partie d'entre eux ne fera pas cette démarche soit par préférence, soit par méconnaissance de la loi ou soit par négligence. Pourtant, on construit l'idée d'une bonne information. On dit alors compter sur l'aide du ministre de l'Éducation nationale pour que l'information soit divulguée dans les établissements scolaires, sur celle des médias, des administrations, des centres sociaux, des associations de quartiers, des missions locales (18). Simone Veil, ministre des Affaires sociales, de la Santé et de la Ville, présente au conseil des ministres le 14 septembre 1994 une communication sur cette campagne d'information : deux tiers des jeunes concernés devaient avoir manifesté leur volonté de devenir français en 1994. Cependant, n'a-t-on pas manqué l'essentiel du problème, à savoir une approche plus pragmatique de la question ? En effet, cette information dans les lycées met sur la scène publique une

---

(18) Christiane DUCASTELLE, chargée par Simone VEIL et par Pierre MÉHAIGNERIE, Garde des Sceaux à l'époque, d'un rapport sur le sujet « a préconisé une information radio-télévisée, la formation de personnes-relais dans les établissements scolaires et l'inscription de la question dans les programmes d'éducation civique ». Son rapport est resté lettre morte. Les jeunes n'ont reçu que quelques dépliants et les informations de quelques associations.

question qui était jusque-là d'ordre privé. Les élèves ignoraient souvent les origines étrangères de leurs camarades et certaines élèves, ne s'affichant pas comme étrangers, ont eu l'impression d'être ainsi repérés. De plus, le jeune doit pour obtenir la nationalité française présenter son extrait d'acte de naissance et prouver qu'il a vécu en France dans les cinq dernières années. Bien sûr, le jeune scolarisé, le salarié ou l'apprenti obtiennent facilement cette preuve. Mais qu'en est-il du chômeur ou de celui qui ne s'est pas inscrit à l'ANPE ? Si la manifestation de la volonté doit être exprimée personnellement par le jeune qui ne peut pas se faire représenter, que peuvent faire les jeunes handicapés physiques ou mentaux, de seize à dix-huit ans, pour lesquels il n'existe pas de procédure de représentation de droit commun ? Les jeunes les plus exclus risquent d'être les premières victimes. Dès lors, n'est-ce pas donner de belles images qui sont bien loin du réel ?

Les paradoxes du nouveau régime juridique

La loi du 24 août 1993, réformant les conditions d'entrée, de séjour et d'éloignement des étrangers en France, par ses dispositions comme par les commentaires qui l'ont suivie, offre un exemple de paradoxe de la situation française. Elle n'a presque pas fait l'objet de revendication sociale par rapport aux huit précédentes réformes successives au cours des douze dernières années. Cette unanimité apparente reposerait sur un consensus dans les principaux partis politiques comme dans la majorité de la population sur la nécessité d'une politique consistant à maîtriser les flux migratoires pour mieux intégrer les étrangers résidant régulièrement en France. Quarante-et-un articles du projet modifiant l'ordonnance du 2 novembre 1945 et plusieurs codes et lois particulières se proposent de remédier aux lacunes des réformes précédentes « qui visaient à combiner une meilleure maîtrise des flux migratoires et l'octroi aux étrangers durablement installés en France de manière régulière de garanties de stabilité juridique. Ce projet dénonce ainsi l'importance donnée à l'une ou l'autre de ces préoccupations selon les périodes » (19).

Le souci de codification de la législation relative aux étrangers, la volonté de maîtrise des flux migratoires, le meilleur respect des législations en vigueur, la protection des valeurs essentielles de la société française nourrissent tous les débats. On évoque aussi la prise en compte des nouvelles réalités européennes. Les mots d'abus, de détournement, d'insertion, plusieurs fois repris, sont les cristallisateurs autour de cette réforme unissant d'ailleurs des commentateurs aux horizons assez hétérogènes.

Un édifice juridique trop encombré

Les parlementaires se réfèrent aux actions des précédents gouvernements. On cite les commentaires de deux magistrats de l'ordre administratif après la promulgation de la loi de 1986 : « Chaque gouvernement, chaque législature tient à apporter sa griffe personnelle au droit des étrangers, avec l'intention affirmée de rompre radicalement avec les errements précédents. De là un constant remaniement des textes, d'où la lecture non avertie peut tirer la conviction qu'effectivement tout change toujours. En fait, le régime juridique des étrangers représente en permanence, quelle que soit la majorité au pouvoir, un équilibre entre deux exigences contradictoires : celle qui dicte la volonté de préserver l'ordre public et celle qui résulte du souci de maintenir intactes des qualités d'accueil et d'ouverture qui ne font qu'exprimer un certain humanisme français. Cet équilibre est, par nature, instable et se déplace certes au gré des courants politiques et sociaux ; il demeure un équilibre, dont aucune des deux

(19) Il faut rappeler ici que la réforme sur l'immigration est intervenue en France dans un moment particulier de cohabitation entre un président de la République de gauche, un gouvernement de droite. Édouard BALLADUR est à l'époque Premier ministre. Projet de loi n° 267 présenté à l'Assemblée nationale le 2 juin 1993, p. 2.

composantes n'est jamais supprimée » (20). On dénonce ici des exigences contradictoires et celles-ci sont perçues comme difficilement remédiables, soumises au gré des intérêts des politiques.

Certes, à la séance du 20 avril 1993 devant l'Assemblée nationale, une proposition de loi insiste sur la nécessité « d'affirmer par voie législative le principe selon lequel le droit à une vie familiale normale ne saurait concerner que les familles monogames dans notre pays » et sur celle « de limiter cette procédure aux seuls étrangers résidant pour une longue durée sur notre territoire... et à même d'assurer, dans des conditions matérielles convenables, le séjour de leur famille en France » (21). A la même séance, deux autres propositions de loi dégagent un consensus d'idéologie sur le besoin d'une nouvelle réforme : l'une tend à aggraver les peines applicables en matière d'entrée ou de séjour irrégulier des étrangers en France (22), l'autre souhaite revenir aux dispositions de la loi du 9 septembre 1986 et créer un office central pour la répression de l'immigration clandestine (23). On présente aussi à l'Assemblée nationale le 27 avril 1993 une proposition de loi sur les conditions d'attribution des prestations d'Aide sociale (24) et le 4 mai 1993 une autre sur les fraudes à mariage (25).

Toutes ces propositions de loi ne sont pas intégralement reprises dans le projet de loi. En matière de regroupement familial, deux dispositions sont satisfaites : l'interdiction de cette procédure au profit d'un second conjoint d'un étranger polygame, l'obligation pour l'étranger de justifier des revenus et logement nécessaires pour faire venir sa famille. Une autre ne l'est que partiellement : il s'agit du rôle du maire qui n'interviendra qu'à titre consultatif.

---

(20) Jean-Denis CAMBRESCELLE et Daniel CHABANOL, Jean-Philippe PHILLIBERT, Le régime juridique des étrangers en France, G.P. 26 septembre 1987 in Rapport Assemblée Nationale n° 326 pp. 13-14.

(21) Proposition de loi tendant à organiser les conditions permettant le regroupement familial présentée par Pierre MAZEAUD et Robert PAUDRAUD, députés RPR le 20 avril 1993, A. N. n° 37.

(22) A. N. n° 49 présentée par Pierre MAZEAUD.

(23) A. N. n° 50 présentée par Pierre MAZEAUD.

(24) A. N. n° 104 présentée par Jean-Louis MASSON.

(25) A. N. n° 132 preséentée par Jacques MASDEN-ARUS.

C'est donc par la combinaison d'éléments divers que se produit un certain consensus sur le besoin d'une nouvelle réforme des lois de l'immigration. Ce qui est évoqué là, c'est l'interrogation très classique de l'effectivité de la loi : « On ne cachera pas que le contrôle des flux migratoires est un art tout d'application. Sans un bon fichier informatique ou dactyloscopique, une disposition législative peut rester une pétition de principe. Mais, comme l'a dit le ministre d'État lors de son audition devant la commission des lois, la loi ne saurait fonder son ineffectivité sur ses propres défaillances. Il est donc indispensable de légiférer » (26). La question de l'effectivité de la loi est encore évoquée au cours de la discussion générale du projet par des commissaires. Ernest Chenière s'interroge sur les moyens de rendre effectif le délai de deux ans préalable à tout regroupement familial. Jacques Floch, à son tour, se questionne sur l'efficacité du dispositif proposé compte tenu de la quasi-impossibilité de mesurer la réalité de l'immigration clandestine.

Mais, c'est aussi la nécessité d'une politique d'intégration efficace. Bien sûr, elle est indissociable de la maîtrise de l'immigration, d'actions d'intégration, de scolarisation, de formation, des prestations sociales. Or, la maîtrise de l'immigration n'est ni acquise, ni totale. Le contrôle des flux aux seules frontières de la France n'a pas de sens et ne peut être efficace hors du cadre européen. La clé de sa réussite réside encore dans la coopération avec les États d'où viennent les flux migratoires. La réalité migratoire dévalorise la loi. On souligne dans le rapport de Jean-Philippe Phillibert que « la fraude, les abus, l'impunité sont les fléaux qui affectent la politique française d'immigration et ruinent son crédit à l'intérieur comme au-delà des frontières » (27). Et cette politique d'immigration que l'on discrédite, on la présente aussi comme une atteinte aux étrangers eux-mêmes, les premières victimes : « La mauvaise immigration chasse la bonne. La France est un pays d'accueil ; elle doit le rester, mais cette tradition est menacée par le sentiment qu'ont les Français de l'impuissance de l'État face à l'immigration irrégulière » (28).

---

(26) Rapport Jean-Philippe PHILLIBERT et avis. Jacques MYART, A. N. n° 326, 10 juin 1993, p. 8.

(27) Rapport de Jean-Philippe PHILLIBERT, *Ibid.*, p. 7.

(28) Rapport de Jean-Philippe PHILLIBERT, *Ibid.*, p. 7.

On discutera amendement après amendement aux séances de l'Assemblée nationale, puis à celles du Sénat. Des modifications sont proposées qui ne remettent pas en cause les principes directeurs du projet. La Commission mixte paritaire propose un nouveau texte sur les dispositions restant en discussion (29). Quatre-vingt-six députés et soixante sénateurs défèrent devant le Conseil constitutionnel le 15 juillet 1993, conformément à l'article 61 de la Constitution, cette loi dite « Pasqua ». Les exposants soulignent que cette loi rompt avec la tradition républicaine, supprime des garanties légales de caractère constitutionnel (liberté individuelle, droits de la défense, principe d'égalité devant la loi, droit à une vie familiale normale...), ne respecte pas les engagements internationaux contractés par la France. Ils demandent de la déclarer non conforme à la Constitution (30). Le Conseil constitutionnel a censuré quelques dispositions (31). Dans un prologue relatif aux normes de constitutionnalité, La Haute juridiction rappelle qu'en matière d'accès et de séjour sur le territoire national, les étrangers sont placés dans une position différente de celle des nationaux. Cependant, les libertés et droits fondamentaux reconnus à tous ceux qui résident sur le territoire de la République doivent être respectés et combinés avec l'ordre public. Elle a émis pour chaque disposition un contrôle de constitutionnalité. Certaines dispositions ont été annulées, d'autres ont été assorties de directives sur la manière d'interpréter certaines dispositions. Pour tenir compte de ces annulations, un nouveau projet a été déposé devant le Parlement et la Constitution a été complétée par l'article 53-1.

Il existe donc une forme de consensus sur la loi du 24 août 1993 imposée par le rapport de force politique. Le gouvernement Balladur de l'époque a fait de cette loi une priorité. La nouvelle majorité parlementaire a profité d'une grâce politique et du silence d'une opposition en état chaotique pour imposer ses vues. Mais alors surgit une question : en quoi cette loi se révèle refondatrice, novatrice de la place du jeune étranger en France ?

---

(29) Rapport n° 461 A. N. et n° 420 Sénat présenté par Jean-Philippe PHILLIBERT et P. MASSON à la séance du 10 juillet 1993.

(30) Saisine du Conseil constitutionnel, *JO*, 18 août 1993, 11731-11738.

(31) Cons. Const. Décision n° 93.325 D. C. du 13 août 1993, *JO*, 18 août 1993, 11722-11730.

La concrétisation législative du regroupement familial

Saisi par le Premier ministre de l'époque, M. Edouard Balladur, le 2 juin 1993, la Commission nationale consultative des Droits de l'homme estime que les nouvelles mesures « rendent le regroupement familial, expression du droit à une vie familiale normale, pratiquement impossible dans de nombreux cas et dénient matériellement aux mineurs le droit élémentaire de tout enfant de vivre avec ses parents » (32).

Si le règlement du 15 octobre 1968 le consacre d'une manière large pour les ressortissants d'un État de la communauté (33), avec le décret du 29 avril 1976, le statut des étrangers non communautaires n'était pas aussi favorable. Ils devaient, rappelons-le, justifier d'une année de résidence en France en situation régulière, avoir des ressources suffisantes pour subvenir aux besoins de leur famille, disposer d'un logement adapté à son accueil (34).

L'augmentation du chômage avait conduit le gouvernement à prendre un décret le 10 novembre 1977 (35), suspendant pendant trois ans l'admission en France dans les conditions prévues par le décret de 1976 des membres de la famille d'un étranger, à l'exception de ceux ne sollicitant pas l'accès à l'emploi. Ce décret a été annulé par un arrêt d'assemblée du Conseil d'État qui se fondait sur le préambule de la Constitution du 27 octobre 1946 : « Les étrangers résidant règulièrement en France ont,

(32) *T. S. A.*, 11 juin 1993, n° 460.

(33) Régl. n. 1612/68, 15 octobre 1968, art. 10 et 12 : *JO* CE. 19 août 1968 : Ils peuvent faire venir leur conjoint, leurs descendants de moins de vingt et un an ou à charge, leurs ascendants et ceux de leur conjoint qui sont à charge (art. 10-1)). Les conditions exigées sont celles d'un logement considéré comme normal (art. 10-3). Le conjoint et les enfants mineurs à charge ont droit d'accès à une activité salariée. Les grands arrêts de la Cour de Justice des Communautés parlent de « ressortissants communautaires », dotés d'une identité transnationale qui leur confère des droits opposables à ce titre aux autorités nationales et les distingue désormais de l'étranger. J. Boulouis et R. M. Chevallier, *grands arrêts de la Cour de Justice des Communautés européennes*, Tome 2, 3e éd., p. 78.

(34) Les conditions n'étaient pas exigées de l'étranger qui avait obtenu le statut de réfugié, pour l'apatride justifiant de trois années de résidence régulière en France, pour le père et la mère titulaire d'une carte résident d'un enfant qui n'avait pas dix-neuf ans remplissant les conditions de l'article 17 de la loi du 9 septembre 1986, pour un Français qui ouvrait droit au regroupement familial.

(35) Décret nos 77-1239 du 10 novembre 1977, *JO*, 11 novembre 1977, p. 5397.

comme les nationaux, le droit de mener une vie familiale normale et ce droit comporte, en particulier, la faculté de faire venir auprès d'eux leur conjoint et leurs enfants mineurs » (36).

La différence des deux regroupements communautaire – non communautaire a été accentuée par le décret du 4 décembre 1984 (37) qui a supprimé la possibilité de régularisation des familles entrées en France hors de la procédure du regroupement familial.

La nouvelle loi, plus restrictive, les nouveaux décret et circulaire du 7 novembre 1994 relatifs au regroupement familial accentuent encore les différences. Pourtant, les conditions imposées aux premiers devraient être étendues à tous. La légalisation risque de diminuer les possibilités pour un conjoint et les enfants de mener une vie familiale normale.

La réforme, par ses articles 29, 30 et 30 bis nouveaux de l'ordonnance de 1945, ne tient pas compte des réalités quotidiennes des familles étrangères. Plus précisément, selon le nouvel article 29, désormais, pour faire venir ses enfants, l'étranger doit avoir séjourné régulièrement en France depuis deux ans.

Les jeunes susceptibles de bénéficier du regroupement familial doivent être hors de France au moment de la demande. La loi ajoute même une sanction, le retrait du titre de séjour, pour l'étranger qui aura fait venir son fils ou sa fille hors de la procédure. Et les étudiants titulaires d'un titre de séjour temporaire ne peuvent plus faire venir leur famille dans ce cadre-là. Mais encore, l'étranger a le droit de se faire rejoindre au titre du regroupement familial par les enfants du couple, mineurs de dix-huit ans, par les enfants mineurs de dix-huit ans du demandeur, et ceux de son conjoint si, au jour de la demande, la paternité de l'autre parent n'est pas établie ou si celui-ci est décédé ou déchu de ses droits parentaux.

La définition de l'enfant est donnée par le dernier alinéa de l'article 7 de l'ordonnance de 1945 modifiée : l'enfant légitime ou naturel ayant une filiation légalement établie, ainsi que l'enfant adopté, sous réserve de la vérification par le ministère

---

(36) Cons. d'État, 8 déc. 1978, *Rec Cons. État*, p. 493.
(37) Décret n° 84-1050 du 4 décembre 1985, *JO*, 5 décembre 1984, p. 3733.

public, de la régularité de l'adoption lorsqu'elle a été prononcée à l'étranger. Autrement dit, la loi accorde au ministère public un grand pouvoir d'appréciation de la régularisation de la décision d'adoption. Or, la vérification de l'authenticité d'un acte étranger peut-elle être véritablement assurée ? Nous n'avons, sur cette question, que l'avance de l'expérience d'une recherche (38) en matière de délégation d'autorité parentale. Autrement dit, peu de données. Toutefois, l'enquête auprès des tribunaux a révélé la difficulté de connaître la réalité de la production des actes étrangers confiant les enfants des délégants en France. A fortiori, dans le cas d'adoption, la vérification aura aussi ses limites.

Cette définition exclut encore les enfants placés sous tutelle par décision judiciaire en raison du décès de leurs parents, et les enfants abandonnés à la naissance et recueillis alors que la circulaire du 21 février 1991 recommandait un examen attentif de ces situations. N'exclut-elle pas aussi les enfants confiés par décision judiciaire dans le cadre de la procédure de délégation d'autorité parentale ? L'exigence que le parent soit seul titulaire de l'autorité parentale élimine aussi de cette procédure les enfants dont les parents divorcés ont la garde conjointe.

La nouvelle loi dans son alinéa 5 exige un regroupement familial groupé. Il peut être partiel après une autorisation pour des motifs tenant à l'intérêt de l'enfant (39). Une telle modification aura de graves conséquences puisque de nombreux jeunes viennent dans ce cadre pour rejoindre un seul de leurs parents. La disposition autorisant le regroupement partiel, introduite à la demande du ministère des Affaires sociales, de la Santé et de la Ville, permet que ne soit pas violée la Convention sur les Droits de l'enfant (Article 10) qui reconnaît le droit pour les enfants de venir rejoindre leurs parents résidant dans un autre pays que le leur. Comment alors apprécier l'intérêt de l'enfant ? On sait que cette notion « intérêt de l'enfant » est sujette à interprétations

---

(38) E. Rude-Antoine (sous la direction), « Les jeunes étrangers, leur statut juridique et leur intégration », *op. cit.*

(39) Décret n° 94-963 relatif au regroupement familial, *JO*, 9 novembre 1994. Ce décret précise que si les étrangers ne veulent pas faire venir certains de leurs enfants, ils doivent justifier les motifs pour des raisons de santé, de scolarité ou de conditions de logement.

variées dans le temps, dans l'espace, mais aussi selon les acteurs. Le regroupement familial est de plus en plus voulu comme un processus restrictif. Cette concrétisation législative du regroupement familial engendre aujourd'hui d'autres perceptions. De même que les jeunes demeurent dans un entre-deux complexe entre ici et là-bas, de même le regroupement familial est devenu une volontaire régression. Non seulement le jeune n'obtient pas sans l'expression de sa volonté la nationalité française, mais le regroupement familial devient presque le seul cadre légal pour l'immigration où se déploient toutes les subtilités en vue d'un statut.

Des enquêtes (40) permettent d'avancer dans l'interprétation de tous ces paradoxes. Révélant la difficulté d'accueillir une personne de la famille au titre du regroupement familial, compte tenu des contraintes de logement et de ressources, ces études montrent comment sont exclues ainsi les familles nombreuses. Or, le regroupement familial peut recevoir plusieurs cas de figure. Souvent la famille se reconstruit petit à petit en recherchant des solutions pour répondre aux normes de logement prescrites. Un fils venu au titre du regroupement familial va ensuite vivre dans un foyer pour permettre à un autre frère de venir à son tour chez le père. Or, le texte est clair. Le demandeur doit disposer d'un logement considéré comme normal pour une famille de même composition vivant en France (cette formulation reprend celle utilisée dans la circulaire du 4 janvier 1985, alors que le décret du 29 avril 1976 parlait de conditions de logement adaptées). Mais les choses ne sont pas si simples. Satisfaire à la condition de logement normal consiste à répondre aux normes de l'allocation logement. Or, cette condition est un véritable obstacle à la venue des membres de la famille. Il aurait été préférable de l'alléger et d'insister plus sur le critère de la décence du logement.

Le regroupement familial peut aussi être refusé si le demandeur ne justifie pas de ressources personnelles, stables et suffisantes. Désormais, il n'est plus pris en compte parmi les sources de revenus, les prestations familiales. Les ressources sont obli-

---

(40) E. RUDE-ANTOINE (sous la direction), « Les jeunes étrangers, leur statut juridique et leur intégration », *op. cit.*

gatoirement égales ou supérieures au SMIC. Selon notre enquête (41), les familles ont des revenus peu élevés, y compris avec l'apport des prestations familiales. La réforme ne définit pas clairement la notion de stabilité. Prendra-t-on en compte la situation actuelle de l'emploi en France afin de ne pas exclure de la procédure l'étranger titulaire d'un contrat à durée déterminée ou l'étranger intérimaire ?

Les mesures limitatives au regroupement familial dans le cadre des mariages polygamiques (42) forme aussi une part des interrogations autour de la jeunesse. Un jeune, après le décès de sa mère, deuxième épouse de son père, pourra-t-il bénéficier d'une procédure de regroupement familial, alors que son père vit déjà en France avec sa première épouse et l'enfant de celle-ci ? ou encore un jeune, dont les relations avec sa mère sont distendues, pourra-t-il au titre du regroupement familial venir rejoindre son père qui vit en France avec une autre épouse ? Ne réduisent-elles pas l'étranger à une simple catégorie juridique, indépendamment de tout lien privé ? Des réserves (43) s'imposent pourtant lorsque

---

(41) E. RUDE-ANTOINE (sous la direction), « Les jeunes étrangers, leur statut juridique et leur intégration », *ibid.*

(42) Article 30 « Ne peut bénéficier du regroupement familial l'épouse d'un étranger polygame et les enfants de celle-ci lorsque cet étranger réside déjà sur le territoire français avec une autre épouse. En conséquence, le titre de séjour sollicité ou obtenu par cette épouse peut-être, selon le cas, refusé ou retiré. Le titre de séjour d'un ressortissant étranger polygame qui a fait venir auprès de lui plus d'une épouse ou ses enfants, peut être également retiré ». Selon la circulaire du 7 novembre 1994 relative au regroupement familiale du ministre des Affaires sociales, de la Santé et de la Ville et du ministre de l'Intérieur et de l'Aménagement du territoire, *op. cit.* à propos des enfants de polygames, seuls les enfants du demandeur et de son conjoint admis au titre du regroupement familial peuvent bénéficier du regroupement. Sont exclus par conséquent les enfants d'un autre conjoint non admissible au regroupement familial sauf lorsque celui-ci est décédé ou déchu de ses droits parentaux. Cf. aussi sur la question du refus et du retrait de la carte de résident, la circulaire du 8 février 1994 du ministre de l'Intérieur et de l'Aménagement du territoire, *op. cit.*

(43) Dans un souci de protection des femmes et des enfants, le groupe de travail interdisciplinaire sur la polygamie à la Cimade propose quelques mesures dans un rapport intitulé « Polygamie, des femmes et des enfants », notamment « En cas de séjour au pays pourqu'une épouse ne vienne pas la remplacer, la femme pourra informer la mairie de son voyage et de celui de ses enfants. Aucun certificat d'hébergement ne sera délivré àune autre épouse ou aux enfants de celle-ci pendant son absence » ; « Lorsqu'une coépouse est dans l'obligation de quitter le foyer avec ses enfants, elle devrait pouvoir accéder à une structure intermédiaire d'accueil et d'accompagnement pour quelques temps. Les allocations familiales devraient lui être automatiquement attribuées. Le mari ne pourra faire venir une autre épouse au titre du regroupement familial sans avoir fait la procédure de divorce ou de séparation de fait ».

l'on pense aux femmes et aux enfants qui subissent le plus souvent cette situation complexe.

Si quelques dispositions sont stupéfiantes, c'est d'abord parce qu'elles rendent sensibles le poids de cette loi pour les étrangers et que ce qui paraissait encore aller de soi avant sa promulgation, à savoir le droit à une vie familiale normale, semble de plus en plus aléatoire. Par souci d'une maîtrise rigoureuse de l'immigration familiale, n'ouvre-t-on pas un espace d'incertitude sur ce qui paraissait presque acquis ? Qu'est-ce alors le droit de vivre une vie familiale normale sinon dans ce cadre un imaginaire plein de bonnes intentions !

Il reste un dernier point : ce sont les modalités du regroupement familial précisées entre autres par plusieurs arrêtés du 7 novembre 1994 du ministre des Affaires sociales, de la Santé et de la Ville et du ministre de l'Intérieur et de l'Aménagement du territoire. Ces modalités comportent autant de variétés que de catégories d'étrangers. Elles ne sont pas très favorables aux ressortissants non communautaires. Le regroupement familial est conditionné par une demande d'autorisation d'accès et de séjour en France des membres de la famille, bénéficiaires de la procédure, au préfet de département de sa résidence qui vérifie si les conditions exigées sont remplies. L'article 29-II de la nouvelle loi exige une condition supplémentaire : l'avis du maire de la commune de résidence de l'étranger, ou du maire de la commune où il envisage de s'établir sur les conditions de ressources et de logement du demandeur. Le décret du 7 novembre 1994 précise que cet avis motivé porte sur les conditions de ressources et de logement du demandeur et doit intervenir dans un délai de deux mois. Il ne s'agit que d'une simple consultation. Pourtant, Le pouvoir accordé ainsi au maire dans la procédure ne fait-il pas double emploi avec la vérification par les agents de l'OMI dont on sait qu'elle n'est pas formelle ? Les entretiens (44) avec les jeunes nous confiment que la procédure respecte des règles précises (conditions de ressources et d'habitat). Mais, n'y a-t-il pas un risque d'arbitraire dans la volonté et les modalités d'accueil ?

(44) E. RUDE-ANTOINE (sous la direction), « Les jeunes étrangers, leur statut juridique et leur intégration », *op. cit.*

L'ensemble de ces modalités durcit une réglementation déjà fort sévère et risque d'engendrer une baisse continue du regroupement familial pourtant considéré comme un élément primordial d'intégration. Pour mettre en lumière les graves difficultés qui risquent de surgir ou qui ont déjà surgi, le mieux est de rappeler l'expérience véçue par un professionnel du droit de l'immigration avant même le vote des lois : « Les ressources, le logement sont de moins en moins des critères importants. On essaie d'expliquer à tout le monde que les normes sont les mêmes à Paris qu'ailleurs. C'est absurde. Il ne faut surtout pas faire de refus parce qu'il manque quelques mètres-carrés. Les refus, je l'espère, sont de plus en plus axés sur les ressources. C'est l'impôt sur le revenu qui doit être bible et non l'analyse des mètres carrés. C'est le critère de la décence qui doit compter beaucoup plus » (45).

Cette critique formulée est plus que jamais d'actualité alors que se multiplient les difficultés pour obtenir un logement et qu'apparaît la précarité de l'emploi. La procédure est plus longue, plus aléatoire et plus stricte. Beaucoup de jeunes en situation irrégulière du fait de leur présence effective en France ne pourront plus régulariser leur séjour par le regroupement familial. Les familles risquent d'être plus désunies, les jeunes tourmentés. Or, ce respect du droit de mener une vie familiale paraît d'autant plus important que c'est là dans la famille que le jeune peut trouver les conditions nécessaires à son développement et à son épanouissement. Fondamentalement, le Conseil constitutionnel énonce dans sa décision du 3 septembre 1986 (46) que, si selon le préambule de la constitution de 1946, « la Nation assure à l'individu et à la famille les conditions nécessaires à leur développement », il appartient « au législateur d'apprécier les conditions dans lesquelles les droits de la famille peuvent être conciliés avec les impératifs d'intérêt public ». A l'heure actuelle, la protection de l'ordre public préoccupe plus,

---

(45) E. RUDE-ANTOINE (sous la direction), « Les jeunes étrangers, leur statut juridique et leur intégration », *Ibid.*

(46) C. C. Décision 2166 D. C. du 3 septembre 1986, *RFDA* 1987, p. 120, note B. PACTEAU.

semble-t-il, que l'insertion familiale des étrangers en France.

Ainsi, devant une telle situation, les jeunes recherchent d'autres modes d'accès au droit au séjour.

Rester en France n'a pas de prix, les jeunes cherchent coûte que coûte à rester, à leur majorité, même au prix d'une situation d'un infra-statut, sur le sol français (47). Cette situation, pour les sociologues, a un sens plus vaste que pour les juristes. L'absence d'un statut juridique a aussi des incidences sur les possibilités de formation, ou d'accès à l'emploi, des éléments considérés par les politiques migratoires et les experts avertis comme favorables à une bonne « intégration ».

L'ère de la méfiance

L'utilisation répétée des notions de motif d'ordre public pour interdire le droit au séjour et éloigner les délinquants potentiels, la suppression de l'attribution de plein droit à la majorité de la carte de résident pour les jeunes entrés sur le territoire avant dix ans chez un membre de la famille ou pour ceux résidant habituellement en France depuis plus de quinze ans, l'impossibilité de changer de statut d'étudiant pour celui admis au séjour à un autre titre sont autant de mesures (48) qui pèsent lourdement sur les possibilités d'existence des jeunes entrés en dehors de la procédure du regroupement familial. Cet arsenal réglementaire hypothèque de fait leur avenir et ouvre l'ère de la défiance. La réforme emploie, avec insistance, la notion « d'ordre public ». Ce n'est sans doute pas sans lien avec la suspicion générale à l'égard de l'étranger, caractéristique des périodes de crise (49).

(47) E. RUDE-ANTOINE (sous la direction), « Les jeunes étrangers, leur statut juridique et leur intégration », *op. cit.*

(48) Notons que l'article 25 de l'ordonnance n° 45-2658 du 2 novembre 1945 a été ainsi modifié « Ne peut faire l'objet d'un arrêté d'expulsion, l'étranger qui justifie par tous moyens résider en France habituellement depuis qu'il a atteint au plus l'âge de six ans » art. 17 Loi n° 93-1023 du 24 août 1993, *op. cit. ;* Cf. aussi décret n° 94-963 du 7 novembre 1994, *op. cit.* et circulaire du 8 février 1994, *op. cit.*

(49) S. FREUD, *Malaise dans la civilisation*, Paris, Puf, Bibliothèque de psychanalyse, 1971, 107 p. ; G. NOIREL, *Le creuset français – Histoire de l'immigration XIXe-XXe siècles*, Paris, Éd. du Seuil, 1988, 438 p.

La notion « d'ordre public » comme celle « d'atteinte à la sécurité publique », voire à celle de l'État restent des notions floues. Elles peuvent varier dans le temps comme l'a remarqué justement J.-P. Niboyet : « Les exigences de l'ordre public ne sont pas fixes. L'ordre public n'est que le reflet des exigences d'un milieu social à chaque instant déterminé ; or, les lois dans chaque pays changent. Ce qui, à un moment donné, peut heurter l'ordre public ne le fera peut être plus demain et inversement. Il peut y avoir des évolutions cycliques. Toute cette matière, surtout dans l'ensemble des relations du monde, est frappée d'instabilité constante » (50). La loi, on le sait, est un choix fondé sur des valeurs. La référence à cette terminologie scientifique de « l'ordre public » n'est pas prête de disparaître, mais assure, certes, une flexibilité à la norme juridique et à son interprétation. Ainsi, un simple signalement de police peut avoir de lourdes répercussions sur le devenir de certains jeunes étrangers. Des enquêtes (51) ont montré que dans cette période où l'emploi se raréfie pour devenir précaire, où le système scolaire et la formation professionnelle n'ont pas toujours une réponse adaptée à la réalité des jeunes, le risque d'exclusion sociale est amplifié, pouvant aller jusqu'à entraîner quelques infractions et dérapages qui sont par nature des atteintes à l'ordre public.

Si ce constat d'exclusion englobe jeunes étrangers ou Français défavorisés, il n'engendre pas pour ces derniers les mêmes conséquences. Pour les étrangers, il accentue les difficultés d'obtention d'un titre de séjour ou d'acquisition de la nationalité française. Que se passera-t-il pour les jeunes qui auront commis des infractions ? A leur majorité, pourront-ils acquérir la nationalité française ? Obtiendront-ils un titre de séjour ou bien leur demande sera-t-elle purement et simplement rejetée ? Le pouvoir discrétionnaire de l'administration, déjà fort pesant au moment de l'enquête (52), risque d'être, dans ces cas renforcé.

C'est ici qu'il faut rappeler qu'avant la loi du 24 août 1993, les jeunes entrés hors du regroupement familial avant l'âge de

---

(50) J.-P. Niboyet, *Cours de droit international privé français*, 2e édition, 1949, p. 492.

(51) E. Rude-Antoine (sous la direction), « Les jeunes étrangers, leur statut juridique et leur intégration », *op. cit.*

(52) E. Rude-Antoine (sous la direction), *ibid.*

10 ans pouvaient être régularisés de plein droit à leur majorité et obtenir une carte de résident après avoir justifié de cet état de fait. L'esprit du nouveau texte laisse dubitatif. Désormais, ces jeunes arrivés après l'entrée en vigueur de la loi ne recevront qu'une carte temporaire à la condition de résider en France non plus depuis l'âge de 10 ans mais de 6 ans. Une plus large catégorie de jeunes, désireux d'obtenir une carte de résident, sont tributaires de l'appréciation souveraine de l'administration. Ils se voient aujourd'hui inclus au regard des nouvelles normes imposées dans la même situation que, jadis, les jeunes entrés hors regroupement familial entre dix et dix-huit ans. Le pouvoir discrétionnaire de l'administration était, on le sait, déjà important : « Mais si le mineur est entré à 11 ans, à 18 ans, on peut juridiquement lui dire, ce n'est pas le bon visa. En pratique, on le fait. Si on prend l'étudiant avec quelques ressources, s'il fait des études "bidon" et est arrivé après 10 ans... avec son visa touristique, il n'aura aucun droit de devenir salarié. On n'ose pas toujours dire à quelqu'un âgé de 18 ans : à 12 ans, vous n'êtes pas arrivé avec un visa long séjour, on cherche à trouver d'autres raisons, à se couvrir. C'est vrai que les conditions d'entrée deviennent de plus en plus absurdes » (53).

Comme l'a mis en relief une enquête réalisée par le Centre national de la recherche scientifique (54), la condition de la régularité du séjour qui avait été imposée par un arrêt du Conseil d'État du 26 septembre 1986 et qui n'était pas reprise par la loi Joxe était plus ou moins exigée. Les résultats de l'enquête rendent bien compte des difficultés auxquelles se heurtent aujourd'hui du fait du nouveau contexte les agents des services de l'Intérieur. La loi les investit de plus larges pouvoirs qu'ils partagent avec d'autres instances responsables de la gestion juridique des étrangers. De façon plus polémique, on pourrait faire observer que le souci de préserver la société française des clandestins ou de limiter les pratiques frauduleuses en matière de droit d'immigration ne doit pas aller jusqu'à des attitudes trop

---

(53) Un entretien avec un responsable de la préfecture de police, in E. RUDE-ANTOINE (sous la direction), « Les jeunes étrangers, leur statut juridique et leur intégration », *ibid.*

(54) E. RUDE-ANTOINE (sous la direction), *ibid.*

rigoristes. Qu'il faudrait d'ailleurs faire la part, au risque de choquer peut-être certains juristes orthodoxes, entre les conditions juridiques et les possibilités réelles de leur mise en œuvre. Les délais et les difficultés parfois pour l'obtention d'un visa risquent de créer des situations incohérentes. Mais on se gardera d'entrer dans de tels débats qui montrent bien que ce problème du droit des jeunes étrangers touche, en profondeur, les choix de la société française. De même, la nouvelle rédaction de l'article 15 exclut tout espoir aux jeunes entrés hors statut, mais pouvant justifier d'avoir leur résidence habituelle depuis plus de 15 ans, d'obtenir de plein droit une carte de résident. Avant la loi de 1993, la durée d'installation sur le territoire français était un critère d'appréciation déterminant pour la régularisation du séjour: « La durée d'installation sur le territoire est quelque chose qui joue sur la décision. On a une loi qui dit 15 ans de clandestinité valent 10 ans. On a deux thèses sur la durée. Il existe des personnes qui vous disent, plus le clandestin a été longtemps en France, plus c'est scandaleux. D'autres qui disent, le clandestin au bout de 15 ans aura droit à sa carte de dix ans. Sa situation mérite d'être examinée. Nous avons plutôt tendance à prendre cette deuxième thèse et à dire, face à la masse des dossiers de clandestins qui nous sont soumis par les associations, on fait un tri. Il y a des dossiers faciles à régler parce que c'est exceptionnel au sens de l'intégration. D'autres qui sont très banals, d'emplois peu qualifiés. On peut dire non à tous, ce n'est pas difficile. Après 10 ans de clandestinité ou deux-tiers de quinze ans, la machine peut peut-être s'intéresser à quelqu'un et remplacer la clandestinité par une situation régularisée. Donc, du fait de la loi qui a fixé quinze ans dans la clandestinité pour une carte de dix ans, c'est vrai qu'au bout de 14 ans on commence à s'agiter, 13 ans également. La frontière, c'est au-delà de 8-9 ans. Là, la machine commence à convoquer les personnes, à s'y intéresser. On pourra même demander un statut de salarié, pour quelqu'un qui a passé beaucoup d'années en France. C'est un moyen plus simple de gérer la clandestinité que de dire : je prends les jeunes clandestins et je laisse les vieux. On ne va pas non plus lui donner une carte comme ça. On va regarder ce qu'il fait, on va voir l'attache familiale. C'est la combinaison « attache familiale » et « présence » qui permet une décision. Dans la machine française, c'est vrai que ces cas-là sont très nombreux et créent à l'administration un pouvoir discrétionnaire totalement excessif... Une partie de ces gens ont pu s'insérer sans problème en France car, pendant leur minorité, personne ne s'est posé de questions. Plus on posera tôt des questions, plus on évitera qu'on nous signale : « il a dix ans de présence paisible » (55).

La nouvelle loi a opté pour la première thèse ! Désormais, ces catégories de jeunes étrangers resteront à l'écart d'une citoyenneté dans un pays où ils ont grandi, ont été scolarisés, sans cultiver pour autant des liens familiaux ou nostalgiques avec leur pays d'origine.

Même les étudiants

La réforme limite aussi considérablement les droits de transformer le titre de séjour « étudiant » en titre de séjour de « droit commun ». Les étudiants ne pourront plus désormais avoir une carte de résident après dix ans de séjour régulier. Ils ne bénéficieront pas de la protection contre l'expulsion prévue pour tout étranger résidant régulièrement depuis au moins dix ans et « habituellement » depuis au moins quinze ans en France. Ils ne pourront plus bénéficier du regroupement familial.

Ce nouveau texte légalise les pratiques préfectorales déjà existantes et constatées lors de notre enquête (56) ; les étudiants sont acceptés sur le sol français dans un seul but, celui d'étudier pour une période déterminée. Or, si la carte d'étudiant correspond dans un premier temps à la situation réelle du jeune, notamment la poursuite des études, à plus long terme, le projet initial devient

(55) E. Rude-Antoine (sous la direction), « Les jeunes étrangers, leur statut juridique et leur intégration », *ibid.*

(56) E. Rude-Antoine (sous la direction), « Les jeunes étrangers, leur statut juridique et leur intégration », *ibid.* ; Cf. Art. 8.12° Loi n° 93-1027 du 24 août 1993, *op. cit.* « A l'étranger qui est en situation régulière depuis plus de dix ans, sauf s'il a été, pendant toute cette période, titulaire d'une carte de séjour temporaire portant la mention « étudiant ».

souvent un projet professionnel qui conduit au souhait d'une installation définitive.

Illustration dramatique, ce témoignage d'un jeune camerounais, âgé de 21 ans. « Je suis venu pour des études. A 16 ans, ça a commencé avec une carte d'un an, renouvelable chaque année. J'ai pris un avocat, il a fallu que je me batte pour avoir ma carte de dix ans parce que, déjà, quand ma sœur est partie, il fallait les papiers de la maison pour renouveler mes cartes. Elle est partie comme ça. Après, c'est ma tante qui m'a donné ses papiers pour pouvoir renouveler ma carte. Le problème s'est posé quand j'ai travaillé pendant les vacances au garage et qu'ils ont voulu me garder. Ils m'ont signé un contrat de travail et je devais aller à la Préfecture. Là, ils m'ont demandé beaucoup de papiers : les justificatifs de mon entrée comme mineur, les certificats de scolarité. La première fois, cela a été refusé. Après, j'ai pris un avocat parce qu'il fallait passer devant une organisation à la Préfecture. Ils décident s'il faut donner une carte ou pas. J'avais l'impression que tout me tombait sur la tête d'un seul coup. Je ne savais plus où j'en étais. Je suis tombé malade. J'avais des violents maux de tête. J'étais pratiquement tout seul. Je ne me voyais pas retourner au Cameroun. Ça devenait de plus en plus difficile. Quand j'ai eu le premier refus, j'avais deux mois de recours... et c'est un camarade qui m'a conseillé d'aller voir un avocat. Même l'assistante sociale de mon lycée de Villeneuve s'est déplacée. Elle a annulé sa journée et est venue à la préfecture pour me soutenir ».

Même cas, ce jeune Togolais, entré en France en 1988, et majeur, explique sa situation particulière, liée aux accords entre la France et le Togo : « Je suis venu pour des études, j'ai fait une inscription ici. J'avais le certificat d'hébergement et le billet aller-retour. Il faut la prise en charge des parents. J'ai ma carte de séjour temporaire. Elle est renouvelable chaque année au mois de décembre. Il suffit de justifier ce que tu fais en France. Je crois que je vais demander la naturalisation pour ne plus penser aux questions de papiers. Tu retournes chez toi comme tu veux, tu reviens quand tu veux. En tant qu'étudiant togolais, j'ai droit à vingt heures par semaine pour travailler. Même sans carte de salarié, le Togolais a ce droit ».

Dans les rapports de coopération avec certains pays, la crainte de la fuite des « cerveaux » est forte. On peut évidemment estimer que certains pays ont besoin de leurs élites pour se développer économiquement et socialement. Mais une telle mesure, liée à un souci de formation et d'aide au développement, atteindra-t-elle ce but souhaité : le retour des étudiants au pays d'origine. Ce n'est pas la moindre des questions. Pourtant, on ne peut guère l'espérer si l'on en croit les statistiques – 80 % ne repartent pas (57).

Les jeunes étrangers peuvent aussi demander la délivrance d'un titre de séjour temporaire. Mais la nouvelle version de l'article 12 bis introduit des limites : ne pas représenter une menace pour l'ordre public et être entré par la procédure du regroupement familial.

On saisit bien, à partir de toutes ces catégorisations juridiques, l'importance que peut jouer le droit en tant qu'instrument d'intégration. Si les lois ont été votées par et pour la société française, elles risquent de perdre une partie de leur efficacité. En effet, confrontés à une obligation d'adhérer aux normes juridiques dans un temps très limité, ces jeunes font des choix entre différents instruments juridiques ou toutes autres rationalités qui leur permettent de résoudre leur situation sociale.

Droit de la famille : détour ou fraude ?

Le recours au droit de la famille a été maintes fois dénoncé comme un moyen pour résoudre la précarité d'un statut juridique. « Le sujet de droit est libre de se placer par un acte régulier dans telle ou telle situation légale. Il n'a pas à rendre compte des motifs qui lui font préférer une situation ou un acte déterminé », avait écrit Georges Ripert (58). Ainsi, les actes réguliers peuvent être le mariage avec un Français, la reconnaissance et

(57) DOC AN 1992/1993, *Rapp.* n° 326, p. 18.
(58) G. Ripert, *La règle morale dans les obligations civiles*, éd. 1949, p. 328.

la déclaration conjointe d'autorité parentale d'un enfant français. Les motifs, qui conduisent certains jeunes à poser ces actes, peuvent être, indifféremment et parmi d'autres, l'obtention de la nationalité ou la délivrance du titre de séjour. Le droit de la famille permet ainsi de faire valoir une règle de droit afin d'en détourner une autre. La rigueur de la polémique tourne autour des termes fraude, simulation ou détournement.

Le mariage avec un Français

Lorsque l'on parle du mariage d'un Français avec un étranger ou de couples mixtes, très vite est associée l'idée de mariages blancs, de mariage de complaisance. L'ampleur prise par ce nouveau phénomène de société surprend. Hommes politiques, intellectuels se sont exprimés. Tout d'abord, la question du mariage de complaisance semble un sujet qui réveille des passions. Encore faut-il ne pas se tromper de débat. Certains jeunes étrangers utilisent une possibilité légale : le mariage. Ils cherchent ainsi à parvenir à l'obtention soit de la nationalité française, soit d'un titre de séjour, c'est-à-dire qu'ils recherchent un effet accessoire attaché à l'institution empruntée.

Ainsi, la société française est appelée à s'interroger sur la définition et la finalité du mariage. D'autant que les rédacteurs du Code civil en font seulement un accord de volonté. La vie commune est un des effets du mariage. Son non-respect n'entraîne pas de sanction exceptée celle du divorce. Certes, la loi du 11 mai 1984 (art. 37-1), qui a commencé à s'intéresser aux mariages blancs, prévoyait en matière d'acquisition de la nationalité française, un délai minimun de six mois depuis la célébration du mariage et un contrôle, au moment où la déclaration d'option est faite, de la réalité de la vie commune. Cette orientation a été suivie en matière de délivrance de titres de séjour. La loi du 9 septembre 1986 modifiant l'ordonnance du 2 novembre 1945 posait un délai d'un an après le mariage et la vérification de la réalité de la vie commune. La suppression de cette condition dans la loi du 2 août 1989 avait suscité de vives critiques. Tout l'effort de ceux qui appuyaient cette loi se justifiait par le souci de ne pas porter préjudice à des couples aux intentions matrimoniales sincères et qui pour des raisons diverses – professionnelles, familiales – étaient séparés. Cette orientation était clairement expliquée par la circulaire du 2 août 1989 : « Cette disposition était en effet une source de complications administratives inutiles pour l'immense majorité des étrangers concernés et alourdissait à l'excès la tâche de vos services. Il en est de même de la justification de la communauté de vie qui ne pouvait être utilement vérifiée qu'au moyen d'enquêtes mal acceptées par les intéressés, difficiles à réaliser par les services de police et pour un résultat souvent incertain ». Ces constats anciens peuvent aujourd'hui s'appliquer à la vérification de la communauté de vie en vue de l'obtention d'un titre de séjour ou de l'acquisition de la nationalité française.

En fait, il faut faciliter la vie des couples mixtes, tout en limitant l'utilisation de mécanismes volontaires à des fins accessoires. Les mariages mixtes ont été ainsi placés sous haute surveillance. Si, selon l'instruction générale relative à l'état civil, l'officier d'état civil peut refuser son concours pour irrégularité flagrante et manifeste, pour les autres dossiers, il doit seulement avertir le ministère public et l'informer de ses doutes. Le parquet procède ensuite à une enquête en vue de former opposition au mariage. La circulaire du 16 juillet 1992 complétée par celle du 17 mai 1994 du Garde des Sceaux (59) rappelle ces principes. Le nouvel article 175-2 du Code civil, introduit par la loi du 30 décembre 1993, dispose que lorsqu'il existe des indices sérieux laisant présumer que le mariage envisagé est susceptible d'être annulé pour vice de consentement, le maire peut surseoir à la célébration du mariage et saisir le procureur de la République qui dispose d'un délai de 15 jours pour faire opposition ou décider du sursis à la célébration. En région parisienne, les statistiques publiées dans le courrier de la chancellerie révèlent une

---

(59) Circulaire civ. 5-92, 16 juillet 1992 : *Courrier de la chancellerie*, septembre 1992 ; circulaire du 17 mai 1994 relative à la modification du mariage (mariage de complaisance) *BO justice* n° 54-1994, pp. 70-80 ; Le lecteur pourra aussi se reporter à la circulaire DPM n° 94-13 du 31 mars 1994 relative aux modalités de délivrance des autorisations provisoires de travail aux étrangers conjoints de Français mariés depuis moins d'un an (Texte non paru au Journal officiel) *MASSV* 94/19, pp. 95-97.

augmentation des procédures d'opposition à mariage. Par exemple, dans le ressort du Tribunal de grande instance de Créteil, on compte 10 dossiers en 1989, 49 en 1990, 65 en 1991. L'analyse jurisprudentielle montre que l'opposition à mariage est le plus souvent levée par l'impossibilité de prouver à partir des éléments passés le caractère frauduleux du mariage. Seules, la participation d'un tiers ou une rémunération ou encore la pratique répétitive de mariage pourraient permettre d'apporter cette preuve.

Dans un arrêt du 13 novembre 1992 (60), le Conseil d'État a eu à se prononcer, pour avis, sur la compétence du préfet en présence d'un mariage aux apparences formelles régulières : le préfet peut, sous le contrôle du juge d'excès de pouvoir, refuser à un étranger une carte de résident pour faire échec à la fraude. Il doit être établi que le mariage a été contracté dans le but exclusif d'obtenir un titre de séjour. Mais la situation irrégulière de l'étranger au regard de son séjour ne permet pas, à elle seule, de présumer un mariage de complaisance. L'affaire toulousaine l'a confirmé (61). Ce serait méconnaître le principe de la liberté de mariage. Pourtant, on sait que la pratique actuelle est l'envoi d'un arrêté de reconduite à la frontière aux étrangers en situation irrégulière juste avant la célébration de leur mariage, et la mesure d'éloignement du territoire après celle-ci.

Les nouvelles lois « Pasqua » et le décret d'application imposent des règles strictes. La délivrance de la carte de résident est subordonnée à la condition que le mariage ait duré au moins un an (art. 8), à condition que la communauté de vie n'ait pas cessé. Pendant cette année de mise à l'épreuve, le conjoint étranger d'un Français qui ne séjournait pas en France sous couvert d'un titre de séjour peut obtenir une carte de séjour temporaire sous certains conditions législatives et réglementaires. Cette carte temporaire une fois remise, il peut solliciter la carte de résident s'il justifie bien entendu d'une année de mariage et des conditions exigées à l'article 15-1° de l'ordonnance. La déclaration d'acquisition de la nationalité française par un étranger marié avec un conjoint français nécessite désormais un délai de deux

---

(60) C.E. 13 novembre 1992, *D.* 1993, p. 297, note V. Haim.
(61) *Le Monde*, 3 février 1993.

ans à condition qu'à la date de la déclaration, la communauté de vie n'ait pas cessé entre les époux. « Ce délai de deux ans est supprimé lorsque naît avant ou après le mariage un enfant dont la filiation est établie à l'égard des deux conjoints, si les conditions relatives à la communauté de vie et à la nationalité du conjoint français sont satisfaites ».

L'intention du législateur est claire : il lutte contre les mariages de complaisance en plaçant la communauté de vie comme une sorte de mise à l'épreuve de la volonté réelle du couple. On peut évidemment estimer que la preuve de la vie commune est facile à réaliser et même à simuler. La communauté de vie n'implique pas nécessairement la cohabitation des époux (art. 108 du C.C.). On peut aussi faire observer que l'allongement du délai d'épreuve n'est pas la réponse la plus pertinente.

Enfin, le législateur présume du fait de la naissance d'un enfant du caractère non frauduleux du mariage. Au demeurant, ce raisonnement risque d'être faussé. N'y aura-t-il pas un déplacement de stratégie, puisqu'il suffira de reconnaître un enfant français ou de partager l'autorité parentale à l'égard de ce dernier pour régulariser son statut juridique ?

La reconnaissance ou l'autorité parentale d'un enfant français

Selon la réforme, « l'étranger père ou mère d'un enfant français résidant en France, à condition qu'il exerce même partiellement l'autorité parentale à l'égard de cet enfant ou qu'il subvienne effectivement à ses besoins », peut obtenir une carte de résident. La loi apporte une précision en définissant l'enfant comme étant « l'enfant légitime ou naturel ayant une filiation légalement établie ainsi que l'enfant adopté en vertu d'une décision d'adoption, sous réserve de la vérification par le ministère public de la régularité de celle-ci lorsqu'elle a été prononcée à l'étranger ». De ces principes posés, des pratiques volontaristes risquent de surgir pour servir de support au droit de l'étranger :

les reconnaissances d'enfant naturel, les déclarations conjointes relatives à l'autorité parentale.

La demande d'enfant naturel ne peut être refusée par l'officier d'état civil. Le ministère public peut annuler pour inexactitude l'acte, « si des indices tirés des actes eux-mêmes rendent invraisemblable la filiation déclarée ».

L'intervention du juge dans un mécanisme volontaire ne limite pas non plus les risques d'utilisation du droit de la famille en vue d'un résultat en droit des étrangers. Tout d'abord, selon la loi Malhuret du 22 juillet 1987, l'autorité parentale d'un enfant naturel est exercée par la mère. Une modification peut être demandée au juge. Selon l'article 374 du Code civil, les deux parents de l'enfant peuvent faire une déclaration conjointe d'exercice en commun de l'autorité parentale. Face au risque de l'utilisation de ce mécanisme pour obtenir un titre de séjour, certains juges des tutelles, en vertu de l'article 1180-2 du nouveau Code de procédure civile, ont apprécié le bien-fondé de l'exercice conjoint. Ainsi, dans une décision rendue par le juge des tutelles d'Amiens (62), une enquête sociale avait été ordonnée pour s'assurer de la stabilité de la famille. Le juge avait refusé, à la lecture des conclusions de l'enquête, la déclaration d'exercice conjointe. La Cour de cassation dans son arrêt du 26 juin 1990 a cassé la décision refusant la déclaration conjointe, « au motif que la déclaration faite par les parents d'un enfant naturel en vue de l'exercice en commun de l'autorité parentale doit être dictée par l'intérêt de l'enfant, ce qui n'est pas le cas en l'espèce puisqu'elle a été souscrite en vue de permettre l'obtention par le père, de nationalité étrangère, d'une carte de séjour valable 10 ans » (63). Les juges des tutelles n'ont pas le pouvoir d'apprécier l'opportunité de la déclaration. Ils ne peuvent pas contrôler la légitimité des motifs, et ceci même si le père n'a pas exercé régulièrement ses droits parentaux. La justice peut-elle ainsi prédire l'avenir ? Selon la loi du 8 janvier 1993, l'autorité parentale conjointe est exercée de plein droit si l'enfant a été reconnu par

---

(62) Amiens 9 février 1988, *Gaz. Pal.* 1988.2, p. 716, note Guihal ; *RDT civ.* 1989, p. 60 ; *RDT San. et soc.* 1989, p. 189, obs. F. Moneger ; *Rev. dr. enf. et Fam.* 1989.2, p. 34, obs. H. Fulchiron.

(63) Civ. 26 juin 1990, *Bull. civ. I*, n° 178 ; *JCP* 1991.II.21688, note F. Vauville.

ses deux parents avant d'avoir l'âge d'un an à condition que les parents cohabitent au moment de cette reconnaissance. Le juge des Affaires familiales délivre une attestation de vie commune. Que se passera-t-il si ce magistrat refuse de délivrer cette attestation ? Pourra-t-il aussi rejeter la déclaration conjointe d'exercice d'autorité parentale présentée par les intéressés ?

Finalement, ces réflexions révèlent bien l'importance du droit comme élément d'adaptation des jeunes étrangers. Ce droit doit être un compromis entre les aspirations de la société française et les souhaits de ces jeunes, et surtout entre l'exigence des textes et leur mise en œuvre. S'il est nécessaire de lutter contre certaines pratiques abusives qui se profilent, on peut aussi se demander si celles-ci ne sont pas des éléments marginaux d'une volonté d'insertion dans la société d'accueil.

On ne peut en rester là. Il faut aller plus loin et tenter d'observer ces jeunes et donner à leur expérience vécue une logique, une rationalité, une place de premier plan (64).

(64) Nous nous inscrivons ainsi dans la sociologie compréhensive de Max Weber dont l'objet spécifique est l'activité, définie comme un comportement compréhensif par le sens que lui attachent les acteurs. M. WEBER, *Essais sur la théorie de la science*, Paris, Éd. Plon, 1965, pp. 329-330.

5

Regards croisés

Beaucoup d'encre a coulé pour raconter scruter les jeunes de l'immigration. Selon leur âge, leur temps de présence, leur statut socio-juridique, leur statut tout court ou leurs attitudes, les représentations sont plus diverses qu'on ne le croit. Analyser leurs conditions, ce n'est pas seulement se pencher sur l'urgence de leurs préoccupations, c'est aussi apprendre à les regarder autrement, à les écouter avec les mots qui sont les leurs. Des mots en abondance d'une jeunesse sur laquelle la société a cristallisé à tort et à travers toutes ses blessures. On a évoqué précédemment les lois, les valeurs dominantes. Mais la rencontre harmonieuse entre une société et ces jeunes repose à l'évidence sur la connaissance des moments décisifs de leur itinéraire personnel, celle de l'évolution de leur statut juridique et de leurs perspectives d'avenir. Nous avons ainsi voulu savoir ce qu'il en était aujourd'hui (1). L'entretien semi-directif nous a semblé la meilleure manière d'aller à l'objectif de notre quête : « L'entretien comme l'habitus (2) est en quelque sorte une improvisation réglée. Une improvisation parce que chaque entretien est une situation singulière susceptible de produire des effets de connaissances particuliers. L'entretien demande un certain nombre d'ajustements

---

(1) E. RUDE-ANTOINE (sous la direction), « Les jeunes étrangers, leur statut juridique et leur intégration », *op. cit.* Pour une présentation détaillée de la méthodologie, de l'échantillon retenu, on se permet de renvoyer une fois pour toutes aux deux tomes du rapport de la recherche et à l'annexe 3 de cet ouvrage « Caractéristiques des jeunes rencontrés ».

(2) P. BOURDIEU, *Le sens pratique*, Paris, Éd. de Minuit, 1980, 475 p.

qui constituent à proprement parler la technique de l'entretien » (3). Pas seulement la singularité de l'individu nous importait, mais aussi l'acteur en situation et au milieu de diverses interactions. Le jeune réinterprète son expérience vécue. L'ethnologue R. Rabinow (4) a raison de constater que les faits « existent en tant que réalité vécue mais (qu'ils) sont fabriqués en cours des processus d'interrogation, d'observation et d'expérience ». Ce n'est pas tout l'univers de ces jeunes qui est l'objet de ce travail mais uniquement certains aspects. Mais si chaque jeune a sa personnalité, son expérience particulière de vie, sa manière propre de créer la situation qu'il partage avec autrui, un message intime demeure toujours irréductible.

Les discours que nous analysons sont relativement uniformisés. Les récits ont tous la même texture, parce qu'ils étudient des mineurs et des jeunes majeurs étrangers dans la même situation, en immigration, avec les mêmes difficultés, à la recherche d'un statut juridique et avec les mêmes enjeux, la résolution des questions juridiques et l'enrichissement du présent à partir d'une réinterprétation respective des deux systèmes socioculturels mis en relation. Les jeunes laissent ainsi, consciemment ou pas, émerger des désirs, des envies, des inventions, des croyances, des attitudes. Ainsi, au cœur des soixante récits retenus appraraît alors tout le paradoxe de l'immigration : à la fois déstructurante et structurante.

Venir en France et découvrir

On a souvent cru que le fait d'émigrer est uniquement lié à des raisons économiques. Bien que cette cause ne puisse être exclue, la réalité se révèle plus complexe : les jeunes prennent le chemin de l'exil, non par choix personnel, mais plutôt en répondant aux

---

(3) A. Blanchet, A. Gotman, *L'enquête et ses méthodes : l'entretien*, Paris, Éd. Nathan, 1992, p. 22.

(4) P. Rabinow, *Un ethnologue au Maroc, Réflexions sur une enquête de terrain*, Paris, Éd. Hachette, 1988.

désirs de leur père et pour des raisons diverses : politiques, économiques, scolaires, médicales, familiales. Notons d'ailleurs que les images idylliques de la France, véhiculées par les proches, la famille et les amis, les professeurs, les médias, les lectures diverses permettent aux jeunes d'envisager sérieusement leur départ. Si l'on veut savoir comment s'organise la venue, il faut mettre en relation les multiples facettes qui rappellent les catégories juridiques précédemment énoncées. C'est là que nous prenons conscience de la mobilité physique et idéologique qui caractérise ces jeunes, parce qu'ils ont intégré dans leurs références la possibilité de s'adresser à un parent ou à un pays qui peut les recevoir. C'est clair, par la famille ou par le biais de réseaux amicaux ou institutionnels, les jeunes franchissent la frontière. Nous constatons que la procédure du regroupement familial est l'une des facettes d'accès sur le territoire français. Le jeune vient en situation régulière avec toute la famille rejoindre son père, ou seul rejoindre soit son père, soit sa mère, soit ses parents, soit l'un de ses parents et beau-parent.

Djamel, 20 ans, marocain, dit : « Mon père était en France depuis un certain nombre d'années, depuis deux ans. Il nous a fait venir dans le cadre du regroupement familial. Il a d'abord cherché du travail, il a réussi à trouver une place dans une fabrique de meubles comme ouvrier et, ensuite, il nous a fait venir » [2].

Qu'en est-il des venues en dehors de cette procédure ? Ces situations, d'où viennent-elles ? La plupart du temps, les jeunes rejoignent seul un parent ou encore l'un des parents et beau-parent. La signification de ce parcours racontée par Rachida, une jeune Marocaine, un jeune Comorien et Mendi, un jeune Sénégalais, est souvent liée à des transformations de la configuration familiale (divorce des parents, décès de l'autre parent, mariage polygamique) :

« A mon arrivée en France, j'avais 3 ans. J'ai atterri ici avec mon père et ma belle-mère. Mes parents ont divorcé quand nous étions encore au Maroc. J'avais deux ans et je n'ai aucun souvenir de ma mère ! Mon père s'est remarié et on est entré en France » [9].

Mohamed est venu en 1982, quand sa mère est décédée [23].

« Je suis venu ici, j'avais 11 ans. Je n'ai pas tellement vécu avec ma mère parce qu'en Afrique, on peut se marier avec plusieurs femmes. Mon père était marié avec ma mère qui ne vivait pas au Sénégal, mais en Guinée. Je n'ai pas vécu avec elle mais je la voyais de temps à autre. Je vivais plutôt avec d'autres personnes. Il n'y avait pas une bonne entente ! En 1979, mon père a décidé que je le rejoigne en France » [15].

Mais ces jeunes peuvent aussi venir rejoindre un autre membre de leur famille (sœur, frère, oncle, tente) ou un tuteur (enfant confié), notamment lorsque les parents sont restés au pays d'origine. Ce sont alors des raisons économiques ou scolaires qui motivent les venues :

« Je suis venu rejoindre ma cousine qui faisait des études à Paris » [12].

« C'est ma sœur qui m'a fait venir. Au Togo, je n'allais plus à l'école et je faisais le voyou. Je faisais ce que je voulais. Je suis venu pour les études » [20].

Ceci rend plus sensible une autre facette de cette migration de jeunes : la précarité, le caractère dangereux de la situation politique du pays d'origine. Le jeune a pu choisir la France du fait de liens familiaux (parent proche ou éloigné) ou pour des raisons d'opportunité (mesure de protection en tant que réfugié par l'État français).

Ainsi témoignent une jeune Zaïroise et Socco, un jeune Sénégalais :

« C'est trop long à expliquer. C'est ma mère qui a voulu me faire sortir du pays. Parce que j'étais constamment secoué par la police, alors ma mère a préféré que je parte pour éviter tout danger. Il y a aussi ma tante. C'est pour mes études aussi » [6].

« Je suis le seul membre de la famille qui vit en France... parce que je suis arrivé en tant que réfugié. J'étais étudiant et persécuté par le régime dictatorial. C'est ça qui m'a obligé à partir parce que j'étais recherché par le gouvernement. Je me suis enfui avec l'aide d'amis » [8].

La France peut aussi attirer comme lieu d'accueil pour recevoir des soins médicaux. C'est le cas par exemple d'une catégorie de jeunes soignés dans des établissements hospitaliers en France pour insuffisance rénale.

« Je suis venu pour être soigné pour insuffisance rénale. J'ai été greffé deux fois… la première fois, ça n'a pas marché. Après on m'a dégreffé et deux mois après, j'ai été regreffé… et ça a duré 3 ans et demi, et après c'est reparti. Maintenant, je suis sous dialyse » [7].

Enfin, le départ peut être motivé par le mariage du jeune et l'installation de son conjoint en France depuis plusieurs années.

« Je suis venue en France après mon mariage. Mon mari est de nationalité française. Il habite ici, il m'a demandée en mariage. J'ai accepté de me marier et de venir en France. Mes parents sont en Algérie » [21].

La multiplicité des problèmes et la diversité des tracasseries, auxquels ils se heurtent au cours de leur voyage comme à leur arrivée, suscitent une réflexion concernant leurs premières impressions sur la terre d'accueil : déception, illusion et désillusions, représentation ternie. Autant cet accueil est critiqué par les uns, autant il est magnifié par les autres. La perception diffère selon les origines des jeunes :

« Je ne suis pas venu ici par plaisir. La France a toujours été le phare de l'Afrique, l'exemple. Tous les jeunes, là-bas, n'ont qu'une seule envie, une seule ambition, c'est de venir ici. Moi, je savais déjà, en venant ici, ce qu'il y avait, ce qui s'est passé pour mon père et mes frères, qui sont là. Ils m'ont tous dit la même chose “la France, ce n'est pas facile.” Ce n'est pas ce que j'imaginais, ce n'est pas ce que j'ai lu dans les bouquins, ou ce que mes professeurs à Dakar me disaient » [1]

« D'abord, j'étais un peu déçu par la France, parce que la France qu'on montre au Cameroun est celle de “Santa Barbara” comme dans les feuilletons. On a une autre image de la France et de l'occident. Quand je suis arrivé en France, le taxi est passé par Clignancourt, j'ai vu ces coins et j'ai compris. J'étais un peu déçu. Après les cours ont commencé, j'ai oublié un peu » [5].

« De Tunisie j'imaginais le paradis. Je croyais que j'allais rester longtemps ici pour me soigner. Je me souviens de mon premier jour. Quand j'ai vu les immeubles, tous les gens, c'était très différent de chez moi. Même les choses ici, les affaires, c'est beaucoup moins cher la vie ici que là-bas. Je voulais alors retourner, parce que j'étais très loin de ma famille, je n'arrêtais pas de pleurer toute la journée pour retourner là-bas.

J'étais très impressionné par la neige. Je me suis réveillé le matin, je vois tout blanc, je crois que je rêve. Je n'avais jamais vu ça ! Alors, il y a une infirmière qui m'a aidé à aller dehors pour toucher la neige. J'étais très content. J'étais surtout content parce que je croyais que c'était de la magie. Quand je suis arrivé en France, je faisais 47 kilos et puis, en une semaine, avec la dialyse, je suis descendu à 27 kilos. A mon arrivée ici, j'étais gonflé. Au bout d'une semaine, je voyais mes pieds. Je les ai trouvés mincis, et j'étais super content. Je sautais de joie » [7].

France, terre d'illusions !

« Avant de venir en France, on peut dire qu'on connaît pratiquement la France comme un pays limitrophe. Tout ce qu'on recevait comme information venait de la France. On connaît presque tous les auteurs français, et les films vus à la télévision. On a pratiquement l'image de la France en tête. Sans jamais mettre le pied en France, on entendait déjà parler de toutes les grandes stations de métro. Ce n'est pas vraiment ce que j'attendais ! La façon dont on reçoit les étrangers n'est pas la même ici et dans mon pays. Tout ce qu'on dit autour d'eux. Ça fait partie des chocs quand on est étranger. Là-bas, on sait comment recevoir un Français, s'il faut vraiment se tuer pour lui, on le fera ! Quand on arrive ici, c'est le contraire, on est un être à part, pas partout, mais il y a des milieux où, dans la rue, on entend parler de beaucoup de choses qui touchent, des choses qu'on n'a pas le culot de dire là-bas, chez nous, à l'étranger [8].

« Moi, au Sénégal, l'image que j'avais de la France, c'était le paradis. Exagéré peut-être, mais, c'était encore dix fois mieux qu'au Sénégal parce qu'on voyait des choses à la télé, on voyait des films. Pour moi, c'était... vivre ici... comme un pacha. C'était mon rêve de venir ici, vivre ici pendant un certain temps, pas toute la vie. Quand je suis venu ici, je commençai, dès l'arrivée à l'aéroport, à être un peu déçu. Je voyais déjà l'accueil différent par rapport à chez nous, il n'y a pas ce mot, par exemple, "inconnu", c'est-à-dire, tu croises quelqu'un dans la rue, c'est psychique, ça vient comme ça… Ici, déjà, il y a cette méfiance. Par exemple, à Dakar, quand tu prends un bus, tu montes, tu dis bonjour, les gens te répondent. Ici, tu fais ça, on te prend pour un fou ! Voyez-vous, mon frangin, il était là, il avait honte. “Ça ne se fait pas ici” J'ai dit : “Mais qu'est-ce que tu veux que je fasse ?” j'ai commencé vraiment à ne pas aimer ce pays. Les gens nous regardaient avec une telle méfiance. C'est vraiment l'inverse de ce que j'avais rêvé. J'avais rêvé d'un pays formidable, où les gens sont super sympas ! On va s'établir ici, on gagne bien sa vie. Je suis venu ici et j'ai trouvé mon frère dans un foyer, ils étaient 3 ou 4 dans la chambre » [60].

La représentation que ces jeunes font de leur destination est amplement embellie. Idéalisée par des images d'écran furtives, captées dans des rêves éveillés sur des terres où la misère est venue à bout de l'espoir. Ils palabrent ces images par l'emploi de certaines expressions : « phare de l'Afrique », « paradis », « vivre comme un pacha », « formidable », « super sympa ». Pourtant, leur premier contact est d'une toute autre réalité ; celle d'un double choc : les images réelles de l'exil ne coïncident pas avec les clichés des mythes et des rêves : « Clignancourt », « les immeubles », « le foyer »… Ils se sentent « mis à part », « repoussés », « regardés avec méfiance ». Mais il reste la découverte de la neige, une impression ambivalente entre la beauté et la dureté du climat. La pureté d'une terre « blanche », le choc d'un dépaysement, les normes d'un ordre culturel, la fatale déception et l'écroulement dans un décor impitoyable que ces jeunes n'ont pas deviné. Le bon sens nous amène surtout à ne pas négliger la consistance de ces paroles de jeunes quand elles expriment le premier contact physique avec ce qui va devenir leur terre d'adoption. Il y a comme une brûlure profonde de leur destin. Blessés certes par la cruauté d'un premier accueil, ces jeunes savent qu'il n'y a point de retour en arrière. Malgré tout, leur trajectoire dans le pays d'accueil doit forcément s'acheminer vers une régularisation.

Cependant, la présence sur le territoire français n'assure pas en tant que tel l'obtention d'un statut juridique. Ils savent qu'ils ont à lutter contre la précarité du droit, le pouvoir discrétionnaire de l'administration.

A la recherche d'un statut juridique

Le projet migratoire des jeunes est conditionné par leur statut juridique. La majorité d'entre eux ont franchi les frontières dans les conditions d'entrée prévues par la loi (passeport et visa) ; d'autres ont mis en œuvre des stratégies pour venir s'intaller sur le sol français (mariage, faux passeport, faux nom, faux demandeur d'asile, réseaux de passeurs moyennant une somme d'argent).

« Je ne pouvais pas venir et rentrer tout de suite directement en France, donc je suis passé par Genève. J'avais un copain à Genève. Je suis allé à Genève et j'ai passé dix jours là-bas et je suis rentré chez un copain qui m'a fait rentrer en France. Je suis arrivé en France, je n'avais pas de papiers, pas d'argent, je ne savais pas où habiter, rien, enfin rien du tout » [1].

« Lorsque j'ai quitté, j'avais un passeport. J'appartenais à un petit parti. J'avais un faux passeport. Avec mon nom, je n'avais pas trop de liberté de circulation. J'avais un faux passeport. Il y a plusieurs passeports comme ça qu'on nous a faits. Ce sont des vrais faux passeports, c'est-à-dire des faux passeports signés vraiment par le… parce que, là-bas, c'est le ministre qui signe les passeports, donc un passeport signé par le ministre lui-même, mais qui n'était vraiment pas mon passeport » [8].

Mes parents m'ont dit : « Bon, tu pars quelque part… » J'ai pris l'avion. Je suis allé en Allemagne. Je suis venu en France par accident, le 24 juillet 1985. J'ai demandé l'asile politique, l'OFPRA m'a refusé, il me manquait des preuves. Je suis venu avec un passeport et, à cette époque, en Allemagne, on pouvait venir sans visa, c'est-à-dire ils vous donnent un visa, à Berlin, on nous donne un visa de vingt-quatre heures et, après, Berlin-Est, on donne un visa pour trois, quatre jours. Après, il y a des amis qui m'ont conseillé. J'ai pris un taxi parce que j'avais des sous et puis je suis venu en France. C'était un Hollandais à qui j'ai payé 1 000 dollars. Il m'a laissé à Charles de Gaulle et après, j'ai rencontré des Sri-lankais, ils m'ont dit : « Tiens, tu habites avec nous parce qu'on a une solidarité quand même et puis ils m'ont aidé à faire le dossier de l'OFPRA » [14].

L'ampleur tragique de ces situations tend à abolir dans les têtes les notions matérielles et symboliques de frontière qui n'ont plus de sens. La lutte de ces jeunes se résume en une simple exigence : celle d'être autorisés à vivre sur le sol français.

Le temps des désillusions

Les démarches en vue de la régularisation du séjour sont plus ou moins complexes selon le demandeur et selon la forme du statut juridique sollicitée. Si le jeune s'intègre dans une catégorie juridique claire et précise comme le regroupement familial, le statut d'étudiant ou de réfugié politique..., les démarches paraissent relativement simples.

« C'est mon père qui m'a invité, par le biais du regroupement familial. Je n'ai pas eu de problèmes parce que j'avais un visa de six mois, je crois, et une semaine après, j'ai eu mon récépissé de séjour et, un ou deux mois après, j'ai eu ma carte résidentielle de dix ans » [13].

« Je suis venu pour des études. J'ai eu une inscription ici, le certificat d'hébergement et le billet aller-retour, c'est tout. Il faut la prise en charge des parents. J'ai ma carte de séjour temporaire, renouvelable chaque année au mois de décembre ; fin décembre, je vais la renouveler sans problème. Il suffit de justifier la raison de la présence en France » [20].

Mais lorsqu'on observe la trajectoire des jeunes hors des catégories juridiques définies, on voit bien les efforts et l'importance de la mise en œuvre d'actions pour régulariser le séjour.

« Je vais à la Préfecture de police pour déclarer. Voilà, je suis étudiant. Je voudrais m'inscrire à la faculté, mais je ne suis pas admis à la Fac, il me faut une carte de séjour, tout un tas de trucs. Ils m'ont dit : “Le permis de séjour, on ne le donne plus. Il y a plus de dix ans, on ne le donne plus” Alors, j'ai demandé : “Qu'est-ce que je dois faire maintenant pour avoir au moins un petit séjour pour rester en France, parce que je ne peux plus rentrer chez moi”. On m'a dit : “Le mieux, ça serait de demander le statut de réfugié politique. On ne vous l'accordera pas, mais on vous donnera six mois. Ça va vous permettre de rester en France”. Bon, j'ai fait comme tout le monde, j'ai demandé l'asile. On m'a accordé deux mois, et ensuite six mois et puis on m'a dit : "Voilà, vous avez six mois, vous pouvez travailler avec ça. Vous êtes toujours en séjour temporaire. Du jour au lendemain, on peut refuser et vous demander de partir". Pour l'instant, j'ai encore six mois. Pendant ces six mois-là, je vais essayer de travailler, d'avoir un peu de sous et puis de préparer mon retour. Je suis resté trois mois. Le gars m'a donné un peu d'argent pour me débrouiller. Au bout de trois mois, je n'avais plus rien. Je suis allé à l'ANPE et j'ai eu, par un copain, une place de commis de cuisine au Crédit Lyonnais. J'ai travaillé deux ans, là-bas. A la fin du contrat, j'ai eu le chômage. Pendant deux ans, ça a été des renouvellements progressifs de six en six mois, jusqu'au moment où j'ai été rejeté par l'OFPRA, et on m'a demandé de rentrer chez moi. Les Assedic ont refusé de me payer parce que j'ai un récépissé de six mois non valable. J'ai les impôts qui me talonnent. Je suis allé à l'OFPRA pour essayer de trouver une solution à tout cela, pour voir si je ne pourrais pas carrément demander un permis de séjour, car j'estime qu'au bout de deux ans, si je ne voulais pas rester ici en France, si je ne voulais pas m'intégrer, il y a longtemps que je serais parti. A l'OFPRA, ils ont refusé mon dossier. Je vais à la Préfecture pour demander un permis de séjour. Cela fait la énième fois que j'y retourne et qu'ils me refusent. Chaque fois, c'est la même chose : "Monsieur, on ne vous le donnera pas". Je demande à être français. Je demande la nationalité. C'est impossible, il ne faut même pas y penser. Il faut être fou pour aller demander cela. Il faut que je vive dans tout cela. Si je n'arrive pas à m'en sortir d'ici la fin du mois, ou d'ici le mois prochain, je serais obligé de rentrer. Mais, d'ici là, j'ai encore un petit espoir : je me dis toujours que peut-être j'arriverai à trouver une solution. Le plus difficile, c'est de "garder sa tête" parce que j'en connais qui sont devenus fous, des clochards dans la rue, des drogués, des dealers. J'essaie de me conserver, de voir dans tous ces problèmes dans quelle mesure je pourrais me protéger. Je suis avec quelqu'un depuis un bout de temps. C'est une Française et je serais malade de partir et de la laisser ici. Et comme c'est quelqu'un à qui je ne veux pas imposer la vie de chez moi, je préfère rester ici, pour au moins essayer. Si je ne réussis pas la vie professionnelle, si je n'obtiens pas les papiers, au moins, quelque part, j'ai quelque chose, une raison de rester en France. »

« Ça fait très longtemps que je la connais, il y a plusieurs façons d'avoir un permis de séjour de nationalité, le mariage en est une. Mais, personnellement, le mariage est une responsabilité. C'est une charge, c'est une femme, c'est une vie, c'est un tas de choses, et, personnellement, ce n'est pas que je ne suis pas prêt à me marier, mais, je ne veux pas m'engager tout de suite dans un mariage, d'autant plus qu'avec cette personne, si on se marie un jour, ça ne sera pas par arrangement comme ça se fait. Ce n'est pas ma conception des choses. Si j'ai envie de rester ici, c'est pour quelqu'un. Je suis à bout. J'ai rencontré plein de conseillers juridiques pour essayer de voir dans quelle mesure… car ma vie, c'est cela. Elle est liée à un petit bout de papier, avec quoi ?… une petite photo, le nom, le prénom… c'est injuste, on assimile la vie de quelqu'un à un petit bout de papier. Quelque part, on me disait : "La loi, il faut savoir la détourner, mais légalement". Autre problème, lorsque je suis arrivé ici, j'avais des papiers maliens, je suis né à Dakar, j'avais une carte d'identité nationale sénégalaise. Mais mon père m'a déclaré à l'ambassade du Mali » [1].

Le statut de réfugié politique est refusé à ce jeune. Il est prêt à toute concession, même si elles sont excessives et illégales. D'autres configurations sociales existent, toutes aussi complexes.

Le jeune peut venir pour raisons médicales en tant que visiteur. La prolongation de la maladie conduit parfois à une installation durable et aux besoins d'une vie professionnelle. Le retour devient de plus en plus aléatoire et il n'est pas rare que le jeune se soit éloigné, malgré lui, de sa famille d'origine avec laquelle les contacts, dans le temps, se sont distendus.

« Ce sont les papiers, mon problème. Ma carte de travail, je ne l'ai pas. Je n'ai pas de carte de résident, j'ai juste une carte où il y a "visiteur". Je ne peux pas travailler. J'étais là avant 10 ans et ils ne renouvellent que ma carte de visiteur quand je vais à la Préfecture. Mon assistante sociale s'occupe de cela, mais, apparemment, elle ne peut rien faire. Au début, cela n'était pas important pour moi, j'avais 15 ans. Mais, après, vers l'âge de 18 ans ou 19 ans, c'était autre chose. Quand je suis arrivée la première fois, j'avais 9-10 ans. Je voulais partir d'ici le plus vite possible et puis les années passent et, à chaque fois, je pensais que j'allais partir. J'ai attendu pendant dix ans comme ça.

J'attends une greffe, et puis, je sais, je n'ai plus envie de repartir» [10].

Mais, la difficulté et l'ampleur des démarches s'accentuent lorsque le jeune est confronté à des conflits familiaux complexes (mariage polygamique du père et non-déclaration des enfants d'un des lits, retour au pays d'origine d'une personne de la famille détenant les papiers du jeune, séquestration et retour forcé au pays d'origine du jeune.

« Là-bas, on peut faire un petit mariage ou un grand mariage. Ma mère, c'était malheureusement un petit mariage et mon père ne nous a pas déclarés quand il est venu en France, il n'a pas dit qu'il avait des gosses, alors que nous étions deux. Les papiers, c'est le gros problème. Quand le père a fait sa déclaration de nationalité, il ne nous a pas déclarés et quand on est arrivé, on était étudiant, on ne lui demande pas grand-chose à un étudiant. Malgré tout ça, mon père est allé déposer les papiers pour nous faire une carte d'identité, et ils nous ont dit: "Il faut attendre à dix-huit ans pour choisir si on veut rester Français ou Comorien". Mais, en 1987, mes parents sont partis, mon père a eu sa retraite. Il est rentré aux Comores. On s'est battu seul, de gauche à droite, pour avoir des papiers. On nous rejettait parce que, pour eux, on n'est pas Français. Mon père est français, mais, nous, on n'est pas Français. Pourquoi ? Parce qu'en faisant sa nationalité, il ne nous avait pas déclarés. Je suis rentré avec un passeport français. Il n'y avait pas de problème. Si on nous donne un passeport français, c'est parce qu'on le mérite et, moi, je me suis battu parce que, jusqu'en 1989, pour essayer d'avoir même un récépissé de nationalité. Ils n'ont pas accepté. Ils m'ont dit d'aller à la Préfecture pour bénéficier d'une carte de séjour. Quand je suis arrivé à la Préfecture, ils m'ont dit: "Excusez-nous, mais on ne peut pas donner à un Français une carte de séjour". Je leur ai dit: "Je ne suis pas Français, je ne suis pas Comorien". Une dame a dit: "Alors, vous êtes martien, Monsieur". Je ne peux pas avoir une carte de nationalité. Je ne peux pas avoir une carte de séjour. Sur le coup, cela m'a fait rire, mais je me suis senti un peu seul. Comme j'étais un jeune majeur, j'ai été voir le juge d'instruction, le juge des enfants. Il m'a envoyé voir, toujours la ballade, une assistante sociale, et l'assistante sociale, avec moi pendant une semaine, m'a dit : "Moi, je ne peux rien faire à votre problème". A la Préfecture, ils m'ont dit: "Il faut un passeport comorien. On va vous faire un récépissé de carte de séjour". Alors, j'ai trouvé que c'était déjà un premier pas. Ils m'ont fait un récépissé provisoire, renouvelable tous les trois mois, et ça dure comme ça depuis 1990» [23]

« A 16 ans, ça a commencé avec une carte d'un an, renouvelable chaque année. J'ai pris un avocat. Il a fallu que je me batte pour avoir ma carte de dix ans. La première fois, cela a été refusé et après j'ai pris un avocat. La deuxième fois, j'ai fourni tous les papiers à l'avocat et j'ai obtenu un résultat. Le premier refus, c'est parce qu'il manquait beaucoup de papiers. Beaucoup étaient dans le dossier de ma cousine. Elle était partie, il fallait que je puisse récupérer tout cela. J'ai été obligé de lui écrire. Il y avait un papier de tutelle fait au Cameroun comme quoi elle me prenait en charge. Cela a duré six à sept mois. »

« J'avais tous mes papiers, mon passeport, ma carte de séjour, c'est mon père qui me les avait faits à 16 ou 17 ans. On m'a séquestrée au Maroc sous prétexte que ma grand-mère était malade. Un matin, je me lève, je vais voir dans mon sac si j'ai ce qu'il faut pour revenir en France et acheter mon billet d'avion, je ne trouve plus aucun papier. J'ai été séquestrée pendant trois ans et j'ai perdu ainsi mes droits. J'ai réussi à revenir en France. C'était difficile d'obtenir une deuxième carte de séjour. Je suis allée à la cité, là, on n'a rien voulu entendre. On m'a dit: "Écoutez, tout ce que l'on peut faire pour vous, c'est vous donner un mois de plus sur le territoire français". Alors, finalement, on m'a donné un mois et j'ai dit: "Je ne veux pas rester ici sans papiers, je ne veux pas repartir au Maroc. je veux être ici légalement pour travailler". Partout où je vais, j'ai dit: "j'ai passé ici toute mon enfance, presque 20 ans, je ne peux pas oublier cela comme ça. J'ai travaillé, j'ai étudié, j'avais mes papiers. J'avais ma sécurité sociale, mon compte en banque, tout. J'ai quitté le territoire plus de six mois, non par ma faute, mais j'avais ainsi perdu tous mes droits. C'était comme si je venais pour la première fois en France. Rien à faire à la cité. J'ai fait trois ou quatre préfectures de départements différents. Je suis allée dans un service social au consulat du Maroc et, là, j'ai rencontré quelqu'un qui m'a beaucoup aidée". Il a écouté mon histoire. Il était vraiment touché, il m'a dit: "Écoutez, je connais quelqu'un qui peut vous aider. Il était vraiment sûr de lui. Il a pris le téléphone, il a appelé et m'a recommandée. J'ai eu un rendez-vous le lendemain dans une sous-préfecture. Là, il fallait reconstituer tout le dossier. Le sous-préfet m'a écoutée, m'a fait une liste de papiers (certificat de scolarité, etc.). Il fallait reconstituer un dossier de toute ma vie. J'ai réussi très, très difficilement et je lui ai ramené tout ce qu'il demandait. Ça m'a pris plusieurs semaines. Là, il m'a envoyée avec un mot à Monsieur le Préfet. On a ressorti mon ancien dossier et j'ai obtenu ainsi un récépissé d'une carte temporaire d'un an, renouvelable pendant trois ans. J'attends un bébé, je vais avoir une carte de dix ans. Je suis aidée par une dame de la Préfecture où j'ai fait maintenant transférer mon dossier. Les démarches ont duré deux ans » [9].

Parfois, lorsque le mariage d'un étranger avec un résident en France a eu lieu au pays d'origine, les époux luttent pour bénéficier de la procédure du regroupement familial.

« Je suis venue avec un visa et je suis tombée enceinte. On a écrit une lettre au Préfet expliquant mon état et mon impossibilité de retourner au pays. Je vais chez le docteur ici. Ils m'ont permis d'accoucher mais, comme on entre par un regroupement familial, ils ont dit de refaire le dossier, de passer par la visite générale. Là, comme j'ai accouché, j'ai allaité mon bébé jusqu'à six mois et je suis retournée au Maroc pour faire la visite médicale. J'ai fait la visite par l'Office d'immigration. La première fois que je suis venue, c'était avec un visa touristique parce que mon mari était en train de préparer le dossier de regroupement, sa demande de logement, et c'est difficile d'obtenir un logement. Il attendait qu'ils lui donnent la maison et, dès qu'il a eu l'appartement, il a fait le dossier, il l'a envoyé à l'Office d'immigration. Nous avons attendu trois mois pour l'appartement, mais la première fois, ils nous ont donné un studio. C'est petit parce que je suis tombée enceinte. Alors, l'Office d'Immigration exige des mètres carrés pour accepter la demande. Il faut une maison plus grande. Maintenant, tout est réglé. J'ai un récépissé. Dans un mois, j'aurai ma carte de séjour, une carte de dix ans. Si je veux maintenant demander la double nationalité, mon mari doit-il l'avoir aussi ? Et dans le cas où mon enfant est né ici, quels sont mes droits ? » [26]

La quête pour devenir Français

Ainsi, les jeunes qui cherchent coûte que coûte un statut le font pour des raisons diverses mais avec la même détermination. Il ne s'agit pas seulement de « dire la loi », mais de trouver une cohérence selon les logiques en présence. Or, quelle que soit la figure juridique formelle qui définit chaque jeune, la question de l'acquisition de la nationalité française reste largement débattue.

« Je suis arrivé ici à quelques mois. J'ai décidé de faire les démarches pour obtenir la carte d'identité française. Il fallait prouver une résidence de cinq années en France. Il fallait que je donne un certificat de scolarité des cinq dernières années. J'ai fait ça cette année. Il fallait que je donne des quittances de loyer, quittances EDF-GDF, des revenus, un extrait d'acte de naissance, un acte de mariage, et je crois que c'est tout. j'ai fait la procédure de naturalisation. C'était plus facile que je pensais. Ça a mis trois mois. J'ai donné les papiers. On a eu une convocation ; trois mois plus tard, mes parents sont venus signer. Moi aussi, puis voilà, quoi, j'ai ma carte d'identité » [29].

Pourtant, cette démarche n'est pas aussi simple car la question est souvent dans le fait de faire reconnaître son droit à la nationalité. Les jeunes insistent sur les difficultés pour acquérir le statut de Français. La constitution du dossier nécessite un rassemblement de nombreuses pièces.

« J'ai un dossier de naturalisation, que j'ai été chercher à la Préfecture, qui est là depuis trois mois. J'ai été découragé par le nombre de pièces qu'ils nous demandent. Très découragé par une liste infinie de documents. C'est décourageant. Moi, j'étais très motivé à l'idée de devenir Français, puisque je me sens Français au fond de moi-même. Je pense en français, je rêve en français. »

Mais, la nationalité et l'idée d'un droit intégrant qui gagne aujourd'hui du terrain révèlent aussi les tumultes familiaux et les embroglios administratifs.

« J'aurais voulu me naturaliser et quand je commence à en parler avec mon père, il hésite un petit peu. Il se dit : "Bon, il va se naturaliser, il va oublier tout le monde, il ne viendra plus là-bas, il va faire sa vie ici. Il ne pensera plus à personne" mais c'est faux. Lui, il ne veut pas ; moi, j'aurais aimé prendre la nationalité française, je ne sais pas comment faire ? Pour me naturaliser, ils me demandent des papiers que je ne peux pas fournir : l'acte de naissance, je vais vous dire franchement, avec toute ma famille qui m'entoure, ça n'a jamais été ça. Ils demandent aussi l'acte de mariage des parents, il me faut le livret de famille et quand je parle du livret, c'est hors de question. Il fait tout pour me causer des problèmes » [15].

Enfin, souligner les diverses situations des jeunes, c'est aussi évoquer le cas des double-nationaux. Leur souhait d'acquérir la nationalité française répond à des choix personnels en lien avec une intériorisation de l'importance subjective de deux sociétés, non de deux États-Nations. Leur choix est dicté par plusieurs motivations : le désir de voyager sans être obligé de refaire des papiers à chaque sortie du territoire, l'ouverture d'un compte épargne-logement, le fait de pouvoir voter, ou encore la possibilité de se présenter au concours administratif. Toute la difficulté tient alors dans la tension entre le respect de la logique inhérente au droit de l'immigration et l'ambition des jeunes d'aboutir à un statut clair afin de pouvoir s'adapter au sein de la société française. En effet, l'absence d'un statut juridique à 16 ans pour les uns, à 18 ans pour les autres freine l'accès à une formation rémunérée ou à un emploi. Le jeune attend d'être reconnu, recherche une identité, une estime de soi perdues souvent au cours de son parcours semé d'embûches. Le jeune essaie ainsi de dénouer un nœud gordien afin de transformer une situation complexe en une réalité possible. Mais, que reste-t-il comme perspectives sinon que le génie tranche ou le hasard ?

Les perspectives d'avenir

L'immigration, pour ces jeunes, est un événement grave. L'impression d'être pris dans un engrenage infernal finit par l'emporter sur l'espoir d'une nouvelle vie. Leur acte d'immigrer fait basculer leur destin. Ils n'en sont plus maîtres. Sur la terre d'accueil, ils se fondent dans une survie dont le prix à payer reste une éventuelle attente. L'attente d'exister, celle d'être reconnus quand ils arrivent à quitter les méandres d'un statut provisoire. Lors des entretiens, les préoccupations socio-professionnelles, la question du retour sont autant de sujets de tension entre l'idéal affiché d'une adaptation et la réalité d'une vie morcelée.

Tout d'abord, les préoccupations socio-professionnelles se résument autour de quelques souhaits : désir de possession par l'emploi des verbes « avoir », « acquérir », « me mettre à mon compte », et le sentiment de la nécessité d'une action à plus long terme par l'utilisation des termes « devenir », « construire ».

« Moi, j'ai de très grands projets, mais… ils sont très difficiles à réaliser. Ils me paraissent irréalisables. J'aimerais bien. Je suis tenté par plein de choses en fait. Là, mon projet, à court terme, c'est de… d'avoir une voiture. Ensuite, j'aimerais bien pouvoir construire ma vie dans la région parisienne, c'est une région qui me plaît assez. J'aimerais bien acquérir un appartement. Je trouve que c'est idiot de louer à vie. Mes parents habitent dans une HLM depuis vingt ans, alors que si, au début, ils avaient investi dans l'immobilier, s'ils avaient acheté quelque chose, ils auraient fini de le payer à l'heure actuelle. Moi, je trouve que c'est dommage de payer un loyer toute sa vie. Il vaut mieux acheter une maison et la payer, comme un loyer, et à la fin, avoir la maison à soi. Sinon, au niveau professionnel, j'aimerais bien travailler dans la comptabilité et pourquoi pas, évoluer dans cette branche, devenir comptable. C'est vrai qu'il y a beaucoup d'annonces dans la comptabilité. Mais il y a aussi beaucoup de monde, beaucoup de concurrence. Moi, je ne sais pas ce qui s'est passé, mais je n'ai pas réussi, et pourtant, quand je suis arrivé ici, à l'ANPE on me disait : “Avec un bac, vous devriez n'avoir aucun problème, on va vous trouver un emploi…” et puis, rien du tout. Je suis sûr que si je n'avais pas accepté, par exemple, ce poste-là, où je suis à l'heure actuelle, je ne crois pas que j'aurais trouvé quelque chose dans la comptabilité. J'aimerais bien continuer à chercher d'autant plus qu'il y a eu une mesure, là récemment, les contrats exo-jeunes qui facilitent l'emploi des jeunes. Les patrons sont dispensés des charges salariales pendant un an, et ensuite 50 % pendant six mois. J'aimerais bien en profiter, mais j'ai peur de quitter mon travail et de ne rien trouver après. Ça m'est déjà arrivé une fois. C'est dommage parce que mon contrat se termine fin mai, et à partir du 21 mai, les exo-jeunes n'existeront plus. J'aurais bien voulu en profiter, voir si ça peut marcher. Là, je vais toujours me poser la question "Est-ce que j'ai bien fait de continuer ?" Je reste par peur. Si j'étais assuré d'avoir un exo-jeune en comptabilité, je n'hésiterais pas à partir… Là, ce que je fais, j'estime vraiment que c'est un travail temporaire » [2].

Posséder un toit, un abri d'enracinement, exister limpidement dans une quotidienneté apaisée, ces jeunes aspirent ainsi à un avenir meilleur et rêvent d'ascension sociale.

« L'avenir… franchement, je pense à mon avenir. C'est une idée qui me trotte depuis au moins six mois dans la tête, c'est de me mettre à mon compte. Vitrier-miroitier ce n'est pas facile de se mettre à son compte. Ce n'est pas comme ça, du jour au lendemain, qu'on se met à son compte ! Mais mon avenir, c'est ça, j'y pense, j'attends juste de pouvoir… j'attends une aide, j'attends. Peut-être mon père pourra-t-il m'aider financièrement… avec un collègue. C'est un métier que je connais parfaitement bien, un métier où on gagne bien sa vie. Un artisan, patron ! Je ne me fais pas des films, je travaille quand même, quoi… même si pendant dix ans, je travaille toujours pour moi-même. C'est-à-dire moi-même tout seul sur les chantiers. Au moins, je serais à mon propre compte. Je gagnerais déjà nettement plus qu'un salarié. C'est ça qui me trotte, c'est ça mon avenir. Je pense à ça… Mon meilleur ami d'enfance est à son compte aujourd'hui » [17].

« Mon avenir, c'est vrai, est difficile. C'est difficile la vie, c'est très difficile ! Je ne sais pas. Pour l'instant, je passe ma journée, c'est tout. Je ne peux pas décider, je ne peux pas… à chaque fois, ça change, la vie… ça change des choses, ça change beaucoup de choses. Je n'en sais rien… » [19].

Ce qui domine dans ces dialogues, c'est le sentiment d'une situation socio-professionnelle insurmontable. L'impression qu'une tragédie l'emporte. Mais, l'idée de retour au pays d'origine ne germe pas pour autant. Les jeunes , très souvent, font la différence entre un séjour ponctuel – pendant les vacances – et une installation quotidienne, pour toujours.

« Si je retourne, c'est en vacances, pour revoir mes parents. Je compte m'installer définitivement là. Définitivement oui, parce que j'ai mes papiers. Je suis en règle. J'ai ma carte de résidence. Je compte faire ma vie ici. » [21]

« J'ai vraiment envie de rester en France. Je me dis que ça va changer, qu'avec le temps, les gens vont comprendre que… Ce n'est pas du tout un handicap de vivre avec plusieurs personnes. Comment dire ? Ça permet aussi de changer de culture, de savoir les modes de vie. Mais ça ne m'incite pas à repartir, j'ai bien envie de rester ici. Je peux retourner au Bénin. Je me suis renseigné une fois à l'OFPRA. Ils m'ont dit que la démocratie est très fragile, qu'elle vient de commencer… il ne faut pas trop penser retourner tout de suite… il faut vraiment que ça change, que ça s'installe vraiment et là, je me sentirai plus en sécurité. Si j'ai une voie valable là-bas, je veux bien retourner. Mais, ce n'est pas facile là-bas de vraiment s'installer… pour trouver des bonnes conditions, il faut quand même des diplômes. Mon souhait, c'est d'avoir une très bonne formation, ce qui me permettra d'être bien, de me sentir bien là-bas aussi.

Je préfère rester ici dans de bonnes conditions parce qu'ici, même s'il y a beaucoup de problèmes, je me sens plus à l'aise. Là-bas, non seulement… il y a la sorcellerie. On peut ne pas s'approcher de vous et vous tuer. Ça aussi, c'est un problème qui est très difficile. On a souvent peur. On n'a même pas besoin de mettre un fusil ou un pistolet sur vous pour vous tuer. Il y a des moyens mystérieux pour tuer. Et quand, là-bas, il y a la haine et que vous êtes un peu heureux, ou que vous vous sentez bien, on peut chercher à vous tuer. Ça, c'est très fréquent. C'est le pays où le Vaudou est le plus pratiqué. L'origine même du Vaudou est l'ex-Dahomey, qu'on appelle maintenant le Bénin. Quand vous prenez le dictionnaire, l'origine du Vaudou, ça vient de là-bas. C'est aussi le problème… parce que j'ai perdu beaucoup de parents par ce biais. Il y a une forte mortalité due au Vaudou. C'est quelque chose que la loi ne peut pas expliquer. Mais nous, on sait. Telle personne est morte par telle ou telle chose. Cela fait peur. Celui qui vient de la France, automatiquement, on dit qu'il est heureux… tout ce qu'il a eu là-bas !… Donc, vous allez là-bas, vous vous installez, on cherche à vous couper la vie. Ce sont les sorciers qui font cela. C'est vraiment fréquent. Il y a vraiment un problème. Quand je pense au retour… j'ai peur. Il y a des gens, ils retournent là-bas et, quelques mois après, ils meurent… » [8].

Ceux qui n'ont pas un statut juridique assuré à long terme ou ceux qui peuvent exploiter au mieux leur qualification professionnelle au pays d'origine ont parfois un projet de retour. Ce projet varie selon l'âge, le nombre d'années de vie en France. Mais il faut se garder d'interpréter trop vite ces réactions, le retour n'est peut-être qu'un mythe.

« Je voudrais m'installer ici, travailler ici comme cuisinier, toujours. Je ne sais pas, peut-être parce que je suis resté trop longtemps ici. Je me sens coupé de la vie de là-bas. Oui... de la vie là-bas et de l'éducation aussi. Je suis venu ici, je n'avais pas de famille. Je suis resté ici tout seul. Je me suis habitué à être seul. Je ne partirai pas d'ici avant d'être greffé. Et puis, après, si je n'arrive pas à avoir ma carte, je partirai dans mon pays » [10].

A quelques exeptions près, tous ces jeunes s'insurgent contre toute situation juridique ou socio-professionnelle précaire qui leur apparaît comme une atteinte à leur dignité. Pourquoi les laisser venir, s'installer plusieurs années s'ils ne peuvent obtenir un statut juridique à plus ou moins long terme ? Rien n'est plus contraire à l'idéal d'une protection de la jeunesse (5) que l'inhumaine paperassière de la logique du droit de l'immigration.

Oui, pourquoi les laisser venir quand d'avance tout un système semi-légal tend à les mettre à l'épreuve de la vie ?

La petite lucarne ouverte comme une brèche dans le maquis juridique et administratif de l'immigration est perçue hors frontières comme une grande porte. Après la traversée, ces jeunes se rendent compte et très vite que la terre d'accueil n'est en réalité qu'une tortueuse impasse et que la seule voie, grande ouverte, est celle de la sortie. A-t-on le droit – et ici le sens du droit dépasse le concept juridique du mot – de faire entrer des êtres par une petite lucarne pour les chasser après par la grande porte ?

---

(5) La France, au titre de l'assistance éducative, sur le fondement de l'article 375 du Code civil ou par le biais de conventions internationales développe une politique de protection des mineurs et jeunes majeurs. Le lecteur se reportera pour plus d'infomations au rapport de recherche sous la direction d'E. RUDE-ANTOINE, « Les jeunes étrangers, leur statut juridique et leur intégration », *op. cit.*

6

La tentation du conservatisme

Tout commence dans une salle d'attente. Comme tous les matins, la file reflète toutes les couleurs du monde. Dossier sous le bras, un jeune s'agglutine autour du guichet. Il attend son tour et s'efforce de prendre son mal en patience. Voilà déjà plusieurs fois qu'il revient. Il reste debout. Amabilité, éclats de voix, conseil poli, cri hystérique, tension, silence, telle est la loi des habitués de la préfecture. Ces « clients » du jour, qu'ils soient convoqués ou simples demandeurs d'un renseignement, n'ont rien à dire, ils sont étrangers.

A l'abstraction et à la généralité de la loi s'est ainsi substituée progressivement la singularité du cas. La décision fait autorité. Le dossier remplace le code.

Insatisfaits, les jeunes étrangers avancent vers l'avenir. Mais quel avenir ? Des questions nouvelles hantent désormais la France.

« J'ai essayé de m'intégrer, non d'adopter vraiment la vie française, mais de m'intégrer, de comprendre qu'est-ce que la société française et ses principes, comment vivent les gens, comment ils sont, comment ils parlent, comment parler aux gens, et pendant deux ans j'ai côtoyé des Français, j'ai essayé de comprendre, je ne dis pas que je suis totalement intégré parce qu'on reste toujours de quelque part, on garde toujours ses origines. Mais je suis arrivé à un niveau où vraiment je peux communiquer avec les Français, enfin avec les Européens, sans les offenser, les brusquer, sans vraiment les blesser dans leur dignité, leur amour-propre... parce que, la façon de s'exprimer ici, ce n'est pas la même qu'en Afrique. On a une façon plus directe, plus cordiale. Ici, il faut y aller avec des gants, surtout quand on est étranger. Il faut y aller avec des gants, il faut parler gentiment, il faut avoir une façon de parler pour que les gens puissent vous accepter. Si aujourd'hui, je parle français, je m'habille comme un Français, je ne suis pas pour autant assimilé. L'assimilation, c'est dépassé. On parle maintenant d'intégration. L'assimilation, c'était dans les années 60, c'était nos aînés. On parlait de l'assimilation parce qu'à l'époque, à Dakar, on voyait habiller en costume, cravate et, on disait “il est assimilé”. Maintenant, c'est l'intégration. Et après, qu'est-ce que cela va être ? Je ne sais pas, les chercheurs, vous nous le direz plus tard. On verra bien ce que ça va donner dans tout ça » (1).

La réaction ironique de ce jeune Sénégalais traduit tout le désarroi contemporain, la crise de la modernité. Elle annonce aussi ces vies qui se déroulent dans l'attente et le provisoire, ces millions de vies qui passent à l'ombre des certitudes, des lumières, du pouvoir, des discours et des modes. Tant que nous parlerons des jeunes étrangers sans jamais rien dire de nos principes fondateurs, des mutations en cours, finalement rien de la complexité de la société française, ils ne nous diront rien de leur existence humaine.

Domaine du construit, du choix, le droit témoigne des représentations de la société et incite à en rechercher le sens. L'intérêt pour les jeunes, manifesté cycliquement, correspond sans aucun doute à une prise de conscience de leurs attentes et besoins spécifiques. Mais comment ne pas constater que l'on a jamais autant débattu sur la question des jeunes étrangers, jeunes immigrés... que depuis quelques années, depuis que ces jeunes sont voués à des destinées qui portent à leur paroxysme les fractures de la société française ?

Nous avons suivi tout au long de ce livre les très nombreux sujets de débats soulevés par les jeunes issus de l'immigration, les fondements normatifs en matière de politique migratoire et constaté ainsi que ces interrogations vont bien au-delà de la seule

---

(1) E. RUDE-ANTOINE (sous la direction de), « Les jeunes étrangers, leur statut juridique et leur intégration », *ibid.*, p. 176.

question de l'immigration. On pourrait s'en tenir là. On doit cependant se questionner sur le modèle juridique français. Comment le droit peut-il éclairer l'avenir ? Comment peut-il fixer les contours entre universalisme et particularisme ? Le modèle français, enraciné dans une tradition de deux siècles, dont la révolution a élaboré la mythologie fondatrice, peut-il être réinterprété (2) au regard des changements de la société française ? Si l'histoire nous enseigne sur l'origine de la tradition juridique française, elle n'offre aucune explication sur sa pérennité.

La tradition juridique française

Le modèle juridique classique ou celui du droit codifié, hiérarchisé au sens kelsennien (3) masque l'héritage culturel qui l'inspire. La souveraineté du législateur n'est que le résultat de la laïcisation de l'époque révolutionnaire. Ainsi, à l'autorité divine s'est substituée celle de l'État. Dans cette vision d'un droit étatique, le pluralisme juridique est rejeté. Kelsen, lui-même, s'accorde avec l'idée que toute norme fondamentale suppose l'évocation d'une « autorité imaginaire » (4). Comme l'ont démontré les anthropologues (5), selon les époques et selon les pays, le fondement mythologique est Dieu, l'État ou la raison. Aux yeux de Léo Strauss et avec Machiavel, le droit doit dissocier les questions de normes du théologique : « Il faut prendre comme point de repère non pas comment les hommes doivent vivre, mais comment ils vivent effectivement (...). Qu'on n'aille point chercher dans le ciel une fin qui serait par nature commune

(2) Cf. également l'excellent article de N. ROULAND, « La tradition juridique française et la diversité culturelle », *Droit et société,* Paris, LGDJ, n° 27-1994.

(3) H. KELSEN, *Théorie pure du droit,* 2e éd. trad. par Gh. Eisenmann, Paris, 1962. Selon la théorie du droit de Kelsen, la norme est définie par son insertion dans une hiérarchie.

(4) F. OST et M. VAN DE KERCHOVE, « La référence à Dieu dans la théorie pure du droit de Hans Kelsen » in *Qu'est-ce que Dieu ? Hommage à l'abbé Daniel Coppieters de Gibson,* Bruxelles, 1985, pp. 285-324.

(5) N. ROULAND, *Anthropologie juridique,* Paris, Puf, 1988, pp. 401-407.

aux hommes, semblable à un modèle inscrit dans le ciel, mais qu'on s'oriente vers les racines dissimulées de la terre, car c'est là que se révélera la véritable nature de l'homme et de la société » (6). A l'aide des Lumières, les fondements de la légitimité sont repensés. La République est sollicitée à reconsidérer au gré des époques et des régimes le fondement de ses valeurs, à les repenser dans l'actualité de quelques querelles anciennes comme si l'acquis n'était jamais définitivement acquis et comme si le mouvement d'une société passait tout autant par les tumultes et les remises en question de ses valeurs. On n'a jamais fini de voir les thèmes de liberté, d'égalité, de fraternité gravés, pour ne pas dire sculptés, dans le marbre du fronton de cette République, oscillés et chancelés autour de son socle. Depuis le siècle des Lumières, cette particularité française d'une République ouverte aux Citoyens dans la reconnaissance de ses droits et l'obligation de ses devoirs ne cesse de soulever l'acuité des débats et des interrogations, l'appelant au gré des événements à se métamorphoser.

Dans ce contexte, le droit né d'une République place la volonté du peuple en souveraineté majeure. C'est ainsi que l'on aboutit aux codifications modernes qui unifient, pour ne pas dire uniformisent, la matière juridique reposant sur la raison et prônant l'intérêt général. Le droit est réécrit autour de quelques catégories essentielles. Et le code renforce l'autorité de la loi. Mais ce modèle d'État libéral est en crise. La rationalité déductive et linéaire est remise en question.

De nouvelles donnes

La constitution d'un ordre juridique européen affecte la souveraineté juridique de l'État national. Si les solutions d'espèce étaient déduites de règles générales dérivées de principes plus généraux encore, aujourd'hui, dans le domaine de l'immigration,

(6) Léo Strauss, *Pensées sur Machiavel,* trad. M. P. Edmond et T. Stern, Paris, Payot, 1982, p. 313.

la compétence est partagée entre l'État national et l'Union européenne.

Dans une décision du 3 septembre 1986 relative aux conditions d'entrée et de séjour des étrangers en France (7), le Conseil constitutionnel considère qu'il appartient aux divers organes de l'État de veiller à l'application des conventions internationales dans le cadre de leurs compétences respectives (8). Au cours de ces dernières années, la Cour européenne des Droits de l'homme s'est plusieurs fois prononcée. Ainsi, l'expulsion d'un étranger, conforme au droit interne d'un État, peut ne pas l'être au regard du droit au respect de la vie familiale reconnu à toute personne par l'article 8 de la Convention européenne des Droits de l'homme, parce qu'il existe une disproportion entre l'atteinte portée à ce droit, la défense de l'ordre et la prévention des infractions pénales en vue desquelles l'expulsion a été décidée (9). La Cour européenne a appliqué l'article 8 en décidant le 21 juin 1988, dans l'affaire Berrehab contre les Pays-Bas, que l'expulsion d'un Marocain divorcé d'une Néerlandaise, avec laquelle il a un enfant, qu'il rencontre régulièrement, porte une atteinte au droit au respect de sa vie familiale et est disproportionnée à la fin économique recherchée (10). Le Conseil d'État, en France, après avoir jugé que l'étranger ne peut se prévaloir des dispositions de l'article 8 de la Convention européenne de sauvegarde des Droits de l'homme et des libertés fondamentales (11), a accepté en janvier 1991 dans l'affaire Beldjoudi d'examiner le moyen tiré de la violation de cet article (12). Il a été ainsi procédé à un contrôle de proportionnalité entre les exigences de l'ordre public et les intérêts du requérant au respect de sa vie familiale. En l'espèce, il s'agissait d'une mesure d'expulsion à la suite d'une condamnation à huit ans de réclusion

---

(7) *Rev. fr. dr. adm.*, 1987, 120 note B. Genevois.

(8) L. Favoreu, « Le juge administratif, le traité et la loi postérieure », *Rev. fr. dr. adm.*, nov.-déc. 1989, p. 994 « Le juge de fond est le mieux placé pour apprécier s'il existe une contradiction entre la loi et le traité. Il est saisi des cas concrets et peut mieux que le juge constitutionnel déceler des conflits entre la loi et le traité qu'un examen abstrait ne ferait pas apparaître ».

(9) Cour EDH 21 juin 1988, Berrehab c. Pays-Bas ; 18 février 1991, Moustaquin c. Belgique : Série A, n. 193 ; 26 mars 1992, Beldjoudi c. France : série A n. 234 A.

(10) Série A n. 138.

(11) Cons. d'État 25 juillet 1980, *JCP,* 1981. II. 19613, note Pacteau.

(12) Cons. d'État 18 janvier 1991, Beldjoudi, *JCP,* 1991, éd. G. IV, p. 131.

criminelle alors que l'intéressé était dans les liens du mariage avec une Française. A propos de cette affaire, notons que la Commission européenne des Droits de l'homme a déclaré recevable la requête de Sieur Beldjoudi le 11 juillet 1989, alors que ce dernier avait saisi le Conseil d'État le 17 juin 1988 de l'annulation de son arrêté d'expulsion. Il pensait que le Conseil d'État n'appliquerait pas l'article 8 de la convention. La Commission a saisi la Cour qui, dans un arrêt du 26 mars 1992 (13), a fait un calcul de proportionnalité inverse de celui du Conseil d'État. Elle a décidé que la menace pour l'ordre public pesait moins lourd que la naissance en France de parents français, la possession de la nationalité jusqu'en 1963, son mariage, son enfant avec une Française, son absence de lien avec l'Algérie. Elle en a conclu que l'exécution de l'arrêté d'expulsion « risquerait de mettre en péril l'unité, voire l'existence du ménage, qu'elle ne serait pas proportionnée au but légitime poursuivi » et violerait le respect de la vie familiale du requérant (14). Par une décision du 19 juin 1991, le Conseil d'État a rejeté la requête en annulation de l'arrêté d'expulsion d'un Algérien, sans attache familiale avec l'Algérie et résidant en France où vit sa famille. Il a considéré que cet arrêté ne porte pas atteinte au droit au respect de sa vie familiale, « une atteinte excédant ce qui était nécessaire à la défense de l'ordre public (15). La Cour européenne a à nouveau décidé par un arrêt du 18 février 1991, dans une affaire Moustaquim contre la Belgique, que l'arrêté royal d'expulsion d'un jeune Marocain, pris régulièrement en vertu d'une loi belge, en raison de ses nombreuses infractions pendant sa minorité, a porté atteinte au droit au respect de sa vie familiale parce que ce Marocain est venu très jeune en Belgique rejoindre son père, où il a vécu avec ses parents, frères et sœurs, et où il n'a pas commis d'infraction entre la fin de sa minorité et l'arrêté d'expulsion (16). Plus récemment, le Conseil d'État s'est prononcé dans deux arrêts d'Assemblée (17) se référant aussi à l'article 8 de la

---

(13) Cour EDH, 26 mars 1992, Série A, n. 234 A.

(14) V.J. Fr. FLAUSS, AJDA, 1992 p. 424.

(15) Conseil d'État, 19 juin 1991, req. n. 101586, Me Kchiche : AJDA, 1991, p. 746.

(16) Cour EDH, 18 février 1991, Moustaquim c. Belgique : Série A, n. 193 ; *D.*, 1992, Sommaires commentés.

(17) Cons. d'État, Ass. 19 avril 1991 (deux arrêts) req. n. 107470 Belgacem ; *Rev. fr. dr. adm.*, 1991, p. 497, concl. et req. n. 117680, Mme Babas, *JPC,* 1991. II. 21757 ; *Rev. crit.dr. int. pr.*, 1991.677, note D. TURPIN.

Convention européenne de sauvegarde des Droits de l'homme et des libertés fondamentales. En procédant à un contrôle de proportionnalité, le Conseil d'État a considéré que « la mesure d'expulsion prise à l'encontre de M. Belgacem a, eu égard à la gravité de l'atteinte portée à sa vie familiale, excédé ce qui était nécessaire à la défense de l'ordre public ». L'expulsion de ce ressortissant algérien, n'ayant aucune attache familiale avec le pays dont il possède la nationalité, résidant depuis sa naissance en 1958 en France où demeure toute sa famille, frères et sœurs, dont il a assumé une partie de la charge à la suite du décès de son père en 1976 et malgré plusieurs vols en 1980, 1982 et compte tenu de son comportement postérieurement aux condamnations prononcées, a été prise en violation de l'article 8 de la présente convention. Il n'en a pas été de même dans l'affaire Babas à propos de l'arrêté de reconduite à la frontière d'une requérante, mère d'un enfant né en 1989, reconnu par son père, ressortissant marocain titulaire d'une carte de résident et se trouvant en état de grossesse. Cette mesure, compte tenu de la durée en France (depuis fin 1989) et des conditions de séjour (rejoindre son concubin marié par ailleurs) de la requérante en France, n'a pas porté au droit de l'intéressée au respect de sa vie familiale une atteinte disproportionnée aux buts en vue desquels elle a été prise. La jurisprudence du Conseil d'État est allée plus loin. Elle s'est prononcée à propos du refus d'un visa à un étranger et du refus d'un titre de séjour (18).

L'intrusion du fait religieux

Cette jurisprudence parallèle de la Cour européenne des Droits de l'homme et du Conseil d'État peut avoir quelques effets bénéfiques sur la situation administrative de certains jeunes étrangers en France (notamment les jeunes majeurs), lorsque leurs attaches

---

(18) Conseil d'État, 10 avril 1992, Req. n. 75006, Aykam : *JCP*, éd. G IV 1993, observ. M.C. ROUAULT ; req. n. 76945, Minin : *JCP*, 92, éd. G. IV, 1693, obs. M.C. ROUAULT ; req. n. 120573 Marzini : *JCP*, 92, éd. G. IV, 1769, obs. M.C. ROUAULT.

familiales sur le sol français sont évidentes (19). Les conventions internationales peuvent être ainsi incorporées dans l'ordre juridique interne. Les décisions jurisprudentielles futures introduiront-elles encore cette protection du droit de vivre une vie familiale normale ? Jusqu'où s'étendra la fonction du juge dans ces champs bien délicats ?

L'orientation du droit européen s'éloigne parfois du modèle juridique français. A propos des jeunes issus de familles migrantes (20), selon le conseil d'État, chaque État doit « réduire les différences existantes entre nationaux et non-nationaux dans la participation à la vie de la société du pays de résidence ». Il est même recommandé par le biais de mesures législatives de faciliter l'accès à la nationalité du pays de résidence, de limiter les expulsions de migrants de la deuxième génération durant leur minorité ou ultérieurement pour des actes commis pendant cette minorité. Mais encore, les articles 9, 10 et 22 de la convention relative aux Droits de l'enfant (21) rappellent, parmi ses dispositions, que le mineur ne doit pas être séparé de ses parents et que

---

(19) On notera plusieurs arrêts à propos de l'application de la Convention européenne des Droits de l'homme et de l'application de l'article 8 : Cour EDH, 18 février 1991, (Moustaquim c/Belgique), *D.*, 1992, Sommaires commentés ; Cour EDH, 23 janvier 1991, (Djeroud c/France), *D.*, Sommaires commentés, 1992.327 ; Cour EDH, 20 mars 1991 (Cruz Varas et autres c/Suède), *D.*, Sommaires commentés, 1992.327 ; Pour les mineurs étrangers, le détour par cette convention n'apparaît pas le moyen le plus justifié, comme nous le fait si bien remarqué M. BRUEL, juge pour enfants.

(20) Recommandation N° R (88) 6 sur « les réactions sociales au comportement délinquant des jeunes issus de familles migrantes ». Cf. A. LAHALLE, « Les règles internationales et les grands systèmes de droit des mineurs en Europe occientale », *Rapport de recherche*, CNRS, mars 1990.

(21) Cf. Art. 9 « Les États parties veillent à ce que l'enfant ne soit pas séparé de ses parents contre leur gré, à moins que les autorités compétentes ne décident, sous réserve de révision judiciaire et conformément aux lois de procédures applicables, que cette séparation est nécessaire dans l'intérêt supérieur de l'enfant. Une décision en ce sens peut être nécessaire dans certains cas particuliers, par exemple, lorsque les parents maltraitent ou négligent l'enfant, ou lorsqu'ils vivent séparément et qu'une décision doit être prise au sujet du lieu de résidence de l'enfant ».

Art. 10 « Conformément à l'obligation incombant aux États parties en vertu du paragraphe I de l'article 9, toute demande faite par un enfant ou ses parents en vue d'entrer dans un État partie ou de le quitter aux fins de réunification familiale est considérée par les États parties, dans un esprit positif, avec humilité et diligence ».

Art. 22 « Les États parties prennent les mesures appropriées pour qu'un enfant qui cherche à obtenir le statut de réfugié ou qui est considéré comme réfugié en vertu des règles de procédures de droit international ou national applicable, qu'il soit seul ou accompagné de ses père et mère ou de toute autre personne, bénéficie de la protection et de l'assistance humanitaire voulues pour lui permettre de jouir des droits que lui recon-

les États doivent considérer toute demande aux fins de réunification avec humanité et diligence. Si ces textes laissent présager une possibilité pour les jeunes étrangers d'obtenir plus facilement un titre de séjour en s'appuyant sur leurs attaches familiales, il ne faudrait pas que leur portée reste illusoire (22).

Une autre question importante du paysage social est la réappropriation du fait religieux. Les contextes national et international ne sont plus totalement maîtrisés. Le port du foulard par exemple questionne la notion même de laïcité française, très particulière, et nécessite sa réinterprétation. Mais la controverse serait simple si elle n'opposait que les institutions scolaires et les familles musulmanes de France. Or, le débat sur le foulard porté par des adolescentes ne se réduit pas à un conflit franco-français. La polémique n'est pas identique dans tous les pays. Certaines pratiques appliquées ici ne le seraient pas ailleurs. Le foulard fait partie intégrante dans beaucoup d'États des moyens de pression utilisés par les militants intégristes contre les défenseurs de la modernité. C'est certainement les raisons pour lesquelles il est nécessaire d'adopter en la matière des principes clairs, tout en préservant dans leur interprétation une certaine latitude selon les contextes géo-culturels. On voit bien alors comment tous ces éléments extérieurs jouent un rôle prépondérant dans l'élaboration de la loi. Comment, dans ces conditions, la loi française peut-elle anticiper sur l'avenir et faire advenir un meilleur ?

---

naissent la présente convention et les autres instruments internationaux relatifs aux droits de l'homme ou de caractère humanitaire auxquels lesdits états sont parties ».

(22) On sait, en effet, que la Convention des Nations Unies, à la différence de la Convention Européenne des Droits de l'homme, n'a pu mentionner la mise en place d'une juridiction internationale sanctionnant toutes atteintes à ses dispositions. Les pays signataires se sont engagés à soumettre à un comité formé d'experts des rapports sur les mesures qu'ils auront adoptées pour appliquer cette convention. A l'échelon européen, il a été proposé soit d'adopter une convention spécifique, soit de rédiger un protocole additionnel complétant la Convention Européenne des droits de l'homme en matière de Droits de l'enfant.

Le triomple de la décision

Au mythe de la suprématie du législateur, l'État providence du XXe siècle appporte une touche de réalisme. Le droit est alors la résultante d'activités hétérogènes et complexes formées des comportements des autorités. Mais cette option possible connaît aussi ces insuffisances face aux mutations de la société. Dans ce modèle, les règles générales et normatives relayées au rang de « paper rules », sont diluées et soumises au gré des différentes volontés des autorités chargées de dire le droit. On assiste à un fractionnement du juridique et à la prolifération de décisions éparses. Dès lors, ce n'est plus le droit qui s'applique au fait mais du fait émergent les décisions. Nous sommes dans l'ère de la rationalité inductive où la juridicité s'affaiblit.

A examiner les pratiques, on voit où gisent les lacunes : l'état de droit ne correspond plus à l'état de fait. L'immigration, ce ne sont pas des solutions cohérentes, claires, simplifiées mais des statuts différenciés, déterminants. Ce microcosme traduit une société à plusieurs vitesses. Le droit ne consacre pas les mêmes avantages selon que l'on soit jeune étranger de la CEE ou hors de la CEE, jeune étranger de nationalité algérienne ou jeune Américain. La société française assiste à l'émergence de multiples catégories juridiques et, à l'intérieur de ces catégories, au développement de sous-catégories qui produisent de l'exclusion. Et les autorités administratives attachent peu d'importance aux « discriminations positives » (23) dans l'interprétation du principe d'égalité. On perçoit alors le cloisonnement existant entre cette réalité et les représentations mentales des jeunes étrangers. On s'est indigné à chaque occasion des dérapages, des excès de la politique migratoire. Mais ces indignations ont un sens. Malgré les nombreuses réformes du droit de l'immigration, malgré des formules claires du Haut Conseil à l'intégration souhaitant

(23) Selon une étude du ministère de la Justice, la discrimination positive se définit ainsi « toute mesure prise en faveur d'une catégorie ou d'un groupe défavorisé est destiné à rendre effectif le principe d'égalité », Les discriminations positives in Commission nationale consultative des Droits de l'homme, 1991, *La lutte contre le racisme et la xénophobie,* Paris, la documentation française, 1992, 127 in N. ROULAND, « La tradition juridique française et la diversité culturelle », *op. cit.*

en ce domaine une certaine souplesse, on n'a pas réussi à atteindre une certaine unité allant de pair avec l'hétérogénéité des situations. Pourtant, en évoquant avec les jeunes la question de « l'intégration » (24), ils mentionnent un certain nombre de mots-clés signifiant des points d'achoppement propres à leur situation personnelle comme « travail, chômage, enseignement, animation des quartiers, racisme, bruit, coutumes, pratiques culturelles, habitudes, religion, intégrisme, égalité des droits, être Français » Ils vont parfois plus loin par l'emploi de verbes d'action tels qu'essayer, devenir, s'adapter, c'est-à-dire induire une opération en vue d'un éventuel changement et de verbes d'état tels que garder, ne pas abandonner, c'est-à-dire traduisant une volonté de conserver, de préserver certaines spécificités. Mais encore, ces jeunes étrangers perçoivent la société française et son droit comme très distincts des leurs. Pourtant, les clivages sont moins distants que ceux que la réalité nous expose. Ces jeunes cherchent à s'adapter. Ils construisent leur identité en remodelant leur histoire personnelle et familiale, en abandonnant certains traits et en y incorporant d'autres. On assiste même à l'émergence de modèles alternatifs en ce sens que le sujet construit son espace juridique et son identité par ces affiliations multiples. Pourquoi alors une telle orientation ?

Il est évident et il convient de le rappeler avec force que l'administration joue un rôle prépondérant dans l'élaboration des normes générales. Les lois sur l'immigration votées par le parlement donnent à l'administration un confortable pouvoir discrétionnaire. Une réflexion s'est engagée à partir de ces constats. Jacques Chevalier a analysé avec vigueur tous ces enjeux : « Les textes prolifèrent mais cette explosion ne signifie pas qu'ils parviennent à "emplir tout l'univers social sans y laisser aucun vide". La part de "non droit" reste considérable, et surtout elle se double d'une transformation profonde de la nature du droit dont la dimension proprement normative, prescriptive et contraignante régresse au profit d'exigences purement instrumentales ou opérationnelles... La gestion publique s'est en partie substituée à l'encadrement des comportements : plutôt que d'imposer

---

(24) E. RUDE-ANTOINE (sous la direction de), « Les jeunes étrangers, leur statut juridique et leur intégration », *op. cit.*

de l'extérieur certaines normes, l'État préfère les faire prévaloir directement dans/par l'action publique... L'administration est amenée elle-même à mettre délibérément entre parenthèses certains (textes) ou encore à recourir très largement à des "dérogations" (25). Il n'en reste pas moins aujourd'hui que le fond du problème reste entier.

On peut aussi s'interroger sur le développement des niveaux de pouvoir. Le diagnostic est clair. Les diverses commissions publiques ou privées, les comités, les conseils, à l'échelon national et international assument une fonction juridictionnelle. La multiplication des instances, l'imbrication des fonctions avec les risques d'une bureaucratie lourde, voilà de vrais problèmes. On peut s'inquiéter alors de ces multiples rationalités et de notre incapacité à les repenser. C'est d'ailleurs ce que certains dénoncent : « Qui ne voit que le droit vient à la fois du centre, de l'ordre normatif lui-même, et de la périphérie, du désordre (ou des ordres distincts) qui prévaut à l'extérieur ? Qui ne voit que les frontières entre intérieur et extérieur sont devenues poreuses, voire réversibles, comme si la juridicité empruntait aujourd'hui le parcours paradoxal de la bande de Mobius qui la mène tour à tour et sans transition du centre à la périphérie et de l'extérieur à l'intérieur ? (26) »

Mais cette orientation est sans doute aussi liée à une représentation diabolisée de certaines populations (27) « marginales, délinquantes, clandestines, et supposées intégristes ». Ce décor fantasmatique ne correspond pas aux faits têtus de la réalité.

N'est-elle pas aussi la conséquence d'enjeux clairement politiques ? On le sait, telles positions prises par les décideurs auront une réelle efficacité symbolique. N'avons-nous pas constaté, avec la nouvelle réforme, un consensus assez large entre les principaux partis politiques et l'opinion publique ? En jeu, c'est la demande de droit. Si le droit vise à adapter les comportements, la

(25) J. Chevalier, « Les enjeux de la déréglementation » in *Revue du droit public et de la science juridique en France et à l'étranger,* vol. 103, n° 2, 1987, p. 286 et s.

(26) F. Ost, « Jupiter, Hercule, Hermès : trois modèles du juge » in P. Bouretz (sous la direction de), *La force du droit,* Paris, Éd. Esprit, 1991, p. 262.

(27) C. Withol de Wenden, « Immigration et imaginaire in E. Rude-Antoine (sous la direction de), *L'immigration face aux lois de la République,* Paris, Éd. Karthala, 1992, pp. 69-81.

régulation ne résulte pas seulement des effets directs de l'application de la règle de droit mais s'opère aussi à travers des mécanismes symboliques par le biais des différentes représentations.

Le moyen proposé pour délivrer les jeunes étrangers de ces logiques est l'accès à la citoyenneté française. Autrement dit, protéger les jeunes de ces défaillances, c'est revendiquer pour eux la coexistence de citoyennetés multiples. Mais peut-on soutenir que c'est une façon de prendre les droits fondamentaux au sérieux. Même si l'on s'accorde pour dire que la nationalité française représente la solution type dans l'imaginaire juridique pour intégrer les jeunes étrangers, ne serait-ce pas se méprendre sur la réelle efficacité de cette représentation ?

Sur le fond, le piège le plus dangereux est de s'enferrer dans une pensée trop réductrice ou simplificatrice. Entre les théories conservatrices et les théories réalistes, le paradoxe reste entier. Les premiers gardent une nostalgie du droit du modèle et refusent la pluralité des situations. Ici, l'effectivité est la condition nécessaire et suffisante de la validité de la règle. Les seconds risquent d'être trop tolérants à l'égard de toutes les opinions. Là, la condition nécessaire et suffisante de la validité de la règle est la légalité. La difficulté se mesure lorsque nous opérons une démarche dialectique entre les situations concrètes des jeunes étrangers et la référence au droit. La représentation selon laquelle le droit s'articule entre la règle et le fait montre que le plus énigmatique demeure la question des principes fondateurs. Ne recherche-t-on pas en permanence un substitut à la transcendance ?

Mais encore, tendre vers un droit du principe exclusivement, c'est aussi considérer le droit comme figé. Or, le lien qui unit le jeune étranger au droit n'est pas définitif, encore moins constant. Il se forme, se brise, se transforme. On a remarqué, à propos du droit de l'immigration, ce qu'il en était de ces tumultes et de ces gesticulations autour du thème sécuritaire. Dès lors, relativiser la suprématie du législateur, c'est aussi reconnaître des droits et des obligations à ses destinataires, en l'occurrence aux jeunes étrangers. Quelle meilleure solution que la reconnaissance de ces jeunes comme sujets de droit ? Quelle meilleure solution qu'ils soient aussi titulaires de responsabilités ?

Être sujets de droit et responsables

Les deux solutions semblent n'avoir rien de commun. Pourtant, au cœur de l'une et l'autre, il y a la question posée de l'immigration. Il est des jeunes entrés clandestinement, des jeunes résidents, des jeunes réfugiés politiques... C'est la conséquence de l'immigration. Comment penser alors la complexité du droit et respecter la pluralité et l'hétérogénéité des acteurs au cœur de la scène juridique ?

La reconnaissance des jeunes comme sujets de droit est une question essentielle. Il importe de l'approfondir parce qu'elle traduit la difficulté de garantir à ces jeunes le droit de faire valoir leur point de vue. Que redoute-t-on à accorder attention aux comportements des acteurs, à leurs représentations ? Derrière ces attitudes de réserve se cache la référence au positivisme qui gratifie les normes. On dira que la modernité est inhérente à la laïcité et entre dans la tradition de l'ordre juridique imposé. Par le soutien de l'État, le droit semble être plus efficace (28). Mais tout le savoir-faire du droit n'est-il pas de répondre aux nouvelles questions de société ? Flexible comme le disait naguère le doyen Jean Carbonnier, « mou » comme on le dit aujourd'hui (29), le droit doit donner une plus grande autonomie aux acteurs. L'idéal de l'ordre négocié doit se substituer à celui de l'ordre imposé sous peine de mettre en cause les droits fondamentaux qui doivent être reconnus à toute personne au-delà de ses appartenances culturelles. C'est le résultat d'un constat : l'État, à lui seul, ne peut répondre aux phénomènes pluriels de la société, et cela implique forcément la redéfinition de son rôle par rapport à la production des normes juridiques, mais aussi la recherche permanente de consensus avec ses destinataires.

Quant aux difficultés concrètes de la pluralité des statuts, ce n'est pas en rompant avec la tradition juridique française qu'on les résoudra. Mais, c'est sans doute en opérant une distinction entre les principes de référence, les exceptions nécessaires, les

---

(28) Cf. à ce propos N. ROULAND, « Les fondements anthropologiques des Droits de l'homme », *Revue générale de droit* (Fac. droit Ottawa), 23,1 (1994, 5-17).

(29) F. OST, « Jupiter, Hercule, Hermès : trois modèles du juge », *op. cit.*, p. 262.

pratiques et les représentations. Norbert Rouland précise avec vigueur toute l'importance de percevoir ces divers aspects : « L'anthropologie juridique enseigne que si les normes cristallisent le droit, les pratiques et les représentations l'humanisent en les confirmant ou en les adoptant (30) ».

Or, promouvoir le principe de la différence est une affaire de débat social et de préoccupations politiques. Ce qui a le plus retardé la reconnaissance d'un droit à la différence et développé « la coexistence de gestion pragmatique des différences », c'est « l'éternelle conception de l'égalité assimilée à l'uniformité » (31). Le droit de la différence touche certaines catégories de jeunes étrangers, parce qu'il existe une défiance presque systématique sur ce qu'ils sont et leur devenir. Les informations diffusées sur la crise de l'emploi, la précarité, la clandestinité ont un effet prophétique sur les conditions de vie et notamment sur celles de ces jeunes qui se sentent ainsi programmés vers des destins imprévisibles. Forte raison, leur attente demeure grande vis-à-vis de la loi qui doit leur garantir une stabilité. Comme on l'a vu, l'administration peut contribuer à dépasser tous ces stéréotypes et à infléchir les fondations de la République française dans la mesure où elle peut incorporer dans les catégories juridiques existantes des situations sociales les plus diverses.

En ce qui concerne la nécessité de permettre aux jeunes étrangers d'être titulaire de responsabilités, la tendance française a été de toujours limiter l'espace de l'étranger. Il y a en effet deux champs : l'un est le politique qui accorde les droits et rappelle timidement les devoirs ; l'autre est la société civile, en crise aujourd'hui, qui n'offre pas suffisamment d'occasions aux jeunes étrangers de prendre leurs responsabilités. Ces constats donnent à réfléchir. Au-delà, il y aurait une remise en cause des modes de communication. Les jeunes, capables de droit, rebâtissent mentalement les informations qui leur sont émises et les mettent en action par des actes de volonté. On a constaté que ces jeunes peuvent être des éléments dynamiques. Cependant, la volonté ne suffit pas, sans qu'il y ait adhésion aux enjeux les

---

(30) N. Rouland, « La tradition juridique française et la diversité culturelle, *op. cit.*

(31) Cf. D. Lochak, « Les minorités et le droit public français : du refus des différences à la gestion des différences » dans A. Fenet, G. Soulier (dir.) *Les minorités et leurs droits depuis 1789*, Paris, L'Harmattan, 1989, 111-112 in N. Rouland, *ibid.*

plus fondamentaux. Le droit détermine partiellement la place à chaque acteur et chacun peut ainsi agir simultanément, avec une liberté certaine, dans divers espaces – familiaux, économiques et politiques –. Mais le droit doit être intériorisé et accepté par les jeunes.

Dans l'état actuel du droit de l'immigration, de nombreux jeunes n'ont plus de place assignée et par ricochet ne sont plus protégés. C'est la conséquence des dernières réponses qui ne semblent pas représenter un progrès de protection de la jeunesse, mais bien le contraire. Les tenants des lois de 1993 les défendent, bien qu'ils mettent de nombreux jeunes, après des années de résidence sur le sol français, devant un choix, un non-choix qui est d'opter pour le retour au pays d'origine. Quelle est la portée de telles lois quand le jeune doit du jour au lendemain rompre avec ses attaches nouvelles et renoncer à son projet migratoire ?

En réalité, n'y a-t-il pas une réelle hypocrisie à accepter sur son territoire une jeunesse à tous les âges et à ne pas lui donner toutes les réelles garanties de protection et d'avenir ? On sait que de nombreux jeunes opposent des résistances à ce retour parce que, sur le fond, il est ressenti comme illégitime. Certains n'auront que la voie sans issue d'un résident sans droit, porte ouverte à la clandestinité et à la recherche coûte que coûte, et sans regarder sur les moyens d'une réglementation pseudo-légale.

Cependant, critiquer les réformes ne suffit pas, sans montrer qu'il y a d'autres modes de réponse aux débats essentiels de la maîtrise des flux migratoires qui les a fait naître. Sur le fond, ces lois restrictives traduisent à quel point la question de l'immigration s'est obscurcie en se rétrécissant sur sa propre opacité. La loi n'est pas immuable mais la modifier nécessite toujours d'en mesurer sa signification. Plus qu'une multiplication de règles nouvelles, le droit ne doit-il pas évoluer par une réinterprétation des règles existantes ? En effet, nous pouvons constater que dans le domaine propre de l'immigration, malgré le chantier de réformes des lois durant la dernière décennie, les flux migratoires, en tant que populations, mouvements, maîtrise, perspectives et intégration restent des phénomènes difficilement appréhendables surtout quand ces phénomènes se situent en dehors de la juridicité étatique. Le développement des moyens de transports, de communication, l'influence des techniques nouvelles favorisent le déplacement des personnes à travers les frontières. La France, comme tous les pays d'Europe, du fait de son histoire, de sa situation géographique, de sa position dans le monde n'échappe pas aujourd'hui et n'échappera pas non plus demain à ce phénomène. C'est pourquoi, il est nécessaire, voire urgent, de repérer ce qui est de l'ordre de la permanence tout en réfléchissant aux changements dans lesquels les jeunes peuvent s'inscrire. Devant ces mutations, leur rôle est essentiel si la société leur laisse une certaine marge de manœuvre. Le droit est une pratique sociale en lui-même. Ainsi, le droit de l'immigration est une façon pour les jeunes étrangers de se confronter à leur exil, de dire leur projet migratoire en l'instituant. Plus tôt les jeunes seront confrontés à leur destin, plus grand sera leur dynamisme. Voilà, me semble-il, un moyen efficace de responsabiliser qui mérite d'être approfondi parce qu'il a du sens, parce qu'il oblige à affronter directement la question de son identité au lieu de s'en détourner. Comme une série de poupées russes, c'est-à-dire à chaque mise en main d'une pièce, on est étonné par l'autre poupée qui s'emboîte dedans et son contenant. Autour du statut juridique s'emboîtent le rapport métaphysique de l'étranger avec sa terre d'accueil, ses liens avec le milieu professionnel, ses relations amicales, familiales et ses conditions matérielles de vie. Le droit, tel quel aujourd'hui, ne sert-il pas comme un ultime terme pour le politique à habiller toute son impuissance et sa désolation face à tous les autres problèmes de l'étranger ? N'est-ce pas dans une démarche inverse qu'il faudrait aller ?

C'est pourquoi, l'un des enjeux de l'avenir est de tenir compte de cette donne. Il faut trouver le fils d'ariane entre l'immigration elle-même et les parcours de ces jeunes étrangers. C'est la complexité de ces cheminements qui devra être incorporée à la réflexion sur le droit. Le droit de l'immigration doit intégrer la spécificité de cette jeunesse, mais pourra-t-il atteindre cet objectif prioritaire ? Le principe d'égalité s'opposerait-il à l'établissement par le législateur de régimes particuliers visant des jeunes placés dans des situations de différence ?

Il ne faut pas pour autant estimer que l'on peut se dispenser des principes de référence pour mieux adapter les cas particuliers, même si cette idée est connue. Ce serait, comme le souligne Pierre Legendre, revendiquer la place divine : « Juger de tout, sans rite et sans règles, c'est revendiquer la place divine, autrement dit dénier au principe du Tiers de régir le discours qui fonde les catégories et distingue les places » (32). Il est ainsi tentant de présenter à l'administration cette orientation comme un bienfait et de refuser toute réflexion philosophique et politique en ce domaine.

Le débat mérite d'être provoqué. Il n'a jamais cessé d'être d'actualité.

(32) P. Legendre, *Les enfants du texte,* Étude sur la fonction parentale des États, *op. cit.*, p. 381.

Conclusion

Le train traverse les banlieues enveloppées dans des nuages. Les pylones des lignes électriques à haute tension ont depuis longtemps remplacé les arbres. Désert qui s'étend, désert d'un surdéveloppement industriel. Cette fin d'ouvrage est encore habité par les paroles de ces jeunes de l'exil rencontrés ici et là. J'ai en tête la phrase de Romain Gary, alias Émile Ajar, qui ouvre son livre *Gros calin* : « Vivre, c'est être en règle ». Azzedine, Socco, Mohamed, Farida, êtes-vous en règle ? 16 ans, 18 ans, Pas de carte, pas de formation, pas de travail. Clandestins, ils ne vivent pas.

La question de la jeunesse de l'immigration est apparue en France au début des années quatre-vingt et cristallise toutes les passions. L'objectif poursuivi est à la fois d'aider à l'adaptation par la mise en place d'actions diversifiées mais aussi de trouver des solutions symboliques et juridiques ordonnant la place de ces jeunes. Dans les focalisations de la planète, cette jeunesse est un point sensible. En effet, selon la Conférence européenne de la population tenue à Genève en mars 1993, les arrivées d'immigrants semblent à nouveau s'accroître depuis les années 90. Vies dans l'attente et le provisoire, vies banales. On se questionne forcément sur ce que la société traduit d'elle-même à travers les réponses à ces problèmes de notre temps. Si le thème de cette jeunesse s'est ainsi progressivement imposé, cette question n'est cependant pas dénuée d'équivoque : non seulement les catégories juridiques hiérarchisent, mais encore les politiques suivies restent frappées d'ambivalence. Tout se passe comme si la charge symbolique l'emportait largement sur la portée de ses traductions concrètes.

Les discours de jeunes disent leur condition humaine. Le statut juridique est omniprésent. Quand il n'est pas au cœur du récit, il émerge ici et là, plus douloureux que le fait même de partir ailleurs, de quitter sa terre natale. Face à cette nouvelle vie, les jeunes tentent toutes les stratégies, dérivent parfois avec une seule idée : accéder à un récépissé, à un papier, à une carte qui inscrit le « provisoire » d'une résidence. Bref, être en règle !

Il est anachronique de penser que la question du statut juridique de ces jeunes étrangers puisse se résumer à être pour ou contre la loi. La loi n'est pas immuable, mais la changer nécessite de rechercher son sens dans le champ de la citoyenneté. Est-il justifié de maintenir dans la loi la non-obligation pour les mineurs étrangers d'un titre de séjour et de les confronter brutalement au moment de la demande d'une formation rémunérée ou, à leur majorité, à une obligation d'adhérer aux normes juridiques dans un temps limité ? N'est-ce pas le rôle de la loi de donner une identité claire à ces jeunes le plus tôt possible et la symbolique des places peut-elle être intégrée si le jeune reste dans un entre-deux, incertain et insécurisant ? Le jeune doit pouvoir trouver dans le droit une référence. Or, il existe un réel décalage entre le discours juridique sur les flux migratoires et le discours de la protection de la jeunesse.

Notre société s'inquiète de ces mouvements migratoires, propose des contrôles, des politiques d'intégration qui ont des limites parce qu'elle ne sait plus que faire face à ce kaléidoscope de populations perçues et ressenties imaginairement comme désordonnées. Elle ne sait comment être une culture dynamique avec son héritage qui s'adapte aux nouvelles mutations démographiques, économiques et technologiques.

C'est peut-être pour cela que se sont imposées les lois de 1993 sans tumulte, comme une sorte de remède contre les maux de notre société. On l'a dénoncé tout au long de ce livre : l'un des paradoxes de l'immigration est d'avoir provoqué depuis les années 80 une prolifération de lois et de textes réglementaires qui vident la substance même de la règle de droit. Il faut chercher pourquoi nous avons tendance à penser la question migratoire comme un espace où l'État, seul, doit protéger la société et définir les catégories juridiques indispensables à son bon fonctionnement.

Au cours des débats politiques, les regards se tournent vers les chiffres de l'immigration. Rien ne se stabilise, dit-on. La société voudrait en permanence se réassurer et pourtant dérive dans la confusion qui contribue à développer un scepticisme sur la réalité de l'adaptation de cette jeunesse à la société d'accueil. Aujourd'hui, chacun voit bien que le prochain siècle signifie mouvement de populations et recherche de cohérence entre la maîtrise des flux, le mouvement irrémédiable des populations d'un pays à l'autre et les politiques adéquates dans la société d'accueil comme dans les sociétés d'origine. C'est pourquoi, sur le fond, la question de cette jeunesse n'est pas seulement l'ordre juridique étatique, c'est-à-dire l'encadrement de leurs comportements par les règles juridiques, mais elle est aussi la recherche de mécanismes d'adaptation à leurs prétentions individuelles et aux changements sociaux. Le droit n'est pas le seul mode de préservation de l'ordre social. On oublie trop souvent qu'il existe d'autres procédés de normalisation des attitudes et conduites.

Notre époque nous incite à transformer nos mythologies. Bien sûr, il est essentiel de donner à chaque jeune sa place dans la symbolique de la loi. Il s'agit d'adapter la règle de droit, de la simplifier, de manière à ce que ne s'impose pas la loi du plus fort. Bien sûr, la question de la pertinence et de l'efficacité du rapport au droit est en jeu.

Le droit à la vie familiale normale

L'article 8 de la Convention européenne de sauvegarde des Droits de l'homme et des Libertés fondamentales paraît être une solution possible aux situations concrètes de certains jeunes étrangers. Pourtant, comme en témoigne la jurisprudence de la Cour européenne des Droits de l'homme et du Conseil d'État telle qu'analysée dans ce livre, rien ne va de soi. En effet, il est fort difficile d'évaluer par exemple la disproportion entre le respect d'une vie familiale normale et la mesure d'éloignement à l'encontre d'un jeune majeur étranger. Le droit à vivre une vie familiale normale, qui pourrait être un argument de poids à l'obtention d'un titre de séjour et au maintien sur le sol français, reste une notion imprécise, floue, dont la mise en œuvre est difficile. L'ordre judiciaire se voit ainsi confier le soin de promouvoir une société mieux intégrée. L'ordre juridique étatique laisse un espace vide que les ordres juridiques supra-étatiques viennent occuper. Or, cette gestion par la notion de « droit à une vie familiale normale » peut être démocratique « parce qu'elle préserve, comme l'écrit Irène Théry, de l'enrégimentement politique, parce qu'elle assure aux liens affectifs, aux liens familiaux, l'indépendance par rapport à la raison d'État » (1). Mais, elle est peut-être aussi une pierre jetée dans le jardin de la démocratie en ce sens que l'interprétation de l'article 8 de la convention se trouve entre deux étaux : celui de la rationalité juridique française et celui du mythe de l'individu souverain. En effet, imbriquée avec d'autres formes de régulation, l'appel à cet article permet d'échapper à l'arbitraire de l'État au nom des principes de libertés. Ceci doit inciter à réfléchir sur la dialectique entre le choix d'immigrer et la référence au droit de l'immigration. Tous les débats sur ce thème, dont ce livre a tenté de refaire l'histoire, montrent que les lois de 1993 aboutissent à la fois à une « juridictionnalisation » et à « d'autres formes d'intervention plus drastiques », telles que la gestion administrative, qui ne sont « qu'un déplacement de support de la régulation par la voie juridique » (2). Ainsi, l'État français ne sera-t-il pas de plus en plus contraint, dans ce domaine comme dans bien d'autres, à renoncer à une part de sa capacité de régulation. Le risque est de développer des situations fort contrastées au nom d'une lutte contre des atteintes aux droits fondamentaux. Toutefois, l'application de l'article 8 de la Convention reste ambiguë et de portée nécessairement limitée. Ne constitue-t-il pas alors un élément supplémentaire d'incertitude pour les étrangers ?

---

(1) I. THERY, *op. cit.*, p. 377.
(2) J. CHEVALIER, *op. cit.*

Droit et réseaux

Une autre question demeure centrale, celle des acteurs et des réseaux. En effet, le bon déroulement du projet migratoire suppose que les jeunes ne soient pas isolés. Leur statut socio-juridico-professionnel est au cœur de leurs préoccupations et, même si on tente de les consulter, on légifère pour eux sans eux. La tentation est grande de regarder leur situation précaire comme une fatalité liée à notre temps, à sa crise économique, à sa perte de sens. Le jeune étranger est au centre de la quadrature d'un cercle. Pas de papier, pas de formation, pas de travail, pas de logement ! Ne faut-il pas tout mettre en œuvre pour donner à ces jeunes des repères précis, et leur permettre de suivre des formations qualifiées sans qu'ils soient piégés par les tracasseries administratives ? Dans le domaine de l'immigration, le vrai défi est de donner à ces jeunes, dans un échange argumenté, la réalité de leur condition et les garanties procédurales dont ils doivent bénéficier. La dérive est la recherche permanente d'un contournement de la loi pour que coûte que coûte, et parfois à un prix lourd, le jeune puisse rester sur le sol français. Ne risque-t-on pas ainsi de les illusionner sur leur avenir ? Comment leur assurer la réelle protection dont ils ont besoin ? Quoi qu'il en soit de l'issue de ces questions, elles ne peuvent dispenser de donner aux jeunes étrangers tous les moyens nécessaires à leur épanouissement. Ne faudrait-il pas mieux comprendre comment ces jeunes se situent dans les espaces qui leur sont réservés ? Ne faudrait-il pas aussi les aider à développer des réseaux qui seraient des gages d'adaptabilité ? Chaque jeune opère, on l'a vu au fil de ce livre, des choix et les réajuste en fonction de ses intérêts au cours du temps. Les réseaux pourraient jouer alors le rôle de médiateur.

Finalement, si la société a tant de difficultés à réguler les questions migratoires, c'est parce qu'elles l'obligent à repenser ces cadres théoriques. La société française est contrainte de réfléchir sur le pluralisme juridique et culturel, sujet qui reste menaçant par rapport à la mythologie juridique fondatrice du modèle républicain. Pourtant, le pluralisme reste un objet de recherche et de débat dans le domaine de l'anthropologie et oblige à revoir nos catégories de pensée (3). C'est quand nous aurons appris à atteindre une certaine unité, non pas par une uniformité, mais par la gestion de l'hétérogénéité, que nous aurons vraiment donné sens aux questions migratoires. La négation de l'existence juridique des jeunes étrangers n'équivaut pas à l'ignorance de leur existence de fait et de leurs disparités.

(3) N. Rouland, *op. cit.*

Annexe 1

Le cadre conventionnel

Conformément à l'article 55 de la Constitution, les traités et conventions internationales auxquels la France est partie ont une autorité supérieure à celle des lois. En conséquence, en application de conventions ou d'accords internationaux, les ressortissants de certains États ne sont pas soumis à tout ou partie des dispositions des lois actuellement applicables. Nous ne retiendrons que les principales conventions, quelques accords et échanges de lettres passés avec les pays du Maghreb et les pays de l'Afrique subsaharienne.

L'accès sur le territoire français avec les pays du Maghreb

– Le protocole n° 2 relatif à la circulation entre la France et la Tunisie, annexe à la convention franco-tunisienne du 3 juin 1955, pose le principe de la libre circulation entre les deux pays, sans autre formalité que la présentation d'une carte d'identité officielle (art. 1).

– L'accord franco-tunisien sous forme d'échange de notes relatif à la circulation des personnes entre la Tunisie et la France du 29 janvier 1964 (JO du 20 mai 1984) définit les cas des ressortissants tunisiens soumis à l'obtention préalable d'un visa. Le visa n'est exigé que pour les séjours de plus de quatre-vingt-dix jours.

– L'échange de notes franco-marocain des 14 et 15 août 1957 relatif à la circulation des personnes (JO du 18 octobre 1986) oblige les ressortissants marocains pour l'accès au territoire français à la présentation d'un passeport en cours de validité. Aucun visa n'est exigé, mais le principe de la libre circulation est atténué par la référence à l'ordre et à la sécurité publics.

– L'accord franco-algérien du 27 décembre 1968 relatif à la circulation, à l'emploi et au séjour en France des ressortissants algériens et de leur famille et l'échange de lettres du 27 décembre 1968 (JO du 22 mars 1969) traitent de la question de la délivrance des titres de séjour.

Les travailleurs salariés obtiennent un certificat de résidence de cinq ans automatiquement renouvelable (art. 2 et 7 a) ; les personnes en activité professionnelle non salariées ou possédant des moyens d'existence suffisants obtiennent un certificat de résidence provisoire de neuf mois sur justification de leur inscription dans un registre professionnel ou de leurs moyens d'existence. A l'issue du certificat provisoire, ils reçoivent un certificat de résidence automatiquement renouvelable de cinq ans (art. 3 et 76) ; les résidents en France avant l'entrée en vigueur de l'accord ont droit à un certificat de résidence renouvelable, d'une durée de cinq ans s'ils séjournent en France depuis moins de trois ans, d'une durée de dix ans s'ils y résident depuis plus de trois ans ; le conjoint et les enfants de moins de dix-huit ans ou à charge d'un ressortissant algérien établi en France ont droit au même certificat de résidence que le titulaire ressortissant algérien ; les étudiants ou les stagiaires ont droit à un certificat de résidence d'un an renouvelable ; les fonctionnaires ou agents d'organismes algériens peuvent recevoir un titre pour une durée de deux ans renouvelable et les travailleurs saisonniers d'un an au plus ; les malades algériens ayant des soins dans des établissements sanitaires français reçoivent un titre pour la durée de leur traitement augmentée d'un délai de trois mois.

Pour les séjours de moins de trois mois, l'accès sur le territoire français est autorisé sur simple présentation du passeport. En effet, l'article 9 pose le principe de la libre circulation des personnes entre l'Algérie et la France.

Des restrictions au droit au séjour sont fixées dans le cadre de l'accord du 27 décembre 1968. Pour les Algériens chômeurs involontaires depuis plus d'un an, le renouvellement du certificat de résidence peut être limité quant à sa durée (art. 7) ; pour ceux sans emploi et sans ressources depuis plus de six mois consécutifs, le retrait du titre de résidence est possible (art. 10) ; en cas d'absence du territoire depuis plus de six mois consécutifs, le certificat de résidence vient à expiration.

– Trois échanges de lettres relatifs à la circulation des personnes ont été signés entre la France et les pays du Maghreb : le 31 août 1983 avec l'Algérie et la Tunisie (JO du 20 mai 1984), le 10 novembre 1983 avec le Maroc (JO du 20 mai 1984). Ils sont entrés en vigueur le

1er juin 1984. Ces accords réaffirment le principe de la libre circulation entre ces pays et la France et visent une meilleure maîtrise des flux migratoires.

L'admission sur le sol français pour un séjour de moins de quatre-vingt-dix jours est subordonnée à la présentation du passeport en cours de validité, de la carte de débarquement à deux volets dûment remplie, et d'un éventuel billet de retour. Sur la carte de débarquement, les éléments d'identité des enfants de moins de 16 ans accompagnant le voyageur doivent figurer. Les ressortissants tunisiens, marocains ou algériens titulaires d'un titre de séjour en France ou d'un récépissé de renouvellement, les titulaires d'un passeport diplomatique ou de service ne sont pas soumis à ces conditions.

Pour toutes visites familiales ou privées, à la liste précédente d'obligations s'ajoute celle de présenter une attestation d'accueil de la personne chez laquelle le visiteur va résider.

Pour une hospitalisation, outre les obligations de droit commun en matière de court séjour, les ressortissants des trois pays doivent être titulaires, soit d'un document de prise en charge, soit d'une attestation consulaire française, soit d'un engagement d'admission dans un établissement privé.

Ces trois accords établissent également les conditions de circulation des ressortissants de ces trois pays à l'intérieur d'un espace constitué par les pays de la CEE et par la Suisse, auxquels s'ajoutent, selon l'accord franco-tunisien, la Norvège et la Suède. Les ressortissants de ces trois pays résidant régulièrement dans l'un de ces pays peuvent avoir accès sur le territoire français sur présentation de leur passeport en cours de validité, d'un titre de séjour délivré par les autorités du pays de résidence, d'un billet de retour.

Le titre de séjour se substitue à la carte de débarquement exigée pour l'accès des ressortissants tunisiens au territoire français. Pour les Marocains, la carte de débarquement est maintenue lorsque leur titre de séjour est inférieur à un an.

Des stipulations de ces accords ont été suspendues, notamment la dispense de visa (1) par note verbale du 11 octobre 1986 avec la Tunisie et le Maroc. Avec l'Algérie, un nouvel échange de lettres du 10 octobre 1986 rétablit les visas pour les courts séjours. L'exigence de visa ne s'applique pas aux ressortissants algériens titulaires d'un

---

(1) Avis du ministère des Affaires étrangères relatif à la suspension de certains engagements internationaux portant dispense de l'obligation de visa pour l'entrée en France, *JO*, 18 octobre 1986, p. 12604.

certificat de résidence de plus d'un an ou d'un récépissé de renouvellement.

– L'accord du 31 août 1983 avec la Tunisie est modifié par un échange de lettres du 19 novembre 1991 (JO du 11 juin 1992). C'est ainsi que le décret n° 92-498 du 10 juin 1992 (2) instaure pour les ressortissants tunisiens venant en France pour un séjour inférieur à trois mois la présentation d'un passeport en cours de validité muni d'un visa délivré par les autorités françaises et exige pour un séjour de plus de trois mois un visa long séjour. Ces conditions sont désormais applicables aux ressortissants marocains depuis 1993 (3) et aux ressortissants algériens depuis 1994 (4).

Selon l'échange de lettres du 19 décembre 1991 et le décret n° 92-498 du 10 juin 1992 (5), à compter du 1er mai 1992, les ressortissants tunisiens venant en France pour une visite familiale ou privée doivent présenter un certificat d'hébergement émanant de la personne au domicile de laquelle ils vont résider. Des dispenses sont accordées au conjoint, aux enfants mineurs de moins de dix-huit ans des ressortissants tunisiens titulaires d'une carte de résident ou d'une carte de séjour temporaire. Il en est de même pour les ressortissants marocains depuis 1993 (6) et pour les ressortissants algériens depuis 1994 (7). Par ailleurs, « les ressortissants algériens venant en France pour un séjour inférieur à trois mois doivent disposer de moyens de subsistance suffisants pour la durée du séjour envisagé ainsi que des garanties de rapatriement confirmées par un titre de transport nominatif valable pour le

---

(2) Suite à l'échange de lettres du 19 décembre 1991, décret n° 92-498 du 10 juin 1992, *JO,* 11 juin 1992.

(3) Suite à un échange de lettres du 25 février 1993, décret du 16 juin 1993, *JO,* 17 juin 1993.

(4) Suite à un échange de lettres du 28 septembre 1994, décret n° 94-1103 du 19 décembre 1994 portant publication du deuxième avenant à l'accord du 27 décembre 1968 entre le Gouvernement de la République française et le Gouvernement de la République algérienne démocratique et populaire relatif à la circulation, à l'emploi et au séjour en France des ressortissants algériens et de leurs familles et à son protocole annexe, signé à Alger, *JO,* 20 décembre 1994.

(5) Suite à l'échange de lettres du 19 décembre 1991, décret n° 92-498 du 10 juin 1992, *JO,* 11 juin 1992.

(6) Suite à un échange de lettres du 25 février 1993 modifiant l'accord du 10 novembre 1983, décret du 16 juin 1993, *JO,* 17 juin 1993.

(7) Suite à un échange de lettres du 28 septembre 1994 modifiant l'accord du 31 août 1983 modifié par l'échange de lettres des 10 et 11 octobre 1986, décrets n° 94-1102 du 19 décembre 1994 *JO,* 20 décembre 1994.

retour ou circulaire vers des pays autres que ceux parties à l'Accord de Schengen (8) ».

– Selon la circulaire du 8 février 1994 portant application de la loi du 24 août 1993 et de la loi du 30 décembre 1993 du ministère de l'Intérieur et de l'Aménagement du territoire, « les dispositions de l'ordonnance du 2 novembre 1945 modifiée par la loi du 24 août 1993 sont applicables à l'entrée des ressortissants tunisiens sur le territoire français sous réserve des dispositions particulières prévues par l'échange de lettres du 19 décembre 1991. Cependant, l'article 9 nouveau de l'ordonnance de 1945 sur le document de circulation n'est pas applicable aux mineurs tunisiens. Pour ces personnes, ce document est régi par les dispositions du dernier alinéa de l'article 7 ter de l'accord franco-tunisien du 18 mars 1988 modifié en décembre 1991 ».

« Les dispositions de l'ordonnance du 2 novembre 1945, modifiée par la loi du 24 août 1993 s'appliquent aux ressortissants marocains, sous réserve des dispositions particulières contenues dans l'accord sous forme d'échange de lettres du 25 février 1993 » (9).

– Selon le décret n° 94-1103 du 19 décembre 1994 « les mineurs algériens de dix-huit ans résidant en France qui ne sont pas titulaires d'un certificat de résidence reçoivent sur demande un document de circulation pour étrangers mineurs qui tient lieu de visa lorsqu'ils relèvent de l'une des catégories suivantes : mineur algérien dont l'un au moins des parents est titulaire du certificat de résidence de dix ans ou du certificat de résidence d'un an et qui a été autorisé à séjourner en France au titre du regroupement familial ; mineur algérien qui justifie par tous moyens avoir sa résidence habituelle en France depuis qu'il a atteint au plus l'âge de dix ans et pendant une durée d'au moins de six ans ; mineur algérien entré en France pour y suivre des études sous couvert d'un visa d'une durée supérieure à trois mois ; mineur algérien né en France dont l'un au moins des parents réside régulièrement en France » (10).

---

(8) Suite à un échange de lettres du 28 septembre 1994 modifiant l'accord du 31 août 1983 modifié par l'échange de lettres des 10 et 11 octobre 1986, décrets n° 94-1102 du 19 décembre 1994 *JO*, 20 décembre 1994.

(9) *Bulletin officiel de l'Intérieur et de l'Aménagement du territoire*, 1994, 1er trimestre p. 186.

(10) *JO*, 20 décembre 1994.

Le séjour et l'emploi des ressortissants des pays du Maghreb

– Les accords d'Évian sont signés avec l'Algérie le 18 mars 1962 (JO du 18 mars 1962).

– Une convention de main-d'œuvre est conclue entre la France et le Maroc le 1er juin 1963 (JO du 2 août 1963).

– Une convention de main-d'œuvre est conclue également entre la France et la Tunisie le 9 août 1963 (JO du 23 octobre 1963).

– A l'exception de l'accord franco-algérien du 27 décembre 1968 (JO du 22 mars 1969), aucun des accords conclus ne traitait la délivrance des titres de séjour et l'accès à l'emploi.

L'accord franco-marocain du 9 octobre 1987 relatif au séjour et à l'emploi des ressortissants marocains en France non ratifié par la partie marocaine, l'accord franco-tunisien du 17 mars 1988 en matière de séjour et de travail (JO du 11 février 1989), l'avenant du 22 décembre 1985 (JO du 8 mars 1986) à la convention franco-algérienne du 27 décembre 1968 apportent en ces domaines des précisions en lien avec les législations de droit commun. Il est traité des modalités de la délivrance des titres de séjour, des conditions du regroupement familial, des catégories pour lesquelles un titre de résident de dix ans peut être accordé.

– L'avenant du 22 décembre 1985 (11) à la convention franco-algérienne du 27 décembre 1968 apporte quelques modifications aux certificats provisoires de neuf mois et aux certificats de résidence de cinq ou dix ans. Désormais, des catégories auront un certificat de résidence d'un an, d'autres de dix ans. Le certificat de résidence de dix ans ouvre le droit d'exercer la profession de son choix.

Le certificat de résidence d'un an sera délivré aux ressortissants algériens s'établissant en France au titre de salarié, après un contrôle médical, sous condition d'un contrat de travail visé par les services du ministre chargé des travailleurs immigrés ; aux ressortissants algériens visiteur possédant les moyens d'existence suffisants ; dans le cadre du regroupement familial, aux ressortissants algériens rejoignant un Algérien titulaire d'un certificat de résidence d'un an ; aux ressortissants algériens désireux d'exercer une activité professionnelle soumise à autorisation.

Le certificat de résidence de dix ans est délivré aux ressortissants algériens en activité professionnelle, justifiant de moyens d'existence

---

(11) L'avenant du 22 décembre 1985 signé à Alger est publié au journal officiel du 8 mars 1986.

suffisants, à condition que ces derniers aient résidé en France pendant trois années au moins ; aux conjoints algériens d'un Français, à l'enfant algérien d'un ressortissant français s'il est âgé de moins de vingt-et-un ans ou à charge de ses parents, aux ascendants algériens à la charge d'un ressortissant français, aux membres de la famille d'un ressortissant algérien titulaire d'un certificat de résidence de dix ans et qui sont autorisés à séjourner en France ; aux titulaires algériens d'une rente accident du travail servie par un organisme français et dont le taux d'incapacité dépasse 20 % ; aux ressortissants algériens justifiant résider en France depuis qu'ils ont atteint l'âge de dix ans ou depuis plus de quinze ans.

Pour le regroupement familial, les conditions (limitées par l'accord de 1968) sont désormais plus restrictives : il est exigé la production d'un certificat médical, la justification de ressources stables et équivalentes au moins au salaire minimum légal, le logement conforme aux normes prévues par la loi. L'avenant de 1985, en son article 4 modifié, stipule que les bénéficiaires du regroupement familial obtiennent un titre de même durée de validité que celui de la personne qu'ils rejoignent. Les familles algériennes sont soumises à une procédure et à des droits identiques à ceux du régime de droit commun. Les familles algériennes sont dispensées de l'obligation de produire un avis favorable du maire de la commune où elles envisagent de s'établir.

– Trois circulaires du ministre de l'Intérieur aménagent la situation de certaines catégories d'Algériens (12) : les Algériens, mariés avec un Français, avant le 17 juillet 1989, peuvent être régularisés en apportant les preuves de leur entrée régulière sur le territoire français ; les Algériens, entrés en France avant le 22 décembre 1985 alors qu'ils sont mineurs, sans que les parents en aient fait la demande préalable, ont droit à être régularisés.

– L'accord franco-marocain en matière de séjour et d'emploi du 9 octobre 1987 non ratifié à ce jour par la partie marocaine prévoit comme avec l'Algérie deux formes de titres de séjour : un titre de résidence d'un an et un autre de dix ans. Les catégories pouvant bénéficier de plein droit de la carte de résident dix ans sont définies très largement et correspondent à celles prévues en droit commun

– L'accord franco-tunisien en matière de séjour et de travail du 17 mars 1988 (JO du 11 février 1989) et l'avenant du 19 décembre 1991 (13) (JO du 7 juillet 1992) visant une réciprocité entre les ressor-

(12) Circulaires du 13, 28 juillet et du 1er août 1989.

(13) Cet accord franco-tunisien fait à Paris le 17 mars 1988 a été publié au journal officiel du 11 février 1989. Il reprend principalement les termes de la loi dite « Pasqua ».

tissants français en Tunisie et les ressortissants tunisiens en France, est entré en vigueur le 1er février 1989. Il définit les modalités d'attribution des titres de séjour et leurs conséquences sur l'accès à l'emploi. La carte de résident dix ans autorise à exercer toute profession sur le territoire français.

Certaines catégories ont de plein droit un titre de séjour de dix ans (art. 9) comme les ressortissants tunisiens mariés depuis au moins un an à un Français ; les ascendants tunisiens d'un ressortissant français et de son conjoint ; les ressortissants tunisiens père ou mère d'un enfant français et ayant l'autorité parentale sur cet enfant ; les Tunisiens titulaires d'une rente d'accident du travail servie par un organisme français et dont le taux d'incapacité est d'au moins 20 % ; le conjoint et les enfants mineurs d'un ressortissant tunisien titulaire d'un titre de séjour de dix ans et admis à le rejoindre au titre du regroupement familial.

D'autres catégories ont droit à une carte de résident dix ans. Il s'agit des titulaires d'un titre de séjour de trois ans au moins à la date d'entrée en vigueur du présent accord et ceci à l'expiration de leur titre. Les autres catégories, c'est-à-dire ceux non titulaires du titre de séjour précédemment désigné, peuvent recevoir une carte de séjour d'un an renouvelable, sous conditions d'un contrat de travail et d'un certificat médical. Ce titre renouvelable permet, selon l'article 3, à son titulaire, après trois ans de séjour régulier, l'obtention d'un titre de séjour de dix ans, renouvelable de plein droit, avec le libre accès à toute profession. Enfin, selon l'article 1er, les ressortissants tunisiens justifiant d'un séjour régulier de moins de trois ans conservent le bénéfice de leur ancienneté pour l'obtention d'un titre de séjour dix ans.

– L'avenant du 19 décembre 1991 introduit à l'accord franco-tunisien sur le séjour et l'emploi du 17 mars 1988 les articles 7 bis, 7 ter, 10 et 11. L'article 7 bis instaure la délivrance de plein droit d'un titre de séjour valable un an au ressortissant tunisien mineur ou dans l'année qui suit son dix-huitième anniversaire dont l'un des parents au moins est titulaire d'un titre de séjour valable un an, s'il est autorisé à séjourner en France au titre du regroupement familial, ou s'il est entré hors du regroupement familial avant le 7 décembre 1984 alors qu'il n'avait pas atteint l'âge de 16 ans et s'il justifie d'une scolarité régulière en France depuis cette date. Ce titre donne droit à exercer une activité professionnelle soumise à autorisation s'il déclare vouloir en exercer une. Dans le cas contraire, ce titre porte la mention « membre de famille ». L'article 7 ter instaure la délivrance d'un document de circulation aux

Cet accord s'est appliqué aux Tunisiens jusqu'à l'entrée en vigueur d'un nouvel avenant signé le 19 décembre 1991 entre la France et la Tunisie.

ressortissants tunisiens mineurs qui remplissent les conditions prévues à l'article 7 bis, à ceux qui ont été autorisés à rejoindre, au titre du regroupement familial l'un de leurs parents titulaire de la carte de résident, enfin à ceux qui justifient être entrés en France avant l'âge de dix ans. L'article 10 élargit les catégories bénéficiaires de la délivrance de plein droit de la carte de résident dix ans au conjoint tunisien d'un Français, au ressortissant tunisien qui justifie avoir sa résidence en France depuis plus de quinze ans ou qui est en situation régulière depuis plus de dix ans.

Aux termes de l'article 11, certaines des dispositions de droit commun sont applicables aux ressortissants tunisiens, notamment le report de seize à dix-huit ans l'âge de détention obligatoire d'un titre de séjour, la péremption du titre de séjour et les commissions de séjour.

– Selon la circulaire du ministère de l'Intérieur du 8 février 1994 portant application de la loi du 24 août 1993 et de la loi du 30 décembre 1993, « Les conditions de séjour des ressortissants algériens sur le territoire français sont définies par l'accord du 27 décembre 1968 relatif à la circulation, à l'emploi et au séjour des ressortissants algériens et de leurs familles modifié par le premier avenant du 22 décembre 1985. Les articles 12 bis (carte de séjour temporaire de plein droit), 15 (carte de résident de plein droit), 16, premier alinéa (renouvellement de la carte de résident) et 18 bis (commission du séjour des étrangers) ne sont pas applicables aux ressortissants algériens. Ne leur sont pas non plus applicables les dispositions transitoires des articles 37 et 38 nouveaux de l'ordonnance. Les autres dispositions de la loi du 24 août 1993 sont applicables aux ressortissants algériens. Sur l'octroi des titres de séjour et le regroupement familial, les dispositions applicables à ces nationaux sont les articles 4 à 7 bis de l'accord du 27 décembre 1968 modifié le 22 décembre 1985 » (14) ;

En l'absence de dispositions conventionnelles franco-marocaines dérogeant au régime général applicables aux étrangers, les dispositions de la loi du 24 août 1993 modifiant l'ordonnance de 1945 sont applicables aux ressortissants marocains (15).

« Le séjour des ressortissants tunisiens en France est régi par l'accord franco-tunisien du 17 mars 1988 relatif au séjour et au travail, modifié par l'avenant du 19 décembre 1991. Les articles 12 bis (carte de séjour temporaire de plein droit), 15 (carte de résident de plein droit), 16, premier alinéa (renouvellement de la carte de résident) de l'ordonnance

---

(14) *Bulletin officiel de l'Intérieur et de l'Aménagement du Territoire*, 1994, 1er trimestre p. 185.

(15) *Bulletin officiel de l'Intérieur et de l'Aménagement du Territoire*, 1994, 1er trimestre p. 186.

de 1945 tels qu'ils ont été modifiés ou créés par la loi du 24 août 1993 ne sont pas applicables aux ressortissants tunisiens. Ne leur sont pas non plus applicables les dispositions transitoires des articles 37 et 38 nouveaux de l'ordonnance. Les autres dispositions de la loi du 24 août 1993 sont applicables aux Tunisiens. Sur l'octroi des titres de séjour de plein droit aux Tunisiens, les dispositions sont les articles 7 bis, 7 ter, et 10 de l'accord du 27 mars 1988 modifié en décembre 1991 (16) ».

– Enfin, selon le décret n° 94-1103 du 19 décembre 1994, « les ressortissants algériens résidant en France doivent être titulaires d'un certificat de résidence à partir de l'âge de dix-huit ans. Les ressortissants algériens âgés de seize à dix-huit ans qui déclarent vouloir exercer une activité professionnelle salarié reçoivent de plein droit un certificat de résidence d'une durée de validité d'un an lorsqu'ils ont été autorisés à séjourner en France au titre du regroupement familial et que l'un au moins de leurs parents est titulaire d'un certificat de résidence de même durée ou d'une durée de validité de dix ans lorsqu'ils remplissent les conditions prévues à l'article 7 bis, 4e alinéa. Ils peuvent dans les autres cas solliciter un certificat de résidence valable un an (17) ».

Les conventions de circulation des personnes conclues entre la France et quelques pays d'Afrique subsaharienne

Il faut différencier les conventions de circulation des personnes conclues avant 1974 et celles conclues après cette date.

Tous les accords de circulation des personnes subordonnent l'entrée en France à la présentation d'une pièce d'identité, de certificats internationaux de vaccination exigés par la législation française, aux garanties de rapatriement dans le pays d'origine.

Mais la convention franco-gabonaise relative à la circulation des personnes du 12 février 1974 (JO 7 août 1974) exige un « certificat

---

(16) *Bulletin officiel de l'Intérieur et de l'Aménagement du Territoire*, 1994, 1er trimestre p. 186-187.

(17) Suite à un échange de lettres du 28 septembre 1994, décret n° 94-1103 du 19 décembre 1994 portant publication du deuxième avenant à l'accord du 27 décembre 1968 entre le Gouvernement de la République française et le Gouvernement de la République algérienne démocratique et populaire relatif à la circulation, à l'emploi et au séjour en France des ressortissants algériens et de leurs familles et à son protocole annexe, signé à Alger, *JO*, 20 décembre 1994.

d'hébergement visé par la mairie garantissant le rapatriement de l'intéressé au cas où il ne serait pas en mesure d'en assurer lui-même les frais » (art. 4-4) ; la convention franco-togolaise relative à la circulation du 25 février 1970 (JO 19 avril 1970) prévoit une lettre de garantie souscrite par un tiers (art. 3-4).

Le personnel diplomatique et consulaire, les parlementaires, les étudiants en mission officielle sont dispensés de ces garanties de rapatriement.

Les conventions sont plus restrictives que les dispositions relatives au décret n° 87-645 du 30 juillet 1987.

Les conditions d'entrée

Jusqu'en 1974, la carte d'identité ou le passeport même périmé depuis moins de cinq ans permettent l'entrée sur le territoire français. Après 1974, les conditions sont plus restrictives et s'insèrent ainsi dans une politique des flux migratoires. Il faut désormais un passeport en cours de validité.

Certaines conventions exigent la présentation d'un visa : c'est le cas de la convention franco-camerounaise relative à la circulation des personnes du 26 juin 1976 (JO du 8 novembre 1977) qui exige un visa quelle que soit la durée du séjour, de la convention franco-congolaise sur la circulation des personnes du 1er janvier 1974 modifiée par un avenant du 17 juin 1978 (JO du 10 février 1982), de la convention franco-nigérienne relative à la circulation des personnes du 19 février 1977 modifiée par un avenant et un échange de lettres du 27 juin 1978 (JO du 26 avril 1980), de la convention franco-malienne relative à la circulation des personnes du 11 février 1977, modifiée par un avenant du 11 février 1979 (JO 24 juin 1981) qui limite le visa aux séjours d'une duréee de plus de trois mois.

L'avis du ministère des Affaires étrangères publié au *Journal officiel* du 18 octobre 1986 suspend la non-obligation de visa pour certains pays comme le Bénin (ex Dahomey), le Burkina Faso, le Centrafrique, le Congo, la Côte-d'Ivoire, le Gabon, le Mali, La Mauritanie, le Niger, le Sénégal et le Togo.

Le regroupement familial

Les ressortissants de certains pays peuvent bénéficier du concours de l'OMI pour introduire en France les membres de leur famille mais les dispositions du nouveau décret du 7 novembre 1994 et de la circulaire du 7 novembre 1994 relative au regroupement familial (18) ne leur sont pas opposables.

Ils bénéficient de la clause de la nation la plus favorisée. Avec le Sénégal, une convention relative à la circulation est conclue le 29 mars 1974 (JO du 30 novembre 1976) ; avec le Cameroun, est conclue une convention de circulation le 26 juin 1976 (JO du 8 novembre 1977) ; avec la Côte-d'Ivoire, elle est datée du 8 octobre 1976 (JO 3 mai 1978) ; avec le Bénin, la date est le 27 février 1975 (JO du 9 janvier 1978) ; avec le Niger, la convention de circulation est conclue le 19 février 1977 modifiée par un avenant et un échange de lettres du 27 juin 1978 (JO du 26 avril 1980) ; avec le Mali, c'est le 11 février 1977 avec un avenant du 11 février 1979 ; enfin avec le Congo, la convention de circulation du 1er janvier 1974 est modifiée par un avenant du 17 juin 1978 (JO du 10 février 1982).

Cette procédure ne s'applique pas à certains États africains : le Centrafrique, le Burkina Faso, la Mauritanie et le Togo. Les conventions de circulation avec ces pays n'ont eu aucune modification et s'appliquent en l'état.

Les conditions de séjour et d'emploi des ressortissants d'Afrique subsaharienne

Conformément aux articles 6 et 9 de l'ordonnance du 2 novembre 1945, pour tout séjour de plus de trois mois, un titre de séjour est obligatoire (19). Dans certains cas, le titre de séjour est délivré de plein

(18) Décret n° 94-963 du 7 novembre 1994, *op. cit.* ; Circulaire du 7 novembre 1994 relative au regroupement familial, *op. cit.*

(19) Conventions de la France avec le Sénégal (29 mars 1974, *JO* du 30 novembre 1976), le Cameroun (26 juin 1976), la Côte-d'Ivoire (8 octobre 1976), le Mali (11 février 1977), le Niger (19 février 197), le Congo (avenant du 17 juin 1978).

droit. Il est renouvelable de plein droit pour une durée de trois ans (conventions franco-camerounaise, franco-congolaise et franco-nigérienne) porté à cinq ans (accords franco-malien, franco-sénagalais et franco-béninois).

La convention franco-ivoirienne du 8 octobre 1976 reprend trois catégories de carte de résident de durée différente. Les résidents en France depuis un an au moins au 8 octobre 1975 ont droit à une carte résident valable trois ans (art. 6) ; les personnes qui effectuent un premier séjour en France de plus de trois mois ont droit à une carte de résident d'un an ; celles résidant en France depuis le 7 août 1960, ont droit à une carte résident privilégiée dont la durée ne peut être inférieure à cinq ans (art. 12).

La convention franco-camerounaise prévoit une carte de résident trois ans à ceux qui résident en France dans des conditions régulières.

Des clauses particulières s'appliquent à certaines catégories de personnes. Les étudiants doivent présenter en plus des documents exigés par le droit commun une attestation délivrée par l'établissement qu'ils doivent fréquenter (20). L'accès au territoire français des membres des familles de nationaux des parties cosignataires établis en France est subordonné à la présentation des documents exigés par le droit commun auxquels s'ajoutent l'attestation de logement et le certificat médical. En matière de logement, la convention franco-Dahomey en date du 27 février 1975 est la seule qui renvoie à un document « délivré conformément à la législation du pays d'accueil », c'est-à-dire en France au certificat d'hébergement résultant du décret n° 82-442 du 27 mai 1982.

Les conventions signées jusqu'en 1974 (21) ne traitent que des activités professionnelles salariées et subordonnent l'accès à un certificat médical sous le double contrôle du consul de France et des autorités sanitaires locales et à un contrat de travail écrit visé par le ministère du Travail.

La Convention franco-ivoirienne en date du 21 février 1970 exige la présentation d'un extrait de casier judiciaire. L'article 5 de l'accord franco-ivoirien du 8 octobre 1976 atténue cette condition : « Le bulletin

---

(20) Conventions avec le Sénégal, le Dahomey, le Cameroun, la Côte-d'Ivoire, le Mali, le Niger et le Congo.

(21) Conventions signées avec le Mali (8 mars 1963), la Mauritanie (15 juillet 1963), le Niger (16 février 1970), la Côte-d'Ivoire (21 février 1970), le Togo (25 février 1970), la Haute-Volta (30 mai 1970), Le Congo (1er janvier 1974) et le Gabon (12 février 1974).

n° 2 du casier judiciaire peut être demandé par les autorités du pays d'accueil ».

Les conventions signées à partir de 1974 exigent toutes, outre les documents de droit commun, un certificat médical. Pour les personnes sans activité, les conventions ajoutent des documents justifiant les moyens d'existence. Pour les salariés, le contrat de travail préalablement établi et visé par le ministère du Travail est là encore exigé.

Annexe 2

Le cadre européen

De nombreux ressortissants des pays de l'Union européenne ont vu leur statut profondément modifié à compter du 26 mars 1995. Ses dispositions n'affectent pas le droit national à l'égard des ressortissants des pays tiers.

Le traité de Maastricht n'est pas la seule étape. La reconnaissance de droits spéciaux aux ressortissants de l'Union européenne n'est pas nouvelle. Déjà, l'abolition des obstacles à la libre circulation des personnes avait été prévue dans le Traité de Rome, signé le 23 mars 1957. Les premiers textes d'application du droit d'entrée et de séjour des travailleurs et de leur famille datent de 1968. En 1970, un règlement donne le droit de séjourner au travailleur et à sa famille au terme de son activité salariée ou à la suite d'une incapacité de travail. Envisagée en 1974 lors du Sommet de Paris des chefs d'État et de gouvernement, la reconnaissance de droits aux ressortissants de l'Union européenne s'est développée surtout à partir de 1984 quand le Conseil européen de Fontainebleau a créé le comité « Adonnino » sur ce thème. En juin 1984, le Conseil européen adopte le principe de la suppression des formalités de police et de douane pour les personnes circulant à l'intérieur de la communauté. En juillet 1984, au sommet franco-allemand de Sarrebrück, la France et la RFA signent un accord sur la suppression des contrôles à leur frontière commune. L'accord de Schengen en 1985 (1), avec sa convention d'application signée le 19 juin 1990 (2), associe à l'origine cinq pays et constitue un élément essentiel à la réalisation de

(1) Décret n° 86-907 du 30 juillet 1986 portant publication de l'accord entre les gouvernements des États de l'union économique Benelux, de la République fédérale d'Allemagne et de la République française relatif à la suppression graduelle des contrôles aux frontières communes, fait à Schengen le 14 juin 1985, J0, 5 août 1986. Cet accord prévoit la suppression des frontières internes pour le 1er janvier 1990 si possible.

(2) Les contrôles aux frontières terrestres doivent être levés dès 1992 et les contrôles aux aéroports dès 1993.

l'Europe des citoyens. L'ensemble communautaire apparaît avec la suppression, en matière de circulation des personnes, des contrôles aux frontières communes et leur transfert aux frontières externes. Si l'accord de Schengen est une simple déclaration, sa convention d'application est un véritable instrument juridique avec des droits et des obligations. La loi déclarée conforme à la Constitution par une décision du 25 juillet 1991 a été promulguée le 30 juillet de la même année (3). Il faut rappeler que l'acte unique européen en février 1986 fait mention d'un marché intérieur sans frontières avec une libre circulation.

Quant à son entrée en vigueur, la convention pose des conditions. Outre les ratifications par les cinq pays signataires d'origine (France, Allemagne, Belgique, Luxembourg et Pays-Bas), des adaptations internes législatives et réglementaires sont indispensables. La France a d'abord ratifié et ensuite pris les mesures adéquates internes. C'est ainsi que le débat sur le projet de loi de ratification de la convention d'application de l'accord de Schengen a eu lieu en juin 1991 à l'Assemblée nationale (4). Son approbation a fait l'objet d'une loi du 30 juillet 1991 (5). Le Parlement français a voté la loi du 26 février 1992 modifiant l'ordonnance de 1945 sur l'entrée et le séjour des étrangers en tenant compte de la convention de Schengen. Des réunions de parlementaires informelles, un rapporteur désigné dès le 10 octobre 1991 par la Commission des affaires étrangères assurent le suivi de la mise en œuvre de la convention d'application de l'accord de Schengen.

Lors du débat de ratification en 1991, six États participent aux travaux de Schengen. En effet, aux cinq pays d'origine s'ajoute l'Italie qui signe la convention le 27 novembre 1990. Le 25 juin 1991, l'Espagne et le Portugal adhèrent à la convention. La Grèce obtient le statut d'observateur. L'Autriche et la Suisse manifestent leur intérêt. Seuls la Grande-Bretagne, l'Irlande et le Danemark ne se sont pas manifestés.

Pour beaucoup de pays, les accords de Schengen permettent la mise en place de contrôles sérieux aux frontières, une coordination des polices pour la lutte contre le trafic de la drogue et l'immigration clandestine.

---

(3) Loi n° 91-737 du 30 juillet 1991 autorisant l'approbation de la convention d'application de l'accord de Schengen du 14 juin 1985 entre les gouvernements des États de l'Union économique Benelux, de la République fédérale d'Allemagne et de la République française relatif à la suppression graduelle des contrôles aux frontières communes, *JO*, 1er août 1991.

(4) Par 495 voix contre 61, l'Assemblée nationale approuve le projet de loi ainsi que le texte relatif à l'adhésion de l'Italie. Par 227 voix contre 78, le Sénat approuve le projet de loi.

(5) Loi n° 91-737 du 30 juillet 1991, *op. cit.*

Cependant, tous les pays n'ont pas encore ratifié. C'est ainsi que les six pays signataires sont rejoints par l'Espagne le 25 février 1992, le Portugal le 10 avril de la même année, le Luxembourg et par la Grèce en novembre 1992.

Les accords de Schengen s'articulent avec le droit communautaire. Selon l'article 142, si d'autres conventions sont conclues entre les États de la Communauté, les stipulations de Schengen pourront être transformées. Selon l'article 134, les dispositions de Schengen ne sont applicables que « dans la mesure où elles sont compatibles avec le droit communautaire ». On a pu s'interroger sur l'efficacité de la convention face au traité d'Union européenne signé à Maastricht le 7 février 1992. L'article 100 C du traité concernant les visas reprend les dispositions de Schengen en les adaptant au mode de décision communautaire. Si dans le cadre de Schengen, toutes les décisions sont prises à l'unanimité, l'article 100 C du Traité de Maastricht permet au Conseil de prendre toutes mesures à la majorité qualifiée, y compris, à partir de 1996, la liste des pays dont les ressortissants sont soumis à visa. Les dispositions de Schengen restent en vigueur entre les parties dans l'attente d'une directive d'application.

Le Traité de Maastricht définit une politique d'asile, des règles régissant le franchissement des frontières extérieures des États membres, une politique d'immigration. L'article K 7 stipule que ces dispositions « ne font pas obstacle à l'institution ou au développement d'une coopération plus étroite entre deux ou plusieurs États membres ». L'articulation entre Schengen et Maastricht apparaît possible.

Si, pendant longtemps, le droit au séjour était lié à une activité économique pour les salariés et les travailleurs indépendants de la communauté, avec l'obligation d'un permis de séjour (6), depuis le 1er juillet 1992, trois directives autorisent les inactifs, les retraités et les étudiants à circuler ou à séjourner dans un des États membres. La libre circulation comme le droit au séjour ne sont plus seulement entendus en termes de marché.

La convention d'application des accords de Schengen comporte 142 articles. Pour les ressortissants de la Communauté économique européenne, aucune limite administrative, la libre circulation est totale.

---

(6) Le permis de séjour est de cinq ans. Bénéficent également du permis de séjour le conjoint (même s'il ne possède pas la nationalité d'un pays membre de la Communauté économique européenne, les enfants à charge de moins de 21 ans et les ascendants à charge. Le salarié et le travailleur indépendant exerçent leurs activités dans les mêmes conditions que les nationaux. Le permis de séjour obligatoire dès que le séjour dépasse trois mois devrait s'intituler « carte de séjour des Communautés européennes ».

Pour les ressortissants des pays tiers résidant dans un État membre ou pour les étrangers en visite, leur circulation dans l'un des États est soumise à une déclaration obligatoire. Les touristes des pays tiers, dans l'attente d'un visa européen unique, sont soumis à l'obligation de se munir d'un visa pour pénétrer dans l'espace Schengen (7).

Pour les étrangers (8), un séjour n'excédant pas trois mois peut être accordé sous certaines conditions : posséder un document valable pour franchir la frontière, être en possession d'un visa valable si celui-ci est requis, justifier des documents sur l'objet et les conditions du séjour envisagé, avoir les moyens de subsistance suffisants, ne pas être signalé aux fins de non-admission, ne pas être une menace pour l'ordre public, la sécurité nationale ou les relations internationales de l'une des parties contractantes.

Chaque État membre de l'Union européenne a sa propre politique pour l'immigration non communautaire. Un accord signé entre la Communauté européenne et les pays formant l'Association européenne de libre échange le 3 mai 1992 institue à partir du 1er janvier 1993 l'Espace économique européen. La libre circulation réservée depuis 1968 aux seuls travailleurs communautaires est étendue aux travailleurs de la Norvège, de la Suède, de la Finlande, de l'Islande, de l'Autriche et à partir du 1er janvier 1998 à ceux de la Suisse et du Liechtenstein. Pour les ressortissants des autres États, aucun accord n'a été conclu.

Si la convention de Schengen devait initialement entrer en vigueur le 1er janvier 1993, on sait que la France a refusé d'abandonner prématurément le contrôle des frontières. Et le projet a manqué d'échouer plusieurs fois. Le 30 juin 1993, réunis à Madrid, les neuf annoncent que Schengen s'appliquera le 1er décembre 1993. Mais le 8 octobre, il est décidé d'un nouveau report au 1er février 1994. En janvier 1994, Schengen est renvoyé sine die. A la réunion du 22 décembre 1994 à Bonn, les ministres des pays européens concernés (Alain Lamassoure pour la France) s'engagent à assurer irréversiblement la libre circulation des personnes et la levée des contrôles d'identité à l'intérieur de leurs frontières à partir du 26 mars 1995.

---

(7) La Convention de Schengen prévoit une politique de visas avec trois instruments principaux : une liste commune de visas concernant 110 pays devant être respectée par tous les États ; un visa uniforme qui sera délivré par les postes consulaires des États signataires, et une circulaire d'instructions communes adressée à ces postes consulaires.

(8) Selon la Convention d'application le terme « étranger » se définit comme toute personne autre que les ressortissants des États membres des Communautés européennes.

Annexe 3

Caractéristiques des jeunes rencontrés (1)

N° du dossier	1	2	3	4	5	6	7	8	9	10	11	12	13	14	15
Sexe Masculin	X	X	X	X	X		X	X		X	X	X	X	X	X
Sexe Féminin						X			X						
Age au moment de l'entretien	24	20	18	19	17	21	18	23	32	21	20	21	22	23	23
Pays d'origine	Sénégal	Maroc	Maroc	Maroc	Cameroun	Zaïre	Tunisie	Bénin	Maroc	Maroc	Maroc	Cameroun	Turquie	Sri Lanka	Sénégal
Nationalité	malienne	marocaine	marocaine	marocaine	camerounaise	zaïroise	tunisienne	béninoise	marocaine	marocaine	marocaine	camerounaise	turque	sri lankaise	sénégalaise
Religion															
- Catholique					X	X		X				X			X
- Musulmane	X	X	X	X			X		X	X	X		X		
- Bouddhiste															
- Hindouiste														X	
- Autre															
Langue française															
- parle couramment	X	X	X		X	X	X	X	X	X	X	X		X	X
- parle un peu				X									X		
Niveau scolaire															
- Primaire															
- Secondaire 1er cycle			X	X	X		X		X	X	X	X	'	X	X
- Secondaire 2ème cycle	X	X				X		X					X		
- Universitaire															
En scolarité															
Hors scolarité	X	X	X	X	X	X	X	X	X	X	X	X	X	X	X
Situation socio-professionnelle															
- Emploi à durée déterminée															
- Emploi à durée indéterminée			X	X		X						X		X	X
- Chômage	X	X			X		X	X	X	X	X		X		

(1) (Extrait du rapport E. Rude-Antoine (dir.) avec J. J. Deldyck, M. Diop, I. Quiquerez-Finkel, R. Labzae, S. Katar, G. Rosset, « Les jeunes étrangers, leur statut juridique et leur intégration », CNRS-URA 412, 2 tomes, 542 p.).

N° du dossier	1	2	3	4	5	6	7	8	9	10	11	12	13	14	15
Statut familial															
- Marié															
- Célibataire	X	X	X	X	X	X	X	X		X	X	X	X	X	X
- Divorcé															
- Mère célibataire									X						
Fratrie nombre d'enfants		4	5	5	4	4	7	5	6	4	10	6	5	3	6
Famille															
- Monogamique	X	X	X	X	X	X	X	X	X	X	X	X	X	X	
- Polygamique															X
Place dans la fratrie															
- Aîné(e)					X	X			X		X	X		X	X
- autre	X	X	X	X			X	X		X			X		
Lieu de vie à l'arrivée															
- chez parents		X	X	X											
- chez père									X		X		X		
- chez mère															
- chez membre de la famille	X					X						X			X
- chez ami de la famille					X			X							
- autre							X			X				X	
Résidence du père															
- en France	X	X	X	X							X		X		X
- au pays d'origine					X	X	X	X	X	X		X			
- autre pays														X	
Résidence de la mère															
- en France		X	X												
- au pays d'origine	X			X	X	X	X	X		X	X	X	X		X
- autre pays									X					X	

	1	2	3	4	5	6	7	8	9	10	11	12	13	14	15
Lieu de vie du jeune au moment de l'enquête															
- Foyer	X	X	X	X	X	X	X	X	X	X	X	X	X	X	X
- chez les parents															
- seul															
- institution spécialisée															
- chez un membre de la famille															
- chez un ami															
- autre															
Date d'entrée en France	89	73		89	88	90	85	88	63	80	82	85	88	85	79
Age à l'entrée en France	19	1 an 1/2		16	13	19	11	19	3	10	10	15	18	16	11
Statut juridique actuel															
- Titre temporaire										X					
- Titre de résident dix ans		X	X	X					X		X	X	X		X
- Nationalité française															
- Double nationalité															
- Sans titre de séjour					X		X								
- Réfugié politique carte dix ans								X							
- Réfugié politique récépissé	X					X								X	

N° du dossier	16	17	18	19	20	21	22	23	24	25	26	27	28	29	30
Sexe Masculin	X	X	X	X	X		X	X		X		X		X	
Sexe Féminin						X			X		X		X		X
Age au moment de l'entretien	25	20	23	23	22	20	26	21	20	18	24	23	24	16	20
Pays d'origine	Cambodge	Portugal	Réunion	Irak	Togo	Algérie	Togo	Comores	Algérie	France	Maroc	Roumanie	Portugal	Maroc	Togo
Nationalité	cambodgienne	portugaise	française	kurde	togolaise	algérienne	française	comorienne	algérienne	franco-algérienne	marocaine	roumaine	portugaise	franco-marocaine	togolaise
Religion															
- Catholique		X					X					X	X		X
- Musulmane					X	X		X	X	X	X			X	
- Bouddhiste	X														
- Hindouiste															
- Autre				X											
Langue française															
- parle couramment		X	X		X	X	X	X	X	X			X	X	X
- parle un peu	X			X							X	X			
Niveau scolaire															
- Primaire															
- Secondaire 1er cycle		X	X					X	X	X	X		X		
- Secondaire 2ème cycle	X			X	X	X	X					X		X	X
- Universitaire															
En scolarité					X									X	
Hors scolarité	X	X	X	X		X	X	X	X	X	X	X	X		X
Situation socio-professionnelle															
- Emploi à durée déterminée															
- Emploi à durée indéterminée		X					X					X			
- Chômage	X		X	X		X		X	X	X	X		X		X

N° du dossier	16	17	18	19	20	21	22	23	24	25	26	27	28	29	30
Statut familial															
- Marié						X					X				
- Célibataire	X	X	X	X	X		X	X	X	X		X	X	X	X
- Divorcé															
- Mère célibataire															
Fratrie nombre d'enfants	2	4		8	20	6	4	7	6	5	2	3	2	4	8
Famille															
- Monogamique	X	X	X	X		X			X	X	X	X	X	X	
- Polygamique					X			X							X
Place dans la fratrie															
- Aîné(e)				X								X			
- autre	X	X	X		X	X	X	X	X	X	X		X	X	X
Lieu de vie à l'arrivée															
- chez parents		X							X				X	X	
- chez père			X					X							
- chez mère							X			X					
- chez membre de la famille	X				X										X
- chez ami de la famille												X			
- autre				X		X					X				
Résidence du père															
- en France		X							X				X	X	
- au pays d'origine				X	X	X	X	X		X	X	X			X
- autre pays			X												
Résidence de la mère															
- en France		X	X				X		X	X			X	X	
- au pays d'origine				X	X	X		X				X			X
- autre pays															

N° du dossier	16	17	18	19	20	21	22	23	24	25	26	27	28	29	30
Lieu de vie du jeune au moment de l'enquête															
- Foyer	X	X		X	X		X					X			X
- chez les parents			X						X	X			X	X	
- seul															
- institution spécialisée															
- chez un membre de la famille						X		X							
- chez un ami															
- autre											X				
Date d'entrée en France	87	75	84	89	88	90	80	82	82		91	91	70	77	86
Age à l'entrée en France	20	3	16	20	18	18	14	10	10		23	23	2	6 mois	14
Statut juridique actuel															
- Titre temporaire					X										X
- Titre de résident dix ans		X				X			X		X		X		
- Nationalité française			X												
- Double nationalité							X			X				X	
- Sans titre de séjour								X							
- Réfugié politique carte dix ans	X			X								X			
- Réfugié politique récépissé															

N° du dossier	31	32	33	34	35	36	37	38	39	40	41	42	43	44	45
Sexe Masculin	X		X	X	X		X	X		X			X	X	
Sexe Féminin		X				X			X		X	X			X
Age au moment de l'entretien	28	23	17	28	24	24	30	26	24	22	20	19	23	25	18
Pays d'origine	Maroc	Maroc	France	Togo	Pakistan	Algérie	Togo	Sri Lanka	Maroc	Roumanie	Djibouti	Zaïre	Cambodge	Togo	Maroc
Nationalité	marocaine	marocaine	franco-algérienne	togolaise	pakista-naise	française	togolaise	sri-lanlaise	marocaine	roumaine	française	française	cambod gienne	togolaise	marocaine
Religion															
- Catholique				X			X			X		X		X	
- Musulmane	X	X	X		X	X			X		X				X
- Bouddhiste													X		
- Hindouiste								X							
- Autre															
Langue française															
- parle couramment			X	X		X	X	X	X	X	X	X	X	X	X
- parle un peu	X	X			X										
Niveau scolaire															
- Primaire															
- Secondaire 1er cycle															X
- Secondaire 2ème cycle	X		X		X		X	X	X	X	X	X	X		
- Universitaire		X		X		X								X	
En scolarité			X	X										X	
Hors scolarité	X	X			X	X	X	X	X	X	X	X	X		X
Situation socio-professionnelle															
- Emploi à durée déterminée															
- Emploi à durée indéterminée		X			X	X	X	X	X	X			X		
- Chômage	X										X	X			X

N° du dossier	31	32	33	34	35	36	37	38	39	40	41	42	43	44	45
Statut familial															
- Marié	X				X										
- Célibataire			X	X		X	X	X	X	X	X	X	X	X	X
- Divorcé		X													
- Mère célibataire															
Fratrie nombre d'enfants	6	6	3	10	8	6	16	3	7	3	6	5	4	7	3
Famille															
- Monogamique	X	X	X	X	X	X		X	X	X	X	X	X		X
- Polygamique							X							X	
Place dans la fratrie															
- Aîné(e)									X	X				X	X
- autre	X	X	X	X	X	X	X	X			X	X	X		
Lieu de vie à l'arrivée															
- chez parents			X			X						X			
- chez père									X						X
- chez mère															
- chez membre de la famille				X									X	X	
- chez ami de la famille								X		X					
- autre	X	X			X		X				X				
Résidence du père															
- en France			X			X			X			X			X
- au pays d'origine	X	X		X	X		X	X		X			X	X	
- autre pays											X				
Résidence de la mère															
- en France			X			X			X			X			X
- au pays d'origine	X	X		X	X		X	X		X			X	X	
- autre pays											X				

N° du dossier	31	32	33	34	35	36	37	38	39	40	41	42	43	44	45
Lieu de vie du jeune au moment de l'enquête															
- Foyer				X	X	X	X	X	X	X			X	X	
- chez les parents			X									X			X
- seul															
- institution spécialisée															
- chez un membre de la famille		X													
- chez un ami															
- autre	X										X				
Date d'entrée en France	92	92		91	86	70	83	85	78	91	90	79	89	88	77
Age à l'entrée en France	28	22		27	18	2	20	19	10	21	18	6	20	21	3
Statut juridique actuel															
- Titre temporaire				X			X							X	
- Titre de résident dix ans	X	X			X				X						X
- Nationalité française											X	X			
- Double nationalité			X			X									
- Sans titre de séjour															
- Réfugié politique carte dix ans								X		X			X		
- Réfugié politique récépissé															

N° du dossier	46	47	48	49	50	51	52	53	54	55	56	57	58	59	60
Sexe Masculin		X	X	X			X	X	X	X	X		X	X	X
Sexe Féminin	X				X	X						X			
Age au moment de l'entretien	18	23	19	26	24	22	25	19	23	29	22	26	29	28	23
Pays d'origine	Maroc	Ghana	Tunisie	Algérie	Viet-Nam	Algérie	Algérie	France	Togo	Togo	Portugal	Togo	Zaïre	Mali	Sénégal
Nationalité	marocaine	ghanéenne	tunisienne	algérienne	française	algérienne	algérienne	française	togolaise	togolaise	portugaise	togolaise	zaïroise	malienne	sénégalaise
Religion															
- Catholique		X							X	X	X		X		
- Musulmane	X		X	X		X	X	X				X		X	X
- Bouddhiste					X										
- Hindouiste															
- Autre															
Langue française															
- parle couramment	X	X	X	X	X	X	X	X	X	X	X	X	X		X
- parle un peu														X	
Niveau scolaire															
- Primaire				X										X	
- Secondaire 1er cycle	X		X					X			X				X
- Secondaire 2ème cycle		X					X								
- Universitaire					X	X			X	X		X	X		
En scolarité									X			X			
Hors scolarité	X	X	X	X	X	X	X	X		X	X		X	X	X
Situation socio-professionnelle															
- Emploi à durée déterminée			X							X		X		X	X
- Emploi à durée indéterminée				X		X			X				X		
- Chômage	X	X			X		X	X			X				

N° du dossier	46	47	48	49	50	51	52	53	54	55	56	57	58	59	60
Statut familial															
- Marié							X								X
- Célibataire	X	X	X	X	X	X		X	X	X	X	X	X	X	
- Divorcé															
- Mère célibataire															
Fratrie nombre d'enfants	4	6	5	6	2	4	7	5	12	15	3	18	10	16	15
Famille															
- Monogamique	X	X	X	X	X	X	X	X			X		X		
- Polygamique									X	X		X		X	X
Place dans la fratrie															
- Aîné(e)				X			X			X			X	X	X
- autre	X	X	X		X	X		X	X		X	X			
Lieu de vie à l'arrivée															
- chez parents	X			X		X		X			X				
- chez père															
- chez mère															
- chez membre de la famille							X		X	X		X		X	X
- chez ami de la famille															
- autre		X	X		X								X		
Résidence du père															
- en France	X			X		X		X			X				
- au pays d'origine		X	X		X		X		X	X		X	X	X	X
- autre pays															
Résidence de la mère															
- en France	X			X	X	X		X			X				
- au pays d'origine		X	X				X		X	X		X	X	X	X
- autre pays															

N° du dossier	46	47	48	49	50	51	52	53	54	55	56	57	58	59	60
Lieu de vie du jeune au moment de l'enquête															
- Foyer		X	X	X		X		X	X	X		X	X	X	X
- chez les parents	X				X						X				
- seul															
- institution spécialisée															
- chez un membre de la famille															
- chez un ami															
- autre							X								
Date d'entrée en France	76	89	82	81	75	73	70		90	90	73	90	83	89	87
Age à l'entrée en France	2	20	9	15	7	3	3		21	23	3	24	20	25	18
Statut juridique actuel															
- Titre temporaire			X	X					X	X		X			X
- Titre de résident dix ans	X	X				X	X				X		X		
- Nationalité française					X			X							
- Double nationalité															
- Sans titre de séjour															
- Réfugié politique carte dix ans														X	
- Réfugié politique récépissé															

Bibliographie

Ouvrages

ABOU-SAASA G. et MILLET H., *Générations issues de l'immigration,* Paris, Arcantère, 1986.

BEN JELLOUN T., *Hospitalité française,* Paris, Le Seuil, 1984.

BERQUE J., *L'immigration à l'école de la République,* rapport au ministère de l'Éducation nationale, Paris, la documentation française, Paris, 1985.

BOULOT S. et BOYZOU-FRADET D., *Les Immigrés et l'école*, Paris, L'Harmattan, 1986.

BOURETZ P., *La force du droit,* Panorama des débats contemporains, Paris, Esprit, 1991.

BRAUDEL F., *L'identité française,* 3 tomes, Paris, Flammarion, 1986.

CAMILLERI C. et COHEN-EMERIQUE M. (sous la direction), *Chocs de cultures : concepts et enjeux pratiques de l'interculturel,* Paris, L'Harmattan, 1989.

DELUMEAU J., *La peur en occident,* Paris, Fayard, Coll. Pluriel, 1978.

DROIT et SOCIÉTÉ, *Le rapport des jeunes au droit à l'est et à l'ouest,* Paris, LGDJ-CRIV, 1991, n° 19.

ÉCOLE NATIONALE DE LA MAGISTRATURE, section internationale, *La Justice et la famille africaine,* Actes des Journées d'Études des 27 et 28 juin 1989.

FUCHS G., *Ils resteront : le défi de l'immigration,* Paris, Syros, 1987.

GASPARD F. et SERVAN-SCHREIBER C., *La fin des immigrés,* Paris, Le Seuil, 1984.

GRIOTTERAY A., *Les Immigrés : le choc,* Paris, Plon, 1984.

GUIMEZANES N., *Le Droit des étrangers*, Paris, A. Colin, 1987.

HANNOUN M., *L'autre cohabitation, Français-Immigrés,* Paris, L'Harmattan, Paris, 1986.

JACQUES A., *Les déracinés, réfugiés et migrants dans le monde,* Paris, La Découverte, 1985.

JAZOULI A., *L'action collective des jeunes Maghrébins de France,* Paris, L'Harmattan, CIEMI, 1986.

JODELET D., *Les représentations sociales,* Paris, Puf, 1989.

LACOSTE-DUJARDIN C., *Yasmina et les autres de Nanterre et d'ailleurs,* Paris, La Découverte, 1992.

LADMIRAL J. R. et LIPIANSKY E. M., *La communication interculturelle,* Paris, Armand Colin, 1989.

LAPEYRONNIE D. (sous la direction), *Les politiques d'intégration des minorités immigrées en Europe et aux États-Unis,* ADRI, 1990.

LAPIERRE J. W., *Vivre sans État ?,* Paris, Le Seuil, 1977.

LEBON A. et MARANGE J., *L'insertion des jeunes d'origine étrangère dans la société française,* Paris, la documentation française, 1982.

LE GALLOU J.Y., *La Préférence nationale,* Paris, Albin Michel, 1985.

LEGENDRE P., *Les enfants du texte – Étude sur la fonction parentale des États,* Paris, Fayard, 1992.

LENOBLE J. et OST F., *Droit, mythe et raison. Essai sur la dérive mythologique de la rationalité juridique,* Bruxelles, Facultés universitaires Saint-Louis, 1980.

LEROY E. (sous la direction), *La différence culturelle – Argument devant la juridiction des mineurs, défi à la société française,* Laboratoire d'anthropologie juridique, Paris I, 1989.

LEQUIN Y. (sous la direction de), *La Mosaïque France*, Paris, Larousse, 1988.

LESOURNE J., « Scénarios du futur », *Le Débat*, Paris, Gallimard, novembre 1985.

LEVI-STRAUSS C., *Race et Histoire,* Paris, Denoël, 1987.

LOSCHAK D., *Étrangers : de quels droits,* Paris, Puf, 1985.

LOSCHAK D., « Le droit du normatif à la normalisation », in *Le sujet et la loi,* Paris, Erès, 1988.

MALEWSKA-PEYRE (sous la direction), *Crise d'identité et déviance chez les jeunes immigrés,* Paris, la documentation française, 1982.

MESTIRI E., *L'immigration,* Paris, La découverte, 1990.

MESTIRI E., *A propos de l'autre : l'immigré comme métaphore,* Paris Bayardère, 1987.

MINC A., *La Machine égalitaire*, Paris, Grasset, 1987.

MINCES J., *La génération suivante,* Paris, Flammarion, 1986.

N'GUYEN VAN YEN C., *Droit de l'immigration,* Paris, Puf, 1986.

NICOLLET A., *Femmes d'Afrique noire en France, la vie partagée,* Paris, L'Harmattan, CIEMI, 1992.

NOIRIEL G., *Le Creuset français, histoire de l'immigration XIXe-XXe siècles,* Paris, Le Seuil, 1988.

ORIOL P., *Les immigrés, métèques ou citoyens,* Paris, Syros, 1985.
RICHER L., *Le Droit de l'immigration,* Paris, Puf, Que Sais-je, 1986, n° 2303.
ROULAND N., *Aux confins du droit,* Paris, Odile Jacob, coll. Sciences Humaines, 1991.
ROULAND N., *Anthropologie juridique*, Paris, Puf, 1988.
SCHNAPPER D., *La France de l'intégration,* Paris, Gallimard, 1991.
SCHOR R., *L'Opinion française et les étrangers 1919-1939,* Paris, Publications de la Sorbonne, 1985.
SECRÉTARIAT GÉNÉRAL A L'INTÉGRATION, Ministère des Affaires sociales et de l'intégration, *L'immigration en France des ressortissants des pays d'Afrique noire,* Rapport du groupe de travail interministériel, juin 1992.
RUDE-ANTOINE E. (Sous la direction), *L'immigration face aux lois de la République,* Paris, Karthala, 1992.
RUDE-ANTOINE, *Le mariage maghrébin en France*, Paris, Karthala, 1990.
SUR D., *Les étrangers en France de 1848 à la Seconde Guerre mondiale,* Thèse d'État, Faculté de droit, Dijon, 1986
TOURAINE A., *Critique de la modernité,* Paris, Éd. Fayard, 1992.
WEIL P., *La France et ses étrangers,* Préface de Marceau Long, Paris, Calman Levy, 1991.
WITHOL DE WENDEN C., *Les immigrés et la politique, cent cinquante ans d'évolution,* Paris, Presse de la Fondation nationale des sciences politiques, 1987.

Rapports officiels, doctrine

Conditions d'entrée et de séjour des étrangers en France

- Rapports de M. P. MASSON, Sénat n° 243 en date du 21 janvier 1992; Sénat n° 235 en date du 14 janvier 1992 ; Sénat n° 410 en date du 16 juin 1992.
- Rapports de M. M. PERET, Assemblée Nationale n° 2547 en date du 21 janvier 1992; Assemblée Nationale n° 2811 en date du 18 juin 1992; Assemblée Nationale n° 2491 en date du 18 décembre 1991.
- Rapport de M. J.-P. PHILIBERT sur le projet de loi (n° 267) relatif à la maîtrise de l'immigration et aux conditions d'entrée, d'accueil et des séjour des étrangers en France, sur les propositions de loi n° 37, 49, 50, 104, 132, et annexe à propos des observations présentées au nom

de la commission des Affaires étrangères saisie pour avis par M.J. MYARD, Assemblée Nationale n° 326 en date du 10 juin 1993.

État civil, Famille, Droits de l'enfant et Juge aux affaires familiales

- Rapport de Mme D. CACHEUX, Assemblée Nationale n° 3127 ; Assemblée Nationale n° 3230.
- Rapports de M. L. DEJOIE, Sénat n° 184 ; Sénat n° 174.

Immigration en France – Politique d'intégration

- Rapport de M. Ph. MARCHAND, Assemblée Nationale n° 1348 en date du 11 mai 1990.
- Rapport de M. J. THYRAUD, Sénat n° 101 en date du 27 novembre 1990.

Lutte contre l'organisation de l'entrée et du séjour irréguliers d'étrangers en France

- Rapports par M. J. SOURDILLE, Sénat n° 113 en date du 27 novembre 1991 ; Sénat n° 74 en date du 7 novembre 1991 ; Sénat n° 135 en date du 4 décembre 1991.
- Rapports de M. A. VIDALIES, Assemblée nationale n° 2385 en date du 27 novembre 1991, Assemblée Nationale n° 2250 en date du 30 octobre 1991, Assemblée Nationale n° 2391 en date du 28 novembre 1991.

Mariages de complaisance

- BOULANGER F., « Fraude, simulation ou détournement d'institution en droit de la famille », *JCP,* 1993, éd. G. n° 14. 3665.
- HAIM V., note sous Conseil d'État, 13 novembre 1992, D. 1993.297.
- RUBELLIN-DEVICHI J. (sous la direction), Centre de droit de la famille, Dossier Chronique, « Droit de la famille », *JCP,* 1993, Ed G N° 1. 3639.

Nationalité

- Rapport de M. J. BERARD, « Pour une réforme du droit de la nationalité, Sénat n° 331.
- Rapport de M. P. MAZEAUD tendant à réformer le droit de la nationalité, Assemblée Nationale n° 361.

Regroupement familial, Immigration irrégulière

- Rapport par M. R. G. LAURIN, Sénat n° 64 en date du 30 octobre 1991.

Table des matières

ÉDITIONS KARTHALA

(extrait du catalogue)

Collection **Méridiens**

Bernard LEHEMBRE, *L'Ile Maurice.*
Christian RUDEL, *La République Dominicaine.*
J. BURNET et J. GUILVOUT, *La Thaïlande.*
Philippe DAVID, *La Côte-d'Ivoire.*
Marie-Paule DE PINA, *Les îles du Cap-Vert.*
Attilio GAUDIO, *Le Mali.*
Philippe L'HOIRY, *Le Malawi.*
Catherine BELVAUDE, *La Mauritanie.*
Alain et Denis RUELLAN, *Le Brésil.*
André LAUDOUZE, *Djibouti.*
Pierre VÉRIN, *Madagascar.*
Antonio RALUY, *La Nouvelle-Calédonie.*
P. MOUREN-LASCAUX, *La Guyane.*
Christian RUDEL, *Le Paraguay.*
Catherine BELVAUDE, *L'Algérie.*
J.-P. LOZATO-GIOTARD, *Le Maroc.*
Michel POUYLLAU, *Le Venezuela.*
Christian RUDEL, *L'Équateur.*
Catherine FOUGÈRE, *La Colombie.*
Yvonne FRANÇOIS, *Le Togo.*
Marc MANGIN, *Les Philippines.*
Robert AARSSE, *L'Indonésie.*
Patrick PUY-DENIS, *Le Ghana.*
Marc -Antoine DE MONTCLOS, *Le Nigeria.*
Mihaï SERBAN, *La Roumanie.*
Pierre VÉRIN, *Les Comores.*
Marie LORY, Le Bostwana.
Leonas TEIBERIS, *La Lituanie.*
Daniel JOUANNEAU, *Le Mozambique.*
Ezzedine MESTIRI, *La Tunisie.*
Attilio Gaudio, *Les îles Canaries.*
Marc LAVERGNE, *La Jordanie.*
Guy FONTAINE, *Mayotte.*
Pierre PINTA, *Le Liban.*

Collection *Les Afriques*

Bernard LANNE, *Tchad-Libye : la querelle des frontières.*
Amadou DIALLO, *La mort de Diallo Telli.*
Jacques GIRI, *Le Sahel au XXIe siècle.*
Jacques GIRI, *L'Afrique en panne.*
Jacques GIRI, *Le Sahel demain. Catastrophe ou renaissance ?*
Marcel AMONDJI, *Félix Houphouët et la Côte-d'Ivoire.*
Jean-François BAYART, *La politique africaine de François Mitterrand.*
François GAULME, *Le Gabon et son ombre.*
Moriba MAGASSOUBA, *L'islam au Sénégal. Demain les mollahs ?*
Comi M. TOULABOR, *Le Togo sous Eyadéma.*
Tidiane DIAKITÉ, *L'Afrique malade d'elle-même.*
René OTAYEK, *La politique africaine de la Libye.*
Fayçal YACHIR, *Enjeux miniers en Afrique.*
François CONSTANTIN, *Les voies de l'islam en Afrique orientale.*
Pascal LABAZÉE, *Entreprises et entrepreneurs au Burkina Faso.*
Gilles DURUFLÉ, *L'ajustement structurel en Afrique.*
Christian COULON, *Les musulmans et le pouvoir en Afrique noire.*
Abdoulaye WADE, *Un destin pour l'Afrique.*
Olivier VALLÉE, *Le prix de l'argent CFA.*
C. GEFFRAY, *La cause des armes au Mozambique.*
S. ÉLLIS, *Un complot colonial à Madagascar.*
Pierre CLAUSTRE, *L'affaire Claustre.*
Ahmed ROUADJIA, *Les frères et la mosquée.*
M.-C. DIOP et M. DIOUF, *Le Sénégal sous Abdou Diouf.*
Bernard BOTIVEAU *et al., L'Algérie par ses islamistes.*
Claudine VIDAL, *Sociologie des passions (Côte-d'Ivoire, Rwanda).*
David B. COPLAN, *In Township Tonight.*
Éric DE ROSNY, *L'Afrique des guérisons.*
Jean-Claude WILLAME, *L'automne d'un despotisme (Zaïre).*
J.-F. BAYART, *et al., Le politique par le bas en Afrique noire.*
Fabien ÉBOUSSI BOULAGA, *Les conférences nationales en Afrique.*
Jean-Pierre WARNIER, *L'esprit d'entreprise au Cameroun.*
Bogumil JEWSIEWICKI, *Naître et mourir au Zaïre.*
Jean-François BAYART, *Religions et modernité politique en Afrique.*
Emmanuel S. NDIONE, *Dakar, une société en grappe.*
Gilles DURUFLÉ, *Le Sénégal peut-il sortir de la crise ?*
F. REYNTJENS, *L'afrique des Grands Lacs en crise.*
Peter GESCHIERE, *Sorcellerie et politique en Afrique.*

Collection **Économie et Développement**

1. *Essais*

Guy BELLONCLE, *La question éducative en Afrique noire.*
Guy BELLONCLE, *Participation paysanne et aménagements hydro-agricoles.*
J.-F. DREVET, *La Méditerranée et l'Europe des Douze.*
GRAAP, *Nouvelles paroles de brousse.*
P. NICOLAS et M. GAYE, *Naissance d'une ville au Sénégal.*
Denis REQUIER-DESJARDINS, *L'alimentation en Afrique.*
Marie MONIMART, *Femmes du Sahel.*
R. CHAMBERS, *Développement rural. La pauvreté cachée.*
I. DROY, *Femmes et développement rural.*
Y.-S. AFFOU, *La relève paysanne en Côte-d'Ivoire.*
Hamed SOW, *Le bois-énergie au Sahel.*
Bernard FAYE, *Éleveurs d'Éthiopie.*
J.-D. BOUCHER, *L'aventure solidaire. Volontaires pour le Tiers monde.*
A. HENRY *et al., Tontines et banques du Cameroun.*
J.-P. BARBIER et J.-B. VÉRON, *Les zones franches d'exportation.*
Christine SCHILTER, *L'agriculture urbaine à Lomé.*
Paul HARRISON, *Une Afrique verte.*
John IGUE, *L'État-entrepôt au Bénin.*
Xavier GODARD, *Les transports urbains en Afrique.*
A. BARAMPAMA, *Le manioc en Afrique de l'Est.*
Edgar VALDEZ, *Santé et médecine populaire en Bolivie.*
Emmanuel S. NDIONE, *L'économie urbaine en Afrique.*

2. *Études et manuels*

D. OUEDRAOGO, *L'insertion urbaine à Bamako.*
Gérard BUTTOUD, *La forêt et l'État en Afrique sèche et à Madagascar.*
René BUREAU, *Apprentissage et cultures.*
Collectif, *La participation populaire au développement.*
Frank SILLONVILLE, *Guide de la santé au village.*
H. AGBESSI DOS SANTOS et M. DAMON, *Manuel de nutrition africaine.*
F. LÉVY-RANVOISY, *Manuel de dessin pour communiquer avec des populations non alphabétisées.*

Michel BONFILS, *Halte à la désertification au Sahel.*
Daniel LEMONNIER, *Carences nutritionnelles dans les PVD.*
Michel PETIT, *Géographie physique tropicale.*
Collectif, *Projets productifs au Sénégal. Guide d'évaluation économique.*
C. GIRARD, *Construire la ville africaine.*
Georges DUPRÉ *et al., Savoirs paysans et développement.*
Serge SAVARY, *Approches de la pathologie des cultures tropicales.*
Bernard CROUSSE *et al., La vallée du fleuve Sénégal.*
Étienne LE ROY *et al., L'appropriation de la terre en Afrique noire.*
Henk BREMAN *et al., Manuel sur les pâturages du Sahel.*
J.-J. ASIEDU, *La transformation des produits agricoles en zone tropicale.*
Ray KUMAR, *La lutte contre les insectes ravageurs.*
Daniel LEMONNIER, *Alimentation et nutrition dans les PVD.*
Denis MALGRAS, *Arbres guérisseurs des savanes maliennes.*
P. BOITEAU et Lucile ALLORGE-BOITEAU, *Plantes médicinales de Madagascar.*
ENDA GRAF SAHEL, *La ressource humaine, avenir des terroirs.*
C. CHOQUET, O. DOLLFUS, *État des savoirs sur le développement. Trois décennies de sciences sociales en langue française.*
G. AZOULAY et J.-Cl. DILLON, *La sécurité alimentaire en Afrique.*
Pierre-Claver RWANGABO, *La médecine traditionnelle au Rwanda.*
Francis Gendreau, *La population de l'Afrique.*
Xavier GODARD *et al., Les transports dans les villes du Sud.*
M.R. MERCOURET *et al., L'appui aux producteurs ruraux.*
GEMDEV, *L'intégration régionale dans le monde.*
François ROUBAUD, *L'économie informelle au Mexique.*
Robert CHAMBERS *et al., Les paysans d'abord.*
A.W. VAN DEN BAN, *La vulgarisation rurale en Afrique.*
Thierry PAULAIS, *Le développement urbain en Côte-d'Ivoire.*
C. REUNTJES *et al., Une agriculture pour demain.*
C. KLIMEK, *Une politique du médicament pour l'Afrique.*
François RUF, *Booms et crises du cacao.*

Achevé d'imprimer par Corlet, Imprimeur, S.A.
14110 Condé-sur-Noireau (France)
N° d'imprimeur : 12278 - Dépôt légal : novembre 1995 - *Imprimé en C.E.E.*

Enrichissement typographique, mise en pages :
Vire-Graphic
Z.I., rue de l'Artisanat, 14500 Vire